京师哲学

BNU Philosophy

市场正义与社会正义研究

胡敏中 著

中国社会科学出版社

图书在版编目(CIP)数据

市场正义与社会正义研究／胡敏中著．—北京：中国社会科学出版社，2020.5
ISBN 978-7-5203-6149-1

Ⅰ.①市… Ⅱ.①胡… Ⅲ.①市场经济—分配（经济）—关系—正义—研究 Ⅳ.①F014.3②B82

中国版本图书馆 CIP 数据核字（2020）第 047177 号

出 版 人	赵剑英	
责任编辑	冯春凤	
责任校对	张爱华	
责任印制	张雪娇	
出　　版	中国社会科学出版社	
社　　址	北京鼓楼西大街甲 158 号	
邮　　编	100720	
网　　址	http://www.csspw.cn	
发 行 部	010-84083685	
门 市 部	010-84029450	
经　　销	新华书店及其他书店	
印　　刷	北京君升印刷有限公司	
装　　订	廊坊市广阳区广增装订厂	
版　　次	2020 年 5 月第 1 版	
印　　次	2020 年 5 月第 1 次印刷	
开　　本	710×1000　1/16	
印　　张	15	
插　　页	2	
字　　数	246 千字	
定　　价	98.00 元	

凡购买中国社会科学出版社图书，如有质量问题请与本社营销中心联系调换
电话：010-84083683
版权所有　侵权必究

编委会

主　　编：吴向东
编委会成员：（按笔画排序）
　　　　　　田海平　兰久富　刘成纪　刘孝廷
　　　　　　杨　耕　李　红　李建会　李祥俊
　　　　　　李景林　吴玉军　张百春　张曙光
　　　　　　郭佳宏　韩　震

总序：面向变化着的世界的当代哲学

吴向东

真正的哲学总是时代精神的精华。进入21世纪20年代，世界的变化更加深刻，时代的挑战更加多元。全球化的深度发展使得各个国家、民族、个人从来没有像今天这样紧密地联系在一起。以理性和资本为核心的现代性，在创造和取得巨大物质财富与精神成就的同时，也日益显露着其紧张的内在矛盾、冲突及困境。现代科技的迅猛发展，特别是以人工智能为牵引的信息技术的颠覆性革命，带来了深刻的人类学改变。它不仅改变着人们的生产方式、交往方式，而且改变着人们的生活方式和价值观念。在世界历史背景下展开的中国特色社会主义的伟大实践，形成了中国特色社会主义道路、理论、制度、文化，意味着一种新型文明形态的可能性。变化着的世界与时代，以问题和文本的方式召唤着当代哲学家们，去理解这种深刻的变化，回应其内在的挑战，反思人的本性，重构文明秩序根基，塑造美好生活理念。为此，价值哲学、政治哲学、认知哲学、古典哲学，作为当代哲学重要的研究领域和方向，被时代和实践凸显出来。

价值哲学，是研究价值问题的哲学分支学科。尽管哲学史上一直有着强大的道德哲学和政治哲学的传统，但直到19世纪中后期，自洛采、尼采开始，价值哲学才因为价值和意义的现实问题所需作为一门学科兴起。经过新康德主义的张扬，现当代西方哲学的重大转向都在一定程度上蕴涵着价值哲学的旨趣。20世纪上半叶，价值哲学在西方达到一个高峰，并逐渐形成先验主义、经验主义、心灵主义、语言分析等研究路向。其中胡塞尔的现象学开辟了新的理解价值的进路；杜威建构了以评价判断为核心的实验经验主义价值哲学；舍勒和哈特曼形成系统的价值伦理学，建构了相对于康德的形式主义伦理学的质料伦理学，还有一些哲学家利用分析哲学进路，试图在元伦理学的基础上对有关价值的表述进行分析。当代哲学家诺奇克、内格儿和泰勒等，一定程度上重新复兴了奥地利价值哲学学派，创造了在当代有关价值哲学的讨论语境。20世纪70年代以后，西方价值理论的研究重心从价值的元问题转向具体的道德和政治规范问题，其理论直接与公共的政治生活和个人的伦理生活相融合。

中国价值哲学研究兴起于20世纪80年代，缘于"文化大革命"的反思、改革开放实践的内在需要，并由真理标准的大讨论直接引发。四十年来，价值哲学经历了从分析价值概念到探究评价理论，再到聚焦价值观和社会主义核心价值观研究的发展历程，贯穿其中的主要特点是理论逻辑和实践逻辑的统一。在改革开放的实践中，我们首先通过内涵价值的科学真理观解决对与错的问题，其次通过"三个有利于"评价标准解决好与坏的问题，最后通过社会主义核心价值观，解决"什么是社会主义，如何建设社会主义"的问题。同时，与马克思主义哲学研究的相互交融促进，以及与国际价值哲学的交流和对话，也是价值哲学研究发展历程中的显著特点。中国价值哲学在价值本质、评价的合理性、价值观的结构、社会主义核心价值观的内涵与逻辑等一系列问题上形成了广泛学术争论，取得了诸多的理论进展。就其核心而言，我认为主要成就可归结为实践论基础上的主体性范式和社会主义核心价值观的理论建构这两个方面。中国价值哲学取得的成就具有强烈的时代性特征和阶段性特点。随着世界历史的充分展开和中国改革开放的不断深入，无论是回应、解答当代中国社会和人类发展的新矛盾与重大价值问题，还是价值哲学内部的广泛争论形成的理论空间，都预示着价值哲学未来的发展趋向：完善实践论基础上的主体性解释模式，实现价值基础理论的突破；深入探究新文明形态的价值理念与价值原则，不仅要深度建构和全幅拓展以社会主义核心价值观为主导的中国价值，还要探求人类命运共同体的价值基础，同时对人工智能为代表的当代科学技术进行价值反思和价值立法，以避免机器控制世界的技术冒险；多学科研究的交叉与融合，并上升为一种方法论自觉。

政治哲学是在哲学层面上对人类政治生活的探究，具有规范性和实践性。其核心主题是应该用什么规则或原则来确定我们如何在一起生活，包括政治制度的根本准则或理想标准，未来理想政治的设想，财产、权力、权利与自由的如何分配等。尽管东西方都具有丰富的政治哲学的传统，但

20世纪70年代以降，随着罗尔斯《正义论》发表才带来了规范性政治哲学在西方的复兴。其中，自由主义、共和主义、社群主义竞相在场，围绕正义、自由、平等、民主、所有权等一系列具体价值、价值原则及其理论基础相互论争，此起彼伏。与此同时，由"塔克—伍德"命题引发的马克思与正义问题的持续讨论，使得马克思的政治哲学思想在西方学界得到关注。新世纪以来，随着改革开放进入新的历史阶段，国内政治哲学研究开始兴起，并逐渐成为显学。这不仅表现在对西方政治哲学家的文本的大量译介和深入研究；更表现在马克思主义政治哲学研究的崛起，包括对马克思主义政治哲学的特征、基本内容等阐释以及对一些重大现实问题的理论回应等；同时也表现在对中国传统政治哲学的理论重构和现代阐释，以及从一般性视角对政治哲学的学科定位和方法论予以澄清和反思等。

无论是西方政治哲学的复兴，还是国内政治哲学研究的兴起，背后都能发现强烈的实践的逻辑，以及现实问题的理论诉求。面对当代实践和世界文明的裂变，政治哲学任重道远。一方面，马克思主义政治哲学本身并不是现成的，而是需要被不断建构的。马克思主义政治哲学有着自己的传统，其中人类解放，是马克思主义，也是马克思主义政治哲学的主题。在这一传统中，人的解放首要的取决于制度革命，制度革命其实包含着价值观的变革。所以，在当代理论和实践背景下讨论人的解放，不能离开正义、自由、平等、尊严等规范性价值，这些规范性价值在马克思主义政治哲学中需被不断阐明。而在中国特色社会主义实践背景下建构当代中国马克思主义政治哲学，更应该是政治哲学研究的理论旨趣。另一方面，当代人类政治实践中的重大问题需要创新性研究。中国学界需要以马克思主义政治哲学为基本框架，综合各种思想资源，真正面对和回应当代人类政治实践中的矛盾和问题，诸如民粹主义、种族主义、环境政治、女性主义、全球正义、世界和平等等，做出具有人类视野、原则高度的时代性回答。

认知哲学是在关于认知的各种科学理论的基础上反思认知本质的哲学学科。哲学史上一直存在着关于认知的思辨的传统，但是直到20世纪中叶开始，随着具有跨学科性质的认知科学的诞生，认知哲学作为哲学的分支学科才真正确立起来，并以认知科学哲学为主要形态，涉及心理学哲学、人工智能哲学、心灵哲学、认知逻辑哲学和认知语言哲学等。它不仅处理认知科学领域内带有哲学性质的问题，包括心理表征、心理计算、意识、行动、感知等等，同时也处理认知科学本身的哲学问题，对认知神经科学、语言学、人工智能等研究中的方法、前提、范式进行哲学反思。随着认知诸科学，如计算机科学、认知心理学、认知语言学、人类学、认知神经科学等学科的发展，认知哲学的研究在西方学界不断推进。从图灵到西蒙、从普特南到福多，从德雷福斯到塞尔等等，科学家和哲学家们提出了他们自己各不相同的认知理论，共同推动了认知科学的范式转变。在认知本质问题上，当代的认知科学家和哲学家们先后提出了表征—计算主义、联结主义、涉身主义以及"4E＋S"认知等多种理论，不仅深化了对认知的理解，也为认知科学发展清理障碍，提供重要的理论支持。国内的认知哲学研究与西方相比虽然有一定的滞后，但近些年来，与国际学界保持着紧密的联系与高度的合作，在计算主义、"4E＋S"认知、知觉哲学、意向性、自由意志等领域和方向的研究，取得了积极进展。

认知哲学与认知科学的内在关系，以及其学科交叉性，决定了认知哲学依然是一个全新的学科领域，保持着充分的开放性和成长性。在新的时代背景下，随着认知诸科学的发展和突破，研究领域中新问题、新对象的不断涌现，认知哲学会朝着多元化方向行进。首先，认知哲学对已经拉开序幕的诸多认知科学领域中的重要问题要进行深入探索，包括心智双系统加工理论、自由意志、预测心智、知觉—认知—行动模型、人工智能伦理、道德决策、原始智能的涌现机制等等。其次，认知哲学会继续对认知科学本身的哲学前沿问题进行反思和批判，包括心理因果的本质、省略推理法的效力、意识的还原策略、涉身性的限度、情境要素的作用、交叉学科的动态发展结构、实验哲学方法等等，以期在认知科学新进展的基础上取得基础理论问题研究的突破。再次，认知哲学必然要向其他诸般研究人的活动的学科进行交叉。由于认知在人的活动中的基础性，关于认知本身的认识必然为与人的活动相关的一切问题研究提供基础。因此，认知哲学不仅本身是在学科交叉的基础上产生的，它也应该与经济学、社会学、政治学、法学等其他学科相结合，将其研究成果运用于诸学科领域中的相关问题的探讨。在哲学内部，认知哲学也必然会与其他领域哲学相结合，将其研究成果应用到形而上学、知识论、伦理学、美学诸领域。通过这种交叉、运用和结合，不仅相关学科和问题研究会得到推进，同时认知哲学自身也会获得新的发展。

古典哲学，是指东西传统哲学中的典型形态。西方古典哲学通常是指古希腊哲学和建立在古希腊哲学传统之上的中世纪哲学，同时也包括18世纪末到19世纪上半叶以康德和黑格尔为主的德国古典哲学，在某种意义上来说，康德和黑格尔就是古希腊的柏拉图和亚里士多德。无论是作为西方哲学源头的古希腊哲学，还是德国古典哲学，西方学界对它的研究各方面都相对比较成熟，十分注重文本和历史传承，讲究以原文为基础，在历史语境中专题化讨论问题。近年来一系列草纸卷轴的发现及文本的重新编译推动着古希腊哲学研究范式的转换，学者在更广阔的视野中理解古希腊哲学，或是采用分析的方法加以研究。德国古典哲学既达到了传统形而上学的最高峰，亦开启了现代西方哲学。20世纪德国现象学，法国存在主义、后现代主义等思想潮流从德国古典哲学中汲取了理论资源。特别是二战之后，通过与当代各种哲学思潮的互动、融合，参与当代问题的讨论，德国古典哲学的诸多理论话题、视阈和思想资源得到挖掘和彰显，其自身形象也得到了重塑。如现象学从自我意识、辩证法、社会正义等不同维度推动对古典哲学误解的消除工作，促成了对古典哲学大范围的科学研究、文本研究、问题研究。以法兰克福学派为首的西方马克思主义，从阐释黑格尔总体性、到探究否定辩证法，再到发展黑格尔承认理论，深刻继承并发挥了德国古典哲学的精神内核。在分析哲学潮流下，诸多学者开始用现代逻辑对德国古典哲学进行文本解读；采用实在论或实用主义进路，讨论德国观念论的现实性或现代性。此外，德国古典哲学研究也不乏与古代哲学的积极对话。在国内学界，古希腊哲学，特别是德国古典哲学，由于其与马克思主义哲学的密切关系，受到瞩目和重视。在过去的几十年中，古典哲学家的著作翻译工作得到了加强，出版了不同形式的全集或选集。研究的领域、主题和视阈得到扩展，如柏拉图和亚里士多德的伦理学、政治哲学，康德的理论哲学、美学与目的论、实践哲学、宗教哲学、人类学，黑格尔的辩证法、法哲学和伦理学的研究可谓方兴未艾。中国马克思主义学者从马克思主义哲学与德国古典哲学关系的视阈对古典哲学研究也是独具特色。

中国古典哲学，包括先秦子学、两汉经学、魏晋玄学、隋唐佛学、宋明理学等，是传统中国人对宇宙人生、家国天下的普遍性思考，具有自身独特的问题意识、研究方式、理论形态，构成中国传统文化的核心，深刻影响了中国人的生活方式、思维方式和价值世界。在近现代社会转型中，随着西学东渐，中国传统哲学学术思想得到重新建构，逐渐形成分别基于马克思主义、自由主义、保守主义的不同的中国古典哲学研究范式，表现为多元一体的研究态势与理论倾向。其中胡适、冯友兰等借鉴西方哲学传统，确立中国哲学学科范式。以侯外庐、张岱年、任继愈、冯契为代表，形成了马克思主义思想指导下的研究学派。从熊十力、梁漱溟到唐君毅、牟宗三为代表的现代新儒学，力图吸纳、融合、会通西学，实现理论创造。改革开放以来，很多研究者尝试用西方现代哲学诸流派以至后现代哲学的理论来整理中国传统学术思想材料，但总体上多元一体的研究态势和理论倾向并未改变。在新的时代背景下，随着中国现代化进程进入崭新阶段，面对变化世界中的矛盾和冲突，中国古典哲学研究无疑具有新的语境，有着新的使命。一方面，要彰显中国古典哲学自身的主体性。扬弃用西方哲学基本问题预设与义理体系简单移植的研究范式，对中国传统哲学自身基本问题义理体系进行反思探索和总体性的自觉建构，从而理解中国古典哲学的本真，挖掘和阐发其优秀传统，使中华民族最基本的文化基因与当代文化相适应、与现代社会相协调。另一方面，要回到当代生活世界，推动中国古典哲学的创造性转化、创新性发展。以当代人类实践中的重大问题为切入点，回溯和重释传统哲学，通过与马克思主义哲学、西方（古典和当代）哲学的深入对话，实现理论视阈的交融、理论内容的创新，着力提出能够体现中国立场、中国智慧、中国价值的理念、主张、方案，从而激活中国古典哲学的生命力，实现其内源性发展。

价值哲学、政治哲学、认知哲学、古典哲学，虽然是四个相对独立的领域与方向，然而它们又有着紧密的内在联系、相互影响、相互交融。政治哲学属于规范性哲学和实践哲学，它讨论的问题无论是政治价值、还是政治制度的准则，或者是政治理想，都属于价值问题，研究一般价值问题的价值哲学无疑为政治哲学提供了理论基础。认知哲学属于交叉学科，研究认知的本质，而无论是价值活动，还是政治活动，都不能离开认知，因而价值哲学和政治哲学，并不能离开认知哲学，反之亦然。古典哲学作为一种传统，是不可能也不应该为思想研究所割裂的。事实上，它为价值哲学、政治哲学、认知哲学的研究与发展提供了丰富的思想资源。无论是当代问题的解答，还是新的哲学思潮和流派的发展，往往都需要通过向古典哲学的回溯而获得思想资源和理论生长点，古典哲学也通过与新的哲学领域和方向的结合获得新的生命力。总之，为时代和实践所凸显的价值哲学、政治哲学、认知哲学、古典哲学，正是在它们相互联系相互交融中，共同把握时代的脉搏，解答时代课题，将人民最精致、最珍贵和看不见的精髓集中在自己的哲学思想里，实现哲学的当代发展。

北京师范大学哲学学科历史悠久、底蕴深厚，始终与时代共命运，为民族启慧思。1902年建校伊始，梁启超等一批国学名家在此弘文励教，为哲学学科的建设奠定了基础。1919年设立哲学教育系。1953年，在全国师范院校率先创办政治教育系。1979年改革开放之初，在原政治教育系的基础上，成立哲学系。2015年更名为哲学学院。经过几代学人的辛勤耕耘，不懈努力，哲学学科蓬勃发展。目前，哲学学科形成了从本科到博士后系统、完整的人才培养体系，拥有马克思主义哲学、外国哲学等国家重点学科、北京市重点学科，教育部人文社会科学重点研究基地价值与文化中心，国家教材建设重点研究基地"大中小学德育一体化教材研究基地"，Frontiers of Philosophy in China、《当代中国价值观研究》《思想政治课教学》三种学术期刊，等等，成为我国哲学教学与研究的重镇。

北京师范大学哲学学科始终坚持理论联系实际，不断凝聚研究方向，拓展研究领域。长期以来，我们在价值哲学、人的哲学、马克思主义哲学基础理论、儒家哲学、道家道教哲学、西方历史哲学、科学哲学、分析哲学、古希腊伦理学、形式逻辑、中国传统美学、俄罗斯哲学与宗教等一系列方向和领域，承担了一批国家重大重点研究项目，取得了有影响力的成果，形成了具有鲜明京师特色的学术传统和学科优势。面对当今时代的挑战，实践的召唤，我们立足于自己的学术传统，依循当代哲学发展的逻辑，进一步凝练学科方向，聚焦学术前沿，积极探索价值哲学、政治哲学、认知哲学、古典哲学的重大前沿问题。为此，北京师范大学哲学学院、教育部人文社会科学重点研究基地价值与文化研究中心和中国社会科学出版社合作，组织出版价值哲学、政治哲学、认知哲学、古典哲学之京师哲学丛书，以期反映学科最新研究成果，推动学术交流，促进学术发展。

世界历史正在进入新阶段，中国特色社会主义已经进入新时代。这是一个社会大变革的时代,也一定是哲学大发展的时代。世界的深刻变化和前无古人的伟大实践,必将给理论创造、学术繁荣提供强大动力和广阔空间。习近平指出:"这是一个需要理论而且一定能够产生理论的时代,这是一个需要思想而且一定能够产生思想的时代。我们不能辜负了这个时代。"北京师范大学哲学学科将和学界同道一起,共同努力,担负起应有的责任和使命,关注人类命运,研究中国问题,总结中国经验,创建中国理论,着力构建充分体现中国特色、中国风格、中国气派的哲学学科体系、学术体系、话语体系,为中华文明的伟大复兴贡献力量。

目　录

前言 …………………………………………………………………（1）
第一章　正义概说 …………………………………………………（1）
　一　正义思想的人类历程 ………………………………………（1）
　二　正义的涵义及其表现 ………………………………………（5）
　三　正义与基本善 ………………………………………………（11）
第二章　市场的起源及其发展 ……………………………………（16）
　一　原始市场 ……………………………………………………（17）
　二　古典市场 ……………………………………………………（21）
　三　现代市场 ……………………………………………………（27）
　四　中国市场经济的产生及发展过程 …………………………（29）
第三章　市场的要素结构及特征 …………………………………（32）
　一　市场的要素与结构 …………………………………………（33）
　二　市场的特征 …………………………………………………（39）
第四章　市场与资本 ………………………………………………（45）
　一　资本的二重性 ………………………………………………（45）
　二　资本的具体表现 ……………………………………………（47）
第五章　正义的起源及其实行 ……………………………………（50）
　一　正义起源的社会条件 ………………………………………（50）
　二　实施正义的动力 ……………………………………………（56）
第六章　市场的内生性正义（上） ………………………………（60）
　一　自然经济和计划经济的生产正义 …………………………（61）
　二　市场经济的生产正义 ………………………………………（63）
　三　市场经济的交换正义 ………………………………………（83）

第七章　市场的内生性正义（下） ……………………（91）
　　一　市场分配正义 …………………………………（91）
　　二　市场消费正义 …………………………………（94）

第八章　市场的溢出性正义 ……………………………（114）
　　一　溢出性正义概述 ………………………………（114）
　　二　市场交换中的公平与诚信 ……………………（119）

第九章　市场正义的特征与局限 ………………………（126）
　　一　市场正义是效率和财富正义 …………………（126）
　　二　市场正义的局限 ………………………………（132）

第十章　社会正义概述 …………………………………（145）
　　一　社会正义的涵义 ………………………………（145）
　　二　公道和正直 ……………………………………（148）

第十一章　社会再分配是社会正义的本质体现 ………（154）
　　一　社会保险 ………………………………………（154）
　　二　社会福利和社会保障 …………………………（156）
　　三　社会慈善 ………………………………………（169）

附录一　论作为经济手段的资本逻辑 …………………（181）

附录二　马克思的资本逻辑批判及其启示 ……………（188）

附录三　需求逻辑、消费逻辑与资本逻辑 ……………（198）

主要参考书目 ……………………………………………（209）

后记 ………………………………………………………（211）

前　言

自人类进入文明社会以来，公平正义（简称公正，由于语言的习惯用法，文中有时使用正义，有时使用公平或公正，其涵义是一致的）就成为人们的梦想和追求，正由于此，人类历史是一个不断走向公正的历史，人类社会是一个越来越公正的社会。由于人类社会存在着不公和不义现象，人们便有对公正的渴求，才有一批批学者和理论家为公正著书立说。早在古希腊的苏格拉底、柏拉图和亚里士多德就探讨了社会伦理道德中的正义问题，可称之为道德正义论；近代的霍布斯、洛克和卢梭等以人的自由、平等和权利为基础探讨了正义问题，可称之为人权或法权正义论；马克思从唯物史观出发来看待公平，认为公平是随社会历史的发展而不断变化的，公平反映的是人与人的社会关系，在人与人的社会关系中存在着现实差异或差别，才有对公平的诉求，只有消灭资本主义私有制，才能真正实现社会公平，马克思的公平正义观是历史唯物主义的公平正义观。当代的正义论思想更是层出不穷和多种多样，最具影响和争议的就是罗尔斯的正义论，罗尔斯的正义论主要是指制度的构想和设计，可称之为制度或体制正义论。在这浩瀚的公正理论和学说中，不管其研究维度的不同，研究动机的特殊，研究范式的差异，还是研究层面的高低，研究领域的宽窄，研究结论的相左，但研究的终极价值都是一致的，就是为人类社会的进步和建立公正社会贡献自己的思维智慧和理论策略。

就正义理论研究的现状看，主要是一种元理论研究以及在此基础上的分支研究，即各具体学科和社会各领域的研究，就目前学术研究的情况看，政治学是正义论研究的中心学科平台，其他人文社会科学甚至少数自然科学也研究正义论，从而出现了经济正义论、法律正义论、教育正义论、环境正义论等诸多正义论的子菜单。

在当代，市场经济主导着世界经济的发展，成为世界经济发展的主要模式，不仅如此，市场经济对当代社会的政治、文化、交往和社会生活等各方面产生着重要影响，可以说，当今社会本质上是市场经济社会（简称市场社会），因此，以市场经济为标准来分析当代社会，可以把当代社会结构分为市场领域、公共领域和私人领域三大块，正义也覆盖这三大领域，而这三大领域的正义同各分支正义又是相互重叠和交织在一起的。由于市场正义同市场紧密相连，资本逻辑是它的根本法则，其正义是通过资本逻辑表现出来的。公域正义是国家公权力等公共领域的正义，公平正义是它的根本法则，其正义是直接和本真地表现出来的，因此，公域正义就最直接、最完整地表现为社会正义，至于私域不管是个人私域还是群体私域主要是私域的道义和规则，而不是可公众化的正义问题。这样，市场正义和社会正义就能基本覆盖整个市场社会。研究市场正义和社会正义，研究问题的这种碰撞、整合和交集往往会出现思想的火花和亮点，因而，本研究是具有理论创新意义的。

与研究的对象与问题相适应，研究正义的策略、规范和路径，主要是政治学与社会学方法以及其他具体学科的方法，由于本研究对象的综合性、跨学科性、价值性和文化性，除运用政治学、社会学等具体的科学研究方法外，还必须运用价值和文化的研究维度与方法，因为正义是人们的价值向往和情感诉求，从而正义本身就蕴含着价值与情感、历史与文化，所以要采取价值与文化的研究策略、范式和路径。因此，本研究的价值与文化维度在方法论上也具有一定的创新意义。

从全球视野看，正义既是制度的合理安排，又是权力的相互制衡；既是经济的公平分配，又是公民权利的共享和责任同担；既是社会良序和善治的标志，又是人们的素质、情感和行为表现；既是维持国内秩序的指向，又是维护国际秩序的标准。正义的涵义是复合的，其指向是多面的。可以说，人类社会的进步与发展也是正义的不断丰富和发扬。近代以来，随着市场社会的产生和发展，正义的内涵越来越丰富，其社会文明的表征也越来越凸显。因此，研究市场正义与社会正义对当代社会的文明和正义状态的揭示和指向，对人们的正义情感的提升和正义行为的践行等，都具有一定的现实指导意义。

从国内看，培育和践行社会主义核心价值观是当前和今后相当长历史阶段内思想、道德和文化建设的重要任务，内化于心，外化于行，是培育和践行社会主义核心价值观的两条根本途径和两大目标，作为其重要内容的公正观的践行和建设就在于培育人民的正义情感和公正行为，提高全社会的公正水准和程度。因此，本研究对于培育和践行社会主义核心价值观，为实现中华民族伟大复兴的中国梦能提供一定的理论支点和方法支持，具有直接的现实意义。

研究社会主义市场正义对于拓展和深化一般正义论研究，特别是对于马克思主义正义理论的当代化和中国化研究具有重大的理论意义；对于学习贯彻习近平新时代中国特色社会主义思想和切实学懂、弄通、做实关于加快完善社会主义市场经济体制，推动社会主义经济持续健康发展的重要指示具有重大的理论和现实意义。西方少数国家拒绝中国市场经济地位，把中国当作"非市场经济国家"，因此，专题论述中国社会主义市场正义，对于回应少数西方国家的质疑和发难也有着紧迫的现实意义。

现当代西方理论对公平正义的探索大致循着两条大的路径，即政治学、社会学、伦理学路径和经济学路径进行，前者以罗尔斯为代表；后者以新自由主义者哈耶克为代表。政治学、社会学和伦理学涵义的正义论实质是宏观的社会正义论，罗尔斯的正义论最具代表意义，罗尔斯在《正义论》中，假设国家在无知之幕状态中设计出公正规则，并在全社会实行。罗尔斯提出了两个著名的正义原则，简称为"平等的自由原则"和"差别原则"（最少受惠者的最大利益原则）与补偿原则。罗尔斯的正义论具有浓厚道德关怀，强调对弱者的同情，他的正义论是社会正义论和制度正义论，这种社会正义论和制度正义论强调的是个人的平等权利，从无知之幕中设计出的平等原则具有抽象性和普遍性，就此，罗尔斯的普遍主义正义论受到了以麦金太尔（Alasdair MacIntyre）、沃尔泽（Michael Walser）和桑德尔（Michael J. Sandel）等为代表的社群主义的批评，社群主义强调正义就是社群的集体权利，个人权利只有在社群中才有意义，并且社群权利是随社会历史的发展而不断变化的，从而是特殊的和地方性的。罗尔斯在其晚期著作《政治自由主义》中提出了"公共理性"和"重叠共识"思想，试图应对社群主义的批评并调和同社群主义的冲突。罗尔斯的自由主义正义论同社群主义的正义论实质上都属于社会正义论之列。当代英国社会学家布莱恩·巴利提出了公道正义论，从具体操作和实证上丰富了罗尔斯的社会正义论思想。

经济学涵义的正义论实质是市场正义论,以英国新自由主义者哈耶克为典型代表。哈耶克在《自由秩序原理》和《法律·立法与自由》中,系统地论述了市场正义理论,哈耶克认为,正义就是个人的公正行为准则,它是自发的市场秩序,也是自发的社会秩序,只有遵循公正行为准则,才有人的自由和平等,也才有社会正义。哈耶克据此反对社会正义论,认为社会正义是空洞无物的抽象概念,如果推行社会正义,必将束缚和扼杀人的自由,也必将导致市场失灵,最终导致社会混乱。哈耶克把正义当作公正行为准则是有合理之处的,因为没有人的公正行为和正义行为准则,整个社会正义就无从谈起,可以说,人的公正行为准则是正义的基础和基本元素。但哈耶克把人的公正行为准则完全当作是自发的,完全等同于自由市场的规则,反对任何国家和人为的干预和制度安排,并把市场规则扩展到全社会,实质上把市场的有限正义扩展到全社会,这是错误的。即使市场中的正义也不完全是自发的,看不见的手受看得见的手的宏观管理和调控,社会正义远比市场正义复杂,它不是纯粹的自由经济问题,而是经济、社会、政治、文化和社会保障等复杂的问题,因此,哈耶克用市场中的公正行为准则来代替社会正义是不可取的。

20世纪60年代,西方发达国家出现了空间剥夺、空间隔离和贫民窟等严重的城市危机,80年代,随着经济全球化和资本的全球扩张,又出现了新的城市不公问题,以亨利·列斐伏尔(Henri Lefebvre)、戴维·哈维(David Harvey)和爱德华·苏贾(Edward W. Soja)等为代表的新马克思主义城市学者密切关注着当代资本全球积累和扩张,并从地理空间上揭示资本逻辑的全球扩张,提出了空间正义理论。空间正义论综合了自由主义和社群主义的正义思想,并实现了正义论的空间转向。这一理论基于严峻的城市空间危机,论证了空间资源、空间环境、空间生产、空间权利和空间的社会关系等平等和正义问题。空间正义理论从马克思主义出发,以地理空间为论域,以市场和资本的空间生产、扩张和侵占为议题,批判了西方城市空间的不平等性和非正义性,为城市空间正义大声疾呼并献计献策。空间正义论当然属于社会正义论,但空间正义论以市场、资本同空间的相互生产和再生产为中心内容,这一理论又紧密相关着市场正义论,可以说是市场空间正义论或空间市场正义论。

就市场正义和社会正义的关系而言，即使在西方也没有专业学者和文本讨论这个问题，不过在其正义理论和相关思想中，自觉不自觉地涉及市场正义与社会正义的关系问题。罗尔斯的社会正义论实质上是基于西方市场社会分析的；哈耶克力推个体和市场正义，反对社会正义，实质上把市场正义和社会正义的关系提到了议事日程上。其实，早在古典政治经济学家斯密那里，就有用社会正义来弥补市场失灵的思想，斯密是位崇尚市场的自由主义者，但他也主张改善下层民众的生活状况是符合社会正义的。当罗尔斯提出社会正义的差异原则后，又提出了补偿原则，补偿原则实质上是对市场缺失的弥补。罗尔斯的补偿原则提出后，得到了西方学者的回应和发展，美国经济学家罗纳德·德沃金（Ronald Dworkin）在《认真对待权利》中，从法理上论证了美国20世纪70年代开展的"补偿行动"和"反向歧视"运动的合理性。效率与公平（平等）直接涉及市场正义与社会正义的关系，美国经济学家阿瑟·奥肯（Arthur M. Okun）在其《平等与效率》中认为效率与平等都是有价值的，其中一方对另一方没有绝对的优先权，因此，它们发生冲突时就应该达成妥协，为了获得某些更有价值的社会成果，有时为了效率就要牺牲某些平等，有时为了平等就要牺牲某些效率，这种牺牲都应该是公平的。

现当代西方学者对市场正义与社会正义关系的观点还有待于系统化、专业化和深入化。

中国当代正义论的研究主要是围绕罗尔斯正义论的评介进行的，并把罗尔斯的正义论应用到社会的各个领域，提出并研究了伦理正义、环境正义、经济正义、教育正义、消费正义等具体领域的正义问题。党中央提出和凝练了社会主义核心价值观，明确把公正作为社会层面的价值取向，近几年来，学者围绕社会主义核心价值体系的构建深入探讨了公平正义问题，并取得了可喜的理论成果。

就正义论的元理论研究而言，中国学者研究经济正义、分配正义、市场经济体制下的社会正义居多，没有明确提出和区分市场正义与社会正义，除个别外，大都没有提出市场正义这一概念，更没有把市场正义与社会正义并列使用。但在论说过程中，又覆盖了市场正义与社会正义两大论域，一般都是笼统的和未加区分的。顾速在《南京大学学报》1994年第3期发表了《论市场经济下的分配正义原则》一文，该文主要从罗尔斯的权利平等原则和差异原则出发，结合中国的现实情况进行了阐发，认为在市场经济下，市场主体有平等权利参与市场交易和市场竞争，在人格和选择权上是平等的，不应受到歧视。在市场交易中，要做到起点公平和程序公平，要尊重和公正对待各市场主体的资格、才能和各种禀赋，只有起点公平和程序公平的市场才是公平合理的。该文又认为，即使市场经济的起点和程序是公平的，由于各市场主体的差异必定导致市场结果的不平等，这就需要根据差异原则对弱势群体加以特殊对待，保障他们的基本生活条件和权利。该文还结合了中国的现实，指出了中国的市场经济还未成熟，有许多不规范的地方，在社会保障方面还有许多事情要做。该文特别提到中国现行的按劳分配与按要素分配，按要素分配就体现了市场经济的特征，是市场经济的重要分配形式。中国其他学者对经济正义和分配正义的研究大都也是这套思路和观点。

国内学者大多使用"经济正义""分配正义"概念，但也有个别学者使用"市场正义"概念，并在与社会正义相比较中使用。喻文德在《东北师范大学学报》2014年第1期发表了《论市场正义》一文，该文认为市场正义是通过市场机制分配社会利益的规则，肯定了市场正义的价值合理性，认为市场正义保证了个人自由的充分发挥、保证了机会平等的广泛普及、促进了社会公益的自发实现。该文也指出了市场正义的局限性，认为市场竞争导致了收入分配的两极分化，造成了公地悲剧的泛滥，滋生了唯利是图的行为。该文对市场经济领域中的正义概括为市场正义是有见地的，但对市场正义的揭示还有待深入，这同对市场的本质揭示相关，只有深刻揭示市场的运作规则和特性，才能深刻揭示市场正义的内容和特点。

至于对市场正义与社会正义关系的探讨，国内学者也是在论述分配正义和经济正义中有些许涉及，顾速在《论市场经济下的分配正义原则》一文中所说的国家应根据差异原则特殊关照弱势群体，实质上暗含着社会正义对市场纠偏的观点。而喻文德在《论市场正义》一文中，则明确提出用社会正义矫正市场正义缺陷的观点，认为缩小贫富差距、坚守公共理性、坚持以义取利，是社会正义矫正市场正义缺陷的必要举措。

20世纪90年代中期，我国哲学界就效率与公平问题展开了热烈的讨论，有学者主张效率优先兼顾公平，有学者主张效率公平要同时兼顾，也有学者认为要具体分析区别对待效率与公平的关系。我国学者虽然对效率与公平的关系持有不同的看法，但实质上都揭示了市场与正义、市场正义与社会正义的关系问题。

经济学家厉以宁在《股份制与现代市场经济》一书中指出：市场经济条件下的收入所得包括三次分配，第一次是由市场按照效益进行分配；第二次是由政府按照兼顾效率与公平的原则，通过税收、扶贫及社会保障统筹等方式进行第二次分配；第三次是在道德力量的作用下，通过个人收入转移和个人自愿缴纳与捐献等非强制性方式再次进行分配。厉以宁的收入三次分配论实质上强调市场分配和社会分配、市场正义与社会正义的统一。

总的说来，中国对市场正义与社会正义的研究基本是步西方理论的后尘，少有自己的创见，最多运用西方的正义论来说中国的事，因此，国内对市场正义与社会正义的研究还有很大的原创空间。在当今中国市场经济体制不断完善和城镇化不断推进的过程中，在城乡二元、贫富分化存在的当代中国，研究市场正义与社会正义在当代中国的特殊际会，会赋予市场正义与社会正义许多新内涵，从自利的市场到公权力，从公共领域到公益事业，从公民到社会再到国家，我们应该怎样既让市场相对独立运行，又不至于使自由泛滥；既让政府参与市场的监管，又不至于滥用职权，一管就死，并滋生贪腐，这实质上是如何处理好市场和政府的关系的问题，如何充分发挥市场正义与社会正义的作用的问题。公民、社会、国家三大层面在处理市场与政府、市场正义与社会正义的关系上，各自应该做些什么、怎样做才能获取其最大的价值和收益。因此，国内对市场正义与社会正义的研究仅仅是起点或中途，还有许多新课题有待我们去发现、解决和回答。

正义既是人的价值态度、行为方式和行为准则，也是社会的善治和公序良俗状态，是社会文明程度的标志。

根据休谟的观点，人的自私和有限的慷慨是正义起源的内在因素，资源的相对匮乏不能完全满足人的需要是正义起源的外在因素，从而休谟提出了互利正义论。马克思则从社会的生产方式和社会关系上探讨了正义的产生。

可以说，社会生产力得到了一定的发展，但没有达到极度的发展，其所提供的产品和资源不能完全满足所有人需要的情况下，才产生社会的不公平、不正义的现象，与此同时也产生了人类正义的观念以及人们对正义的追求。

正义是人类社会追求和发展的目标，特别是市场经济社会（市场社会）的本质特征和根本运行规则，市场经济是效率经济，也是公平和法治经济。

市场不仅是市场社会的经济运行模式，而且影响社会的方方面面，使整个社会都具有市场的特征。

狭义地说，市场正义是市场经济和资本市场中的交换正义，在市场中，只要遵循等价交换原则和价值规律的交换，就是正义的，但交换正义并不意味着市场收益的均等，而往往是收益的不均等甚至是两极分化，会出现一夜暴富和一贫如洗的极端现象，如果前市场分配正义的话，那么这也应属于市场正义范围即收益正义。

广义地说，市场包括生产、交换、分配和消费四个环节或四大领域，因此，市场正义也应包括这四个环节或四大领域，即生产正义、交换正义、分配正义和消费正义。市场正义的这四个方面或四大领域是市场经济内部的正义，可称之为市场的内生性正义。

就市场的内生性正义特别是生产正义而言，它是效益正义和财富正义。

市场调动了经济主体的积极性，创造了社会财富，创造了就业机会，为社会的收益分配打下了财富基础，因此，市场正义是一种效率和效益正义，以穆勒为代表总结和倡导的功利正义论就把正义与情感、法权、利益和功利联系在一起，这实质上指出了正义中的效率和效益因素；市场强调机会公平、规则公平、起点公平和程序公平，从而调动了主体的积极性和创造性，把人的潜能解放和激发出来，并且市场还开阔了人的视野，因此，市场既符合正义的要求，也符合人性和人的解放原则，从而是正义的；市场逻辑虽然追求主体的私利，并且是最大化的私利，但市场运作是遵循等价交换进行的，平等、公开和法治是市场的灵魂，这本身就是正义所要求的，这对于培养人的平等观和构建社会的平等秩序起着决定性的作用，从而市场是符合正义规则的，也是符合市场伦理的；市场推动了社会经济的发展，创造了社会财富，减少了人的必要劳动时间，提供了更多的自由时间，为人的全面发展创造了条件；市场为社会文化的发展提供了物质保障，也为文化发展拓展了市场空间，从而有力地推动着社会文化的发展。这些都可视为市场正义的具体表现。

市场正义是在私利的驱使下对利润和价值增值的无限追求中表现出来的，发展经济和创造财富离不开市场，但市场又是极具风险的，因为市场是变幻莫测的，由于各主体的既得利益、能力、天赋等方面的差异，尤其是承担风险能力的不同和面对市场机会应变能力的差异，谁找对了市场，抓住了机会，谁就在市场大获收益，反之则会倾家荡产，市场往往导致输赢和贫富的两极结局，因此市场正义是一种有限的、局部的和有差异的正义。

另外，市场正义是具有一定自发性和间接性的正义，这就是说，主体参与市场不是直接为他人和社会增加财富，也不是直接为了社会的公平正义，而是直接为自己财富的增长并且是最大化的增长，主体参与市场的动机是自私自利的。但市场的结果不仅增加了市场主体的财富，客观上也增加了社会整体财富，并为社会提供了各种产品和服务。因此，市场正义不是市场主体自觉、有意而为的，而是市场客观的自发结果，从而市场正义是具有一定自发性和间接性的正义。

正因为此，不能把市场正义推向全社会，更不能用市场正义代替社会正义。

由于资本主义社会私有制和阶级剥削的本质，资本主义的生产、交换、分配和消费在本质上是非正义的，如果有内生性正义，充其量也是点状和点滴式的。

社会主义诞生在经济比较落后的国家，加快发展生产，创造出比资本主义更大更多的生产力是其根本任务。中国40余年的改革开放和社会主义市场经济建设所取得的成就正在日益彰显出市场正义。

中国的改革开放和市场经济建设不仅实现了社会化大生产，而且创造了比资本主义增长更快的社会生产力，更快更多地积累了社会财富，经过几十年的努力，不仅解决了人民的温饱问题，而且人民生活总体上达到了小康水平，全面建成小康社会指日可待，"基本实现社会主义现代化"，"建成富强民主文明和谐美丽的社会主义现代化强国"的目标也必将达到，这些都奠基于中国社会主义生产力的快速发展和社会财富的积累。社会主义生产调动了市场主体的积极性，加速了社会生产力的发展，创造了社会财富，提供了就业机会，为社会分配打下了丰富的物质基础，从而为人们提供了丰盛、安全、健康的消费品。因此，社会主义生产正义是一种财富正义、效率正义和效益正义。

按供需矛盾的价值规律的等价交换既体现了一般市场的交换正义，也体现了社会主义市场的交换正义。按劳分配和按生产要素分配相结合体现了社会主义的分配正义。

当代中国倡导简约适度、绿色低碳的生活方式，反对奢侈浪费和不合理的消费，体现了社会主义的消费正义。

市场的内生性正义本质上是经济正义，但它又必定会溢出财富、资本、市场等经济本身，对人的思想观念和行为方式产生重要影响，并进而影响、辐射到全社会，这就是市场的溢出性正义。

市场的溢出性正义主要包括社会的平等、公正、开放、竞争、创新、信任、法治等。

市场的溢出性正义是一种更为广义的市场正义，它更接近于社会正义，或者甚至可以说，是市场的内生性正义和社会正义的过渡和中介。

资本主义市场的溢出性正义并没有覆盖全社会，只是存在于资产阶级内部，即平等、竞争、法治和世界视野等只是资产阶级内部的事情，对于广大工人阶级来说，只是受资本家的剥削和压迫。另外，资本主义市场溢出性正义还受到其市场内生性非正义的制约，更加显现其狭隘的、阶级对立的本性。

由于社会主义社会公有制和无剥削阶级的本质，社会主义市场的内生性正义和溢出性正义是一致的，市场的内生性正义发挥的同时，肯定会溢出市场本身，辐射和影响到全社会，从而在全社会培养出市场意识、效率意识、竞争意识、法治意识和平等观念等。

公正、平等、法治、民主、竞争、创新、开放、自由和诚信是新时代中国特色社会主义的重要议题和任务，以市场正义观之，这些重要议题和任务无疑是社会主义市场的内生性正义和溢出性正义的具体表现。

社会正义是在国家制度设计和安排下，全社会各个领域、各个层级和所有公民的正义，社会正义依靠国家权力和公共力量在全社会公平分配经济、政治和文化权益。根据罗尔斯正义的差异原则，社会正义原则更应照顾那些弱势群体。社会正义更强调公平，它是公平的正义，而不同于市场的效益正义，但社会正义又必须依赖市场提供的财富和产品，必须依赖国家权力和社会公益组织来平等地分配产品和服务。

权力正义和分配正义是社会正义的重要组成部分，权力正义是国家权力产生、运行的公平和正义，国家公权力公平地分配资源、权利、义务和责任等。权力的本质在于公平正义，但公权力在行使过程中可能会出现缺位、越位和寻租等现象，这就需要权力之间的制衡和公民对权力的监督。权力正义对社会正义具有强力的保障和推动作用，而且其本身就是社会正义的重要构件甚至是核心。

分配正义是国家通过公权力或各种社会组织在全社会公平分配收益、资源、权利、义务和责任等。社会正义的其他内容都是为了权力正义和分配正义而开展的。

在市场社会，市场分配和社会分配又是可以兼顾和协调的，市场分配能调动人创造财富的积极性，从而能增加社会财富和收益，强调分配效益，而社会分配是在市场之外的各层面、各领域的分配，强调分配公平。市场分配和社会分配体现了市场正义和社会正义，从整个社会来说，这两种分配和两种正义是可以兼顾和互补的，哈耶克的市场正义论和罗尔斯的社会正义论也是可以兼顾和互补的。

这就说明了市场的公平交易和交换正义并不能带来财富的均等，并不能带来社会财富的分配正义，从而也难以带来社会的整体公平。市场交易的公平性并不必然产生社会财富分配和财富占有的公平，市场正义虽对社会平等秩序和社会整体正义有建构作用，但也有解构和破坏作用。所以社会要维持稳定与平衡，要实行分配财富和占有财富的公平，实现社会的整体平等和社会正义，只依靠市场正义是远远不够的，还必须依靠市场之外的力量，即政府的宏观调控，依靠国家和政府的公权力这只看得见的手来弥补市场中价值规律这只看不见的手所带来的贫富分化，进行二次分配和三次分配，以实现分配正义和社会正义。

另外，国家和政府依靠其公权力在非资本市场领域即公共领域直接实现分配正义，初次分配就应避免分配不公和贫富分化，直接达到分配正义。国家和政府在资本市场和非资本市场所实现的分配正义原则，实质就是国家和政府公正平等地提供全体公民的公共产品和公共服务，也即是均等和公平地分配其最基本的社会财富，以满足公民基本的需求和保障民众的基本权益，因此，市场和资本最多只能提供社会公共产品，而不能平等和公平地分配这些公共产品，分配公共产品和提供公共服务给全体公民的只能是国家和各级政府，以此来实现资本市场实现不了的结果正义。

作为分配正义要求的不只是在劳动者范围内平等分配劳动报酬，而应在全社会平等分配社会财富，对于无劳动能力的人也应从社会财富中得到应有的份额，这就要实行再分配使无劳动能力的人获取应有的社会财富，解决他们的生计和维持其生存，建设和完善社会保障体系是实行再分配的有力手段和措施，社会再分配也应体现分配正义原则。

市场正义是一种效益正义，也是一种差异正义和有限正义，而社会正义是全体正义和完整正义，它们共存于市场社会中，是相互依赖、相互并存和相互补充的。市场正义能创造社会财富和提高效益，能使社会充满生机和活力，同时，市场正义往往会产生贫富不均甚至贫富分化，可能导致社会的风险、动荡、危机和冲突，这就需要社会正义在全社会内进行公平再分配，化解社会矛盾，消除社会分化，解决城乡和城镇的空间危机与冲突，实现空间正义，使社会在平等、公正的有序状态下运行和进步。

中国特色社会主义的分配原则是按劳分配和按生产要素分配相结合，按劳分配主要体现的社会正义，而生产要素分配主要体现了市场正义。中国特色社会主义市场经济具有特殊性，它不同于西方的完全自由市场，也不同于传统的计划经济和未来的产品经济，中国的市场是有多种生产要素参与其中的，劳动、资产、技术、管理等都参与其中。另外，在市场之外，还存在着大量的公共服务和公益事业领域，因此，按劳分配和按生产要素分配是紧密联系甚至是相互渗透的，体现了社会主义的市场正义和社会正义的有机统一。

"坚持按劳分配原则，完善按要素分配的体制机制，促进分配收入更合理、更有序"，"履行好政府再分配调节职能，加快推进基本公共服务均等化，缩小收入分配差距"。这些都充分体现了社会主义的分配正义。社会主义分配中出现的不均等甚至贫富差距可以通过社会的按劳分配，政府的精准扶贫，先富帮后富，以及社会保障的二次分配和社会捐助、慈善的三次分配来解决。这些都体现了社会主义的分配正义。

社会主义市场当然也包含有一般市场的不足和缺陷，有滋生拜金主义、自私、贪欲、贪腐观念的可能，生产领域也会出现一定的自发性、盲目性，也会出现市场失灵现象，存在经济风险，会受到国外经济波动和经济危机的影响等。分配领域会出现分配不公甚至贫富差距现象，消费领域会出现奢靡消费甚至异化消费现象。但社会主义市场又有一般市场所不具有的优势。从而，社会主义市场的不足和缺陷能降到最低。同样，社会主义市场正义的不足和缺陷也能降到最低，更为重要的是，社会正义能弥补市场正义的不足和缺陷，并同市场正义一道，构成了社会主义社会的整体正义。

第一章 正义概说

毫不夸张地说，不管是在正式文本还是在人们的日常用语中，"正义""公正""公道""正直""正义感"等是使用频次最高的词汇，同时，不管是达官贵人还是普通大众也大都能对什么是公正的行为作出大致的评判，并赞赏公平、公正，指责不公正、非正义的行为。然而，如果向人们追问什么是公正的行为，什么是正义时，恐怕大多又回答不出来。这就是说，公正、公道和正义的观念已深入人心，成为不证自明的、潜意识的观念和想法。而人们关于正义的这些自发的、潜意识的观念和想法并不意味着要我们止步于对正义的研究，反而是要加强对正义的研究，使人们对正义不仅知其然，而且要知其所以然。客观事实的确也是这样，自人类进入文明社会以来，不管是西方还是东方，许多思想家延绵不绝地探讨过正义问题。

一 正义思想的人类历程

西方古代正义观经历了天道、人道和神道的转折及发展过程①。古希腊前苏格拉底时期，如阿拉克西曼德、赫拉克里特、毕达哥拉斯和巴门尼德等认为有一种超人类的神秘力量维持着宇宙万物之间的平衡关系，而这种神秘的宇宙力量就是正义的力量，从而这种正义论可叫做宇宙正义论或天道正义论。古希腊自苏格拉底以后，哲学家就把哲学从天上带到人间，从而也把正义从整个宇宙转向人类社会，认为正义就是人类社会中人与人之间利益的平衡关系。其中亚里士多德的正义论最具代表性，从表现形式

---

① 沈晓阳：《正义论经纬》，人民出版社2007年版，第5页。

上，亚里士多德把正义分为普遍的正义和特殊的正义，普遍的正义是政治上的正义，它主要处理的是社会成员同整个社会的关系，就是要求全体成员遵守国家颁布的所有法律。特殊的正义是经济的正义，它主要处理的是社会成员之间的关系，特殊的正义又分为分配的正义和纠正的正义。分配的正义是指在社会成员之间权力和财富的分配原则，由于个体成员天赋能力的差异，其分配的权力和财富是不均等的，从而分配的正义是"几何的正义"，也就是不平等的正义。而纠正的正义是指在人与人的经济交往和制定契约所遵循的原则，也包括民法上的损害的被禁止和补偿原则，从而纠正的正义是"算术的正义"，也就是平等的正义。亚里士多德又从具体内容上把正义分为相对的正义和绝对的正义，相对的正义是指人们因时因地相互协定的结果，从而是一种约定的正义，一个社会存在许多种相对的正义，由于相对的正义的约定性、协定性和易变性，不同相对的正义之间会发生矛盾和冲突。绝对的正义就是人人必须遵守的、普遍的、永恒不变的正义，从而绝对的正义也是"自然的正义"。可见，亚里士多德的正义论像他的整个哲学一样，是古代正义论的集大成者，对西方近现代正义论产生着深远的影响。

西方中世纪正义论是一种神道或神学正义论，即只有符合上帝的意志，听从上帝的指令和召唤才是正义的，人世间的一切合理、平等和法律秩序都是上帝安排的结果。

西方近代正义论开启于文艺复兴时期资产阶级思想家洛克、卢梭和康德等提出的自由、平等、博爱的革命口号和思想，后经霍布斯等思想家根据自然法的原则试图把自由、平等和博爱的革命口号与思想转变为社会秩序，最后以英国功利主义者葛德文、边沁和密尔把西方近代正义思想推向对功利的追求，认为趋利避害和追求"最大多数人的最大幸福"就是最大的正义。值得一提的是休谟探讨了正义产生的根源以及实现正义的动力，休谟从人性自私的理论前提出发，认为社会物产资源的中等匮乏和人的有限慷慨以及相同的人群等级是正义产生的三大条件，人与人之间的契约及国家的权威是实行正义的两种动力。

西方现代正义论经历了两大历史性转折：第一大历史性转折是马克思主义唯物史观的诞生，马克思主义唯物史观批判了资产阶级正义论的虚伪性和抽象性，把正义归属于社会的政治法律制度的上层建筑，并把正义原则建立在现实的经济基础之上，从而使正义成为代表无产阶级及广大人民利益的制度和原则。

另一大历史性转折就是由哲学实证主义者孔德、斯宾塞和法律实证主义者凯尔逊、哈特把依据自然法原则的理性正义观转变为依据实在法原则的实证主义正义观，认为正义并不是高悬于社会生活之上的理性原则，而是存在于现实生活中，并可以求证、量化和符合法规的具体存在。伴随着现代西方正义论的实证主义转向，也出现了以美国学者宾客莱为代表的相对主义正义观，相对主义正义观认为正义只是人的情感和意志的表达，而人的情感和意志是不确定的和相对的，从而正义也是不确定的和相对的，认为单凭人的理性确定的具有绝对和永恒的正义是不可能的，也是不存在的。

美国当代政治哲学家、道德哲学家和社会哲学家罗尔斯提出的公平正义论是当代西方正义论最主要的成就。罗尔斯的公平正义论实现了西方正义论从实证主义和相对主义向规范理论的复归，从而继承和弘扬了西方自由主义的传统，实现了正义论从功利主义向"社会契约论"的复归[1]。罗尔斯认为正义原则是从"原始契约""原始的平等地位"的"无知之幕"后面制定和选择出来的。罗尔斯所说的"无知之幕"虽然是"纯粹假设的状态"，但毕竟表明了罗尔斯的正义原则要代表多数人的意志和利益。罗尔斯的公平正义论最引人注目的是包括了两个基本的正义原则：第一个原则是"平等自由原则"，这一原则主要是指确定和保障公民的政治、言论、集会、良心和思想的自由，保障公民个人财产不受剥夺和个人不受任意逮捕的权利。第二个原则大致适用于收入与财富、权力地位与职务等的方面，第二个原则又分为两个方面：第一方面可称为"差别原则"，"差别原则"要求尽可能地平等分配自由和机会、财产和财富及其自尊基础上的人的基本权利，也有不平等分配的情况，但在坚持合乎每一个人的利益，特别是合乎最不利者的最大利益的原则下，可以出现不平等的分配。这就是说，不平等分配只能出现在给最少受惠者带来补偿利益，或者允许任何个人和团体为了有利于最少受惠者的方式谋取比其他人更多的利益，否则任何人和团体都不能获得比其他

---

[1] 沈晓阳：《正义论经纬》，人民出版社2007年版，第53—54页。

人更多的利益和更好的生活；第二方面可称为"公平机会原则"，这一原则是指权力地位和领导职务向所有人开放，并且只有做到这一点，才能真正坚持"差别原则"。罗尔斯根据其社会政策的重要性对正义论的两个原则作了优先性的排序，认为第一个原则优先于第二个原则，第二个原则中的公平机会原则又优先于差别原则。

罗尔斯在《正义论》中对政治的正义和道德的正义没有作明确区分，后来在1993年出版的《政治自由主义》一书中把政治正义和道德正义作了相应的区分，特别强调政治的正义更多地适合像美国这样的现代西方社会，政治的正义原则是相对独立的。

可以说，罗尔斯的正义论是当代影响最大，也最有建树的正义论思想，从而获得了许多赞誉和好评，但也受到了不少指摘和批评。美国哈佛大学教授、哲学家罗伯特·诺克齐首先向罗尔斯的分配正义论发出质疑，并提出了持有正义论。持有正义论更强调人的权利，认为人的权利是持有的，而不是分配的。人的权利如果是分配的，必须要有一个功能强大的国家来分配，这样会浪费许多资源，持有正义只需要"最弱意义的国家"和"功能最少的国家"，这样的国家就是充当"守夜人"，而不是分配者，"守夜人"的国家只是保护人的权利免受损失和强制实施契约。诺克齐认为持有正义论包括三大原则即持有的获取正义原则、持有的转让正义原则和矫正的正义原则。

20世纪80年代以美国哲学家迈克尔·桑德尔、迈克尔·沃尔泽、阿拉斯戴尔·麦金太尔和加拿大哲学家查尔斯·泰勒等为代表的社群主义思潮也对罗尔斯的正义论提出了批评，社群主义从社群出发，批评了罗尔斯的自由主义从个人出发，认为个人总是从属于社群的，其正义也只是社群的正义，社群的正义就是共同的善，个人之间的平等只有在社群中才能实现，个人的权利也只有在社群中才能获得。另外，社群主义也强调正义的现实性和实践性，反对抽象的正义原则。

德国著名的哲学家、法兰克福学派主要成员尤根·哈贝马斯也发起了对罗尔斯正义论的批评，认为罗尔斯的正义原则建立在契约和重叠共识的基础上，他忽视或否定共识以真理为基础。哈贝马斯认为，正义就是交往中的共识，共识是以真理为基础或以真理为目标的，没有真理为中心和目标就不可能有共识，共识就是以真理为基础和目标达成相同的意见，而正义也要以真理和共识为前提或者本身就包含着真理和共识①。

罗尔斯的正义论虽然受到了来自不同方面的批评，也存在不足之处，但仍不失为当代正义论的经典之说。从整体看，这些批评与其说是对罗尔斯正义论的批评，还不如说是对罗尔斯正义论的补充。罗尔斯正义论强调个人权利至上，个人之间的平等，但他并没有否定其他人权利平等的重要性，他只不过没有强调社群在个人权利平等中的作用，没有突出社群的重要意义。另外，罗尔斯的正义论虽然没有强调契约、重叠共识的本体和真理，但在客观上和不自觉性上又肯定了本体和真理的存在，因为契约的订立和重叠共识的达成，肯定有共同的、相对稳定不变的东西存在，否则无法订立契约和达成重叠共识，而这共同的和相对稳定的东西实质上就是真理。因此，我们把对罗尔斯正义论的批评当作是对他的正义论的补充似乎更顺理成章。

西方正义论思想主要是围绕正义产生的社会条件（休谟）、正义原则的制定（罗尔斯的"无知之幕"）、正义原则的实行和结果（罗尔斯的两个正义原则）而进行的，也就是理论界所概括的、也经常提及的起点正义、程序正义和结果正义，但还应加上条件正义。条件正义、起点正义、程序正义和结果正义既是正义的全过程，也是正义的全部内容。

在中国典籍中，虽然没有出现正义一词，但儒家的仁爱、中庸思想，墨家的兼爱思想，道家的道和德等概念，法家的势的思想以及"天下为公"的命题，以及中国传统文化的"等贵贱、均贫富"的思想等都包含着正义论的内容。不过中国传统正义思想主要是伦理道德意义上的，其正义的本质内涵的平等主要是封建等级关系的平衡，缺乏西方正义论中人的权利的内涵。

二　正义的涵义及其表现

正义在人类社会的作用和意义是不言而喻的，正如康德所说："如果公正和正义沉沦，那么人类就再也不值得在这个世界上生活了。"② 罗尔

---

① 沈晓阳：《正义论经纬》，人民出版社2007年版，第69页。
② ［德］康德：《法的形而上学原理》，沈叔平译，商务印书馆1991年版，第165页。

斯也说过:"假如正义荡然无存,人类在这世界生存,又有什么价值?"①康德和罗尔斯只是从人类生活的意义上来看待正义的,即如果没有正义,人类生活就失去了应有的意义。其实,正义的意义远不止这些,从人类文明发展来说,正义既孕育和推动了人类文明的产生和发展,人类文明的发展又进一步丰富了正义的内涵。可以说,人类文明是不断开辟正义的大道前行的。

正义是一个比较抽象的概念,我们往往从社会秩序、社会规范,从平等、公正上来理解正义。其实,平等、公正只是正义的具体表现,社会秩序和社会规范也只是正义实行后的社会状态,这些都没有涉及正义涵义本身。于是,正义似乎是人们都知道是什么,但又难以给予明确回答的概念,况且又都是在默认和默契的状态下使用正义这一概念的。就是在《联合国宪章》和《世界人权宣言》等国际纲领性文件中,也只是基于人权、自由、民主、平等、博爱,而倡导和维持正义,也没有明确说明正义是什么。《联合国宪章》序言指出:"创造适当环境,俾克维持正义,尊重由条约与国际法其他渊源而起之义务,久而弗懈。"《世界人权宣言》序言指出:"鉴于对人类家庭所有成员的固有尊严及其平等的和不移的权利的承认,乃是世界自由、正义与和平的基础。"大多数国家的宪法高举正义的大旗,倡导人人平等或在法律面前人人平等,但也没有给正义内涵下明确的定义,似乎正义已是人们明了的无须再定义的原子概念,的确也是如此,普通百姓都知道国家的政策是否合理,某某办事是否公平,某某的人品是否正直,某某说话是否有理等,这实质都是指正义的具体表现,都关涉正义的内涵。

因此,对正义的理解也无妨从正义的具体表现进行,也即可以在公平、公正、公道、正直、正气、正道、平等等方面来理解正义,凡是以上行为就是正义的行为,这行为不管是国家层面的还是个人层面的都是正义之举。正义的行为能产生正义的力量,而力量是一种能量,能发挥出很大的作用,正义行为能使社会处于有序状态,能构建良好的社会规范,也就是良好的社会秩序和良好的人际关系,而这正是正义力量和行为构建、维持和传承的。

---

① 许纪霖:《世间已无罗尔斯》,《文汇报》,2002年11月28日。

社会的秩序和规范实质就是社会的道，也就是社会规律。宇宙有宇宙的道，世界有世界的道，人有人的道，道也就是秩序和规范，中国古籍对道多有论述，最著名的就是"形而上者谓之道，形而下者谓之器"。正义也就是社会之道和人之道，正义本身是形而上者的道，但要通过具体的、形而下者的器表现出来。

作为公平、正道的正义又总是同人的权利紧密相关的，良好的社会秩序和人际关系也就是合理、公平的权利的分配和享有，人人平等地享有应该享有的权利和人格尊严，这既是正义的目的，也是正义的状态。因此，正义又是同人权、民主、自由结合在一起的，所以《联合国宪章》总是在人权、自由和民主中提倡正义的。

正义既是公正的行为和力量，又是公正行为和力量所产生的公平结果，即社会的秩序和规范。而正义行为和力量存在于社会的方方面面，即存在于经济、政治、文化、教育、外交和人的日常生活中，那么正义也在社会的各个方面都有所表现，从而也就有各种各样的正义。

从社会层次看，正义原则都隐含在国家的法律和各种规章制度中，尤其是国家根本大法的宪法总要提到正义，而其他法律和规章制度总是要体现正义理念和原则，从而正义首先是在国家层面所阐发、倡导和实行的。正义在国家层面的倡导和实行具有权威性、自觉性、正统性、系统性、统一性和全面性，其实行的效果也较为明显。但在民间，除了国家所倡导和实行的正义外，还存在着本土本乡的，用乡规、行规、民俗形式表现出的正义，民间的正义规则同国家倡导和实行的正义原则其本质内涵是一致的，但其存在的范围和表现形式有所不同，它具有民间性、自发性、分散性和不系统性的特点。

因此，我们只有从公平、平等、人权、自由、民主的维度来理解正义，同时也只有从国家或人的行为和力量，从国家和民间层面，从正义的提倡和实行等方面来理解正义，才能基本弄清正义的涵义，这就是正义是通过国家和人的行为与力量所形成的社会良好秩序和规范。

概括地说，正义是指由社会制度和规章的合理设计与有力实行而建立的社会秩序和行为规范。从全流程看，正义是由起点正义、程序正义和结果正义所组成。起点正义是指正义原则的设计和制定，程序正义是指由正义行为和正义力量所推动的正义原则的实行，结果正义是指正义原则实行的效果和状态即社会秩序与规范。

从形而上意义说,正义就是人类社会的秩序和原则,人类行为的规范和规矩。社会秩序维持着人类文明发展到当代,而社会秩序和原则又是靠人类行为的规范和规矩来遵守和维护的。所以,正义最终显现的是社会秩序和原则,而社会秩序和原则的背后或内部则是人类行为的规范和规矩,而人类行为的规范又涉及许多内容,如人的权利和利益,人的平等和自由,政治权力的公平公正等。

社会秩序和原则、平等和公平、人的行为规范、人的权利、分配、责任等,构成了正义的要素结构。在这一结构要素中,社会秩序和原则是上位概念,直接表征着社会正义,平等和公平是正义的两个向度,平等指向人与人的关系,是公民的向度,主要是指公民权利的平等获取、拥有和享有。公平指向公民与公权力的关系,是公权力的向度,主要是指权力机构公平地制定规则、公平地分配资源,保障公民的平等权利。只有权力的公平,才能有人的平等,平等和公平是对等的,公平是平等的必要条件,不平等的社会肯定是不公平的社会,反之亦然。人的行为规范是中位的,是社会秩序和原则的重要内容与维护,而权利、责任和分配则是具体、基本的正义要素,是正义的基础,正义最终要落实在人的权利、责任和分配上。

西方正义论的发展无非都是围绕正义的上述要素结构进行的,自由主义正义论者强调人的自然权利,罗尔斯正义论的两个原则强调的是分配,政治正义是公权力的正义,更强调公平、公正,并且是为两个分配原则服务的。在罗尔斯看来,两个正义原则的实施,不仅保障了公民的基本权利,而且促使社会处于公序良俗之中。社群主义虽然反对罗尔斯的自由主义,但并没有完全反对他的正义论,对于社会的秩序和原则、公民的平等权利,他们是有共识的。其差异主要是罗尔斯强调个人权利平等,而社群主义主要强调社会的权利平等。

正义包含着社会秩序、原则,社会公平分配、人的行为规范,公民的权利与义务等要素和内容。其实,这还不是正义本身,只是正义的表现。正义是比较抽象的东西,我们能说正义的东西其实都是正义的具体表现,社会的公序良俗和人的行为规范只是符合正义原则的,而不是正义本身,人类社会只制定了法律,而法律是要符合正义原则的,也没有明确指出正义原则是什么。人的约定俗成的行为规范也只是符合正义原则，而不是正义本身。那么正义究竟是什么？正义好像既有形又无形，既可言说又难以言说，既有理论依据又大量存在人的行为、信仰和情感中。

我们从人的力量维度来看待正义，因为社会秩序和人的行为规范都是有一种力量在维持，人的权利的获得、拥有和享用也都靠一种力量来保障，至于公权力本身就是一种强大的力量。因此，可以把正义定义为维护社会秩序和规范人的行为，保障人的权利的力量。正义是一种积极的力量，是一种正能量，是追求真善美的力量。正义作为积极力量和正能量，是个人和群体的，更是社会和国家的。正是正义的力量带来社会的平等和公平，维护着社会的公序良俗。

我们经常说的公道、正直、讲理等都是指的正义。"天下为公""替天行道""在上帝面前人人平等""救死扶伤""扶弱助残""打抱不平"等都是指的积极力量和正能量，实质也指的是正义。

我们也经常说出一些不正义的行为和事情，如"以强欺弱""以大欺小""横行霸道""欺行霸市"等都是指的消极的力量和负能量，实质也指的是非正义。非正义也就是邪恶，是社会丑陋的事情，非正义和丑陋是正义的反面，也是以正义标准来衡量和评价的。

既然正义是社会秩序和原则，人的行为规范和人的平等权利，那么，正义存在于人类生活的各个领域，有人活动的地方就存在着正义，存在着正义与非正义的斗争。但在纯粹的自然界是不存在正义非正义的，如自然灾害与疾病无所谓正义非正义，它们是自发的、没有意志的自然现象和自然规律。但自然现象和自然规律一旦被人利用，同人发生相互作用，那就存在着正义非正义了，如积极防治疾病，利用自然规律为人民造福就是正义的。反之，如果对疾病不加救治，甚至故意制造和传播疾病，破坏自然生态和违背自然规律就是非正义的。

归根到底，正义非正义都是人和社会的，有人存在的地方就有正义。正义可以说出来许多种，如分配正义、法制正义、教育正义、消费正义、权力正义、生态正义，等等。从社会的层次结构来看，正义可分为经济正义、文化正义和政治正义，这三大层次或领域的正义正好对应着人的经济权利、文化权利和政治权利的享有和保障。经济正义是社会和政府公平分配物质产品和物质资源给民众的原则与制度以及公平分配的操作程序，同时也是民众平等拥有和享有物质产品和物质资源的基本权利。经济正义最终体现在分配物质产品中，但物质产品又是经过生产、交换环节而来的，从而经济正义也涉及生产和交换环节，因而，生产和交换也存在正义问题，即存在着生产正义和交换正义。生产正义和交换正义影响着分配正义，因为分配正义不只是形式和程序的正义，更是实质内容的正义，即物质产品是否是合格的，是否有利于人的健康。如果生产和交换是非正义的，即使分配在形式和程序上是正义的，那么分配的实质也是非正义的。只有生产、交换和分配都是正义的，才是真正的经济正义。

文化正义也同经济正义一样，只不过是文化产品的生产、交换和分配中的正义，文化正义体现在政府保障民众的基本文化需要，并在民众中公平分配文化产品，而民众则平等地拥有和享有文化产品。文化正义也是由文化产品生产、交换和分配正义所组成，只有这三者都是正义的，才是真正的文化正义。

政治正义也即是公权力的正义，是指权力机构的产生、配置和运行的有序、公平和合理，民众平等地拥有政治权利。权力机构的有序产生和合理配置就是看其是否有利于社会的有序运行和发展，权力机构缺失和臃肿都不利于社会的有序发展，都是政治的非正义。权力运行的透明和有力制衡或监督是政治正义的关键，即使权力机构的产生和配置是符合正义原则的，而权力在运行中存在着寻租和腐败，那也是政治的非正义。因此，政治正义的完整内涵应该是权力产生的有序，权力机构配置的合理和权力运行的透明、制衡与监督。

经济正义、文化正义和政治正义指的都是产品的公平分配，人民平等地拥有、享有物质、文化产品，平等地拥有、享有政治资源，也就是平等地享有人的基本权利。政治资源比较抽象，不像物质、文化产品那样具体和有形，但政治资源也像物质文化产品一样，也存在产生、分配和拥有的问题，这类似于物质、文化产品的生产、分配和消费。

因此，经济正义、文化正义和政治正义最终表现为消费正义，政府公平分配产品和资源，人民平等拥有产品和资源，享有人的权利，消费这些产品是最终环节，也是平等拥有这些产品和资源的目的。但消费又是一个相对独立的环节，也存在正义问题即消费正义，消费正义就是产品能满足人的本真需要，能促进人的身心健康发展。如果出于虚假需要而消费，大量占有他人的消费品，并且大肆挥霍这些消费品，这就是消费的非正义。

消费正义以生产正义和分配正义为基础，一般说来，生产和分配是正义的，消费也是正义的，但由于社会关系的复杂性，贫富差异的存在，消费不仅取决于生产和分配，也取决于人的消费能力和消费水平，这样，消费就会溢出生产和分配正义的范围，会出现消费的非正义，甚至出现消费异化现象。因此，要想消费正义，不但要有生产和分配正义作保障，而且也要有本真的、科学的、健康的和绿色的消费为其内容。

三 正义与基本善

正义是由积极的、正向的、正道的力量所推动和构建的社会秩序与规范，它一般是通过一定的原则来实行和构建的，如果社会的秩序、规范，社会的公序良俗是好的、善的，那么正义也是好的、善的。正义是善的，因为正义能产生出善的社会制度、社会秩序、社会规范和社会风气。正义既是人的价值态度、行为方式和行为准则，也是社会的善治和公序良俗状态，是社会文明程度的标志。不仅如此，正义本身就是善的、好的，正义的涵义具有抽象的意义。正由于正义本身是好的、善的，才能产生出无数好的、善的事物来。

从一定程度上说，伦理学就是研究好的、善的学说，所谓好的和善的就是能给人带来好处和福祉，能满足人的需要的事物、社会制度、人的行为举止都可以作出善的判断。但善又可分为大善和小善，基本善和最高善，大善就是对大多数人带来好处的事物，小善只能给少数人甚至个人带来好处；基本善就是绝大多数人都能做到的善，而最高善是只有少数无比高尚和神圣的人才能做到的善。

正义是人类在长期的实践中形成和总结出的善的行为方式与行为规范，是一种公共价值，是一种公共善，它能给全社会甚至全人类带来福音和福祉。正义绝不是个人的私有财产，而是社会的共同财富。因此可以说，作为善的正义不是小善，而是大善和大爱。

至于基本善就是大多数人都应遵守的社会规范和履行的道德责任与义务，同时，基本善惠及多数人或所有人，包括行善者本人，它强调人与人的平等，对基本权利的享有，追求公平地分配产品和资源，追求社会公平公正。所以，基本善是关注现实生活和民生的，它不是超验的和出世的。

最高善是高于现实生活甚至是超验的善，这种善有时具有神秘和先验的性质，如康德的道德律令和善良意志，虽然是至高无上的善，但是先验和超验的，同现实生活没有直接联系，是一种纯粹的，没有任何条件的，唯意志和动机的善，是为道德而道德的善。因此，康德的道德律令只能存在于纯粹理性和彼岸世界中，与现实世界没有多大的联系。康德认为，道德律令是自律的，如果它同现实的事物相联系，道德律令就不再是自律的，而变为他律的了，这样道德律令就不再是道德律令了。所以，康德的道德律令虽然是最高和至上的善，但不能作为社会正义原则在现实生活中推行，不能成为人的行为规范，也不能成为社会秩序。

基督教也宣传至善和至高的善，认为只有上帝才是至善和至高的善，人世间的善只不过是上帝善意的体现，同时人世间的善只有同上帝保持一致，才能使人的现实道德超脱和救赎。在形式上，康德的道德律令同基督教上帝的至善相类似，但康德的至善存在于人类的理性和彼岸世界中，它虽然先验和超越，但并不神秘。而基督教上帝的至善既是先验和超越的，同时也是神秘的，是对超验世界和彼岸世界的向往，是一种超越现实世界的精神力量，正由于此，历代统治者利用基督教上帝来统治国家和教化民众。

老子在《道德经》第 38 章中，谈到了上德和下德，"上德不德，是以有德；下德不失德，是以无德。上德无为而无以为；下德无为而有以为"①。意思是说，具备"上德"的人不表现为外在的有德，因此实际上是有"德"；具备"下德"的人表现为外在的不离失"道"，但实际是没有"德"的。"上德"之人顺应自然无心作为，"下德"之人顺应自然而有心作为。

老子所说的上德与下德的关系是两种道德的关系，而不是德与无德的关系，老子说的下德没有德，不是指无德或缺德，而是相对上德即最高的德来说，下德是没德，因为下德不是最高的德，而是有为之德。有为之德的下德虽然不是无为之德的上德，但它并没有违背或脱离"道"，从而下德也是一种德，这种德关注人世喜怒祸福，从而它是有为之德。在老子看来，上德是无为之德，是"道"的完整践行，是"道"的完整表现，上

---

① 陈鼓应注译：《老子今注今译》，商务印书馆 2003 年版，第 215 页。

德除了"道"的诉求外，没有其他任何所求，它不计报酬，不求回报，不望名誉。

老子把上善比作水，《道德经》第8章说："上善若水。水善利万物而不争，处众人之所恶，故几于道。居善地，心善渊，与善仁，言善信，政善治，事善能，动善时。夫唯不争，故无尤。"① 意思是说，最善的人好像水一样，水善于滋润万物而不与万物相争，停留在众人都不喜欢的地方，所以最接近于"道"。最善的人，居处最善于选择的地方，心胸善于保持沉静而深不可测，待人真诚、友爱和无私，恪守信用，为政善于精简处理，能把国家治理好，处事能够善于发挥所长，行动善于把握时机。最善的人其所作所为因为有不争的美德，所以没有过失，也就没有怨咎。

老子说的上善就是上德，并且老子把水的特性拟人化为上德的特性，这同他的抱柔守弱的道家学说有关。其实，水也有凶狠的一面，如洪灾的破坏作用，但老子只是把水的柔弱的、利万物的一面当作上善、上德的物化比喻，这明显是对水的德性化的说法，而不是实证的求解。水利万物而不争，说明水在利万物中是没有自我的，当然就不求回报和赞誉。老子又说，统治者如果像水一样完全按照"道"办事，不仅能修养好自身，也能治理好国家。在这里，老子把上德和下德又统一起来了，即是说，上德或上善之人肯定也是上德之人，没有离"道"但也没有完全践行"道"的人只能是下德之人，下德之人不是无德之人，他是奉行有为的原则，只追求仁、信、义、诚的人。

从以上可以看出，老子所说的上德之人的上善是最高善，类似于康德从道德律令而来的善良意志和基督教所说的上帝绝对的善和万能的善。

如果说基督教宣称上帝的善是神人之善，康德的善良意志的善是先验之善，那么，老子说的上善可以说是圣人之善。这三种善都处于道德的最高层次，现实人的德性不能完全达到它的标准和要求，只能尽力去践行和靠近它。

正义追求社会公平，维护社会秩序，规范人的行为，关注人的权利，体恤弱势群体，很显然正义是一种善。但正义之善是一种社会现实之善，是多数人能做到并且已经做到的普遍善和公共善，否则人类社会不会开辟

---

① 陈鼓应注译：《老子今注今译》，商务印书馆2003年版，第102页。

正义之道，也不会对正义达成共识。可见，正义之善既不属于康德所说的先验的善良意志，也不属于上帝的至高无上的善，同时也不属于老子所说的"上善若水"的圣人之善，而是存在于现实社会之中，维护社会公序良俗的基本之善。

作为基本善的正义存在于社会生活的各个领域，是普遍之善，是公共价值①。正义既追求广大民众的平等、自由和人权，又渴求国家制度的公平、公正；既关照他者的平等、公正要求，又把自我当作与他者具有同样的权利看待。这也就是说，正义之善不是无我的，不是牺牲自我而专利他者的圣人和神人之善，也不是唯动机和良知的，不求现实条件和效果的先验之善，而是追求自我与他者，追求整个社会的平等、自由和公平的现实之善，基本之善。

从社会规则层面说，正义是构建、维持和巩固良好、合理与公平社会秩序的原则和规则，这就是正义原则和公平规则。从社会秩序本身来说，正义就是社会的公序良俗，就是社会的公正秩序，也就是社会的公道和正道。社会的公道和正道是社会客观的、公共的和基本的善，这种社会客观的善一旦教化人，被人所掌握，就会成为人的行为之善，就会成为一个有正义感和正直的人，这是人之善。

道家的道和理学的理，主要是社会的规则和秩序，相对于个人来说，是外在的规律，是客观社会的公道和正道，是公共的和基本的善。但这种外在的社会规则和秩序是通过人的行为构建起来的，因此，外在的道德规则和秩序必须要教化人，转化为人的内在觉悟和心性，成为人的善端和良知。心性之学、道德修养的工夫论是中国儒学的重要内容，工夫论实质上就是关于外在的社会道德规则如何转化为个人内在的修养、品性和良知过程的学说，如果说外在的社会道德规范是本体论的话，那么个人内在的品行修养就是修养论和良知论。中国儒学是一个庞大的道德体系，而工夫论是其重要的组成部分，同道德的本体论相比，工夫论尤为重要。孟子的养浩然之气，王阳明的格物致知，朱熹的养天地之性和气质之性，儒家的内圣外王的内圣修行等都是讲的工夫论。

如果说早期的儒学道德本体论和心性工夫论还没有明显分开的话，那

---

① 胡敏中：《论公共价值》，《北京师范大学学报》（社会科学版）2008 年第 1 期。

么到了宋明的陆王心学和程朱理学则有了明显的划分，陆王心学是从人的内心的格物致知出发去构建社会的道德体系和道德规范，程朱理学则是从外在的道德规范出发来构建人内心的心性道德。心学和理学路径不同，但殊途同归。

在儒家看来，社会的道德规范就是社会的秩序，代表了社会的正道和正义，而个人内心修养和品性就是社会道德规范的内在化和养成，是个人内心的正道、正义和正直的品格，而社会的道德规范和个人的道德品质是一一对应和互为一体的，缺一不可，如果只有社会的道德规范而没有个人的道德修养，社会的道德规范就会失去根基，最终会倒塌；而如果只有个人的道德修养而没有社会的道德规范，社会就会失去应有的秩序。所以从社会的正道和正义来理解社会道德体系，外的道德规范和个人内在的道德修养是不可分离的。

如果说，社会的道德规范体现了社会的公道和正道，那么个人的道德修养就体现了人的正直和正义。当然，儒学的社会正道和个人正直是单指道德的，显然具有片面性，社会的正道和个人的正直应包括政治、经济、文化、道德、社会交往和日常生活等各个方面。

社会的正道就是社会的公平正义，就是社会的合理秩序。而社会的正道内化于人心，就是个人的正直。正直既是人的品质，也是人的行为。

如果说社会的公道、正道实质就是社会的正义，那么作为同社会正道相对应的个人的正直则代表个人的正义。正直不仅是人的性格，而且是人的思想、意识和行为标准与准则。从人的性格特征看，正直是指人的坦率、坦诚和刚直。

人的正直不只是性格问题，更主要的是人的思想意识、世界观、价值观和情感问题，而这些又是联系在一起的。正直的人具有公平正义的世界观和价值观，也是具有正义感的人。具有正义感的人虽然称不上圣人，但却是君子。就是说，正直人会平等公正地对待自己和他人，他不会因个人的私利而破坏公共规则，去损害他人的利益。也就是正直的人会坚持原则，坚守公道，并且不会因为个人的利益而牺牲公共规则，我们经常说的一身正气就是指这个意思，一身正气既指秉公办事，从不徇私，即行为的正义，也指思想感情的正义即正义感，人的正义行为和正义感也就是人的基本善。

第二章　市场的起源及其发展

在当今，我们对市场一词太熟悉了，可以说是家喻户晓，这不但在于我们的生活所需大多是从市场上购买的，而且也有相当多的人直接或间接参与市场的交易和买卖。正由于我们对市场一词太熟悉，就把市场当作理所当然的事物，不再去思考、去认识它，这也是人的思维的一种惯性或毛病，就是对越熟悉的东西就越熟视无睹。人们对市场的认知就可能属于这一情况。但作为学术研究的课题和对象，就必须认真地认识和研究市场，了解它的产生、发展规律以及特征。

在当代语境中，市场具备有两种涵义：一种涵义是指买卖双方进行交易的场所，这是狭义上的市场涵义，如传统市场、股票市场、期货市场等。另一种涵义是广义的即为交易行为的总称，也就是交易关系的建立和商品交换关系的总称①。这样，市场一词不仅仅指交易场所，还包括了所有的交易行为。故当谈论到市场大小时，并不仅仅指场所的大小，还包括了消费行为是否活跃。广义上，所有产权发生转移和交换关系的市场"是指作为价格形成系统的市场"。②如果从价格形成系统来理解市场，那么只有到资本主义生产方式的建立，才正式出现或产生市场经济或商业经济即资本经济。在前资本主义社会特别是封建社会晚期的资本主义萌芽，也只是市场经济的萌芽。

不管是原始意义还是现代意义上的市场，相对固定的空间场所是市场的载体，空间场所的大小，基本决定了市场的大小；另外决定市场的大小

---

① 白永秀、王军旗主编：《市场经济教程》（第三版），中国人民大学出版社2011年版，第1页。

② ［日］山口重克主编：《市场经济：历史·思想·现在》，张季风等译，社会科学文献出版社2007年版，第18页。

还取决于买者卖者的数量和买卖的发生。因此，构成市场要素或市场结构除了空间场所外，还有产品、买者和卖者以及买卖交易的发生。在市场结构中，缺少任一要素都不可能出现市场，现实的市场都是由空间场所、产品、买卖双方以及交易行为诸要素构成的。

市场同人类的生活息息相关，可以说，整个人类文明的历史也就是市场发展的历史，社会的发展推动了市场的出现和发展，与之相适应，市场的发展不仅印证了社会的发展，在一定程度上也推动了社会的发展。同样，人类需要的不断进步和发展正是由社会和市场的发展所推动的，人类需要的不断进步和发展也推动着市场的发展。

一 原始市场

市场是社会生产力发展到一定阶段的产物，当产品有了一定的剩余，就有必要交换，并用交换来的产品满足人的不同需求，在原始社会晚期就出现了物物交换，那时的物物交换即使在市场中进行，其市场也是很原始的，是原始市场。

原始市场的产生取决于两个条件：一是社会的分工，不同的群落生产不同的产品，并且产品有了剩余，这样就使交换产品成为可能，为市场的产生提供了社会条件；二是不同产品归不同人群所有，而彼一人群需要此一人群的产品来满足自己的需要，反之亦然，这就为产品的交换和市场的产生提供了必要和必须[①]。

市场的最早出现可追溯到原始社会晚期，随着人类早期的两次大分工，原始社会生产力得到了提高，产品有了剩余，直接推动了原始市场的出现。第一次社会大分工是畜牧业和农业的分工，发生于原始社会后期，这次社会大分工促进了劳动生产率的提高，引起了部落之间的商品交换，为私有制的产生创造了物质前提。第二次社会大分工是手工业和农业的分工，发生于原始社会末期，这次社会大分工促进了劳动生产率的进一步提高，促使私有制的形成。生产力有了一定的发展，产品除了

[①] 参见白永秀、王军旗主编《市场经济教程》（第三版），中国人民大学出版社2011年版，第7页。

消费外，还有了一定的剩余，于是，原始先民之间、原始部落之间相互交换着产品，从而就出现了原始市场和交易。最初的原始市场是没有货币作中介的物物交换，所谓物物交换就是原始先民使用以物易物的方式，交换自己所需要的物资，比如一头羊换一把石斧。但是有时候受到用于交换的物资种类的限制，不得不寻找一种能够作为交换双方都能够接受的物品，这种物品就是最原始的货币。牲畜、盐、稀有的贝壳、珍稀鸟类的羽毛、宝石、沙金、石头等不容易大量获取的物品都曾经作为货币使用过。

  原始的物物交换也必须在市场中进行，否则无法完成交易。原始市场虽然具备了市场的各种要素，但是非常简单和狭小，交易的产品也非常贫乏和单一。据史料记载，我国陕西省武功县是中华农耕文明始祖后稷的故里，相传上古时期每年春季，后稷在教稼台前教农稼穑，授民于农耕技术。每年农历十一月初七，四方百姓聚集在漆水河东河滩的教稼台下，纷纷带来各自的收获以答谢后稷，并开始以物易物，中国最早的市场即发端于此①。《周易·系辞》就市场的起源写道："神农日中为市，致天下之民，聚天下之货，交易而退，各得其所。"司马光在《资治通鉴》中也说："神农日中为市，致天下之民，聚天下之货，交易而退，此立市始。"这两种说法都认为原始市场是从神农氏的时代开始出现的。但神农是传说中的上古帝王，不一定实有其人。不过有一点可以肯定，我国古代社会进入农业时期，社会生产力有了一定发展后，先民们就开始有了少量剩余产品可以交换，因而产生了原始市场。

  在我国古代，"市"在古代也称作"市井"。这是因为最初的交易都是在井边进行的。《史记正义》说："古者相聚汲水，有物便卖，因成市，故曰'市井'。"古时在尚未修建正式市场之前，常常"因井为市"，这样做有两点好处：一是解决商人、牲畜用水之便，二是可以洗涤商品。《风俗通》云："于井上洗涤，令香洁。"后来，陕西省城镇附近，均设井资商人饮马之用。古时的这一遗风一直延续了下来。直到1949年前，仍能在乡镇中见到，"市井"一词也一直沿用至今。在周朝的正式市场中，每

---

① 《千年民俗流芳百世走进中国最早的市场》，腾讯网，2015—12—29［引用日期2015—12—29］。

日的交易活动分三次举行:"朝市"在早晨,"大市"在午后,"夕市"在傍晚。

随着人类进入文明社会,特别是人类早期第三次社会大分工,出现了不从事生产、专门从事商品交换的商人阶级,它发生于原始社会瓦解、奴隶社会形成的时期。社会生产力有了进一步的发展,剩余产品越来越多,也越来越丰富,这就需要扩大交换和市场,工商业和商人就是适应产品交换和市场需求而产生的。在奴隶社会和封建社会,特别在封建社会后期的资本主义萌芽时期,商人和商业已形成了一定的规模,市场也得到快速发展。西汉时,全国有六大商业城市,而以国都长安为首,它依靠水陆商路的便利与全国其他著名商市,如洛阳、邯郸、临淄、宛等相联系,形成一个全国性的商业网。北宋张择端的风俗画《清明上河图》描绘了北宋时期都城东京(今河南开封)的状况,主要是汴京以及汴河两岸的自然风光和繁荣景象。清明上河是当时的民间风俗,像今天的节日集会,人们借以参加商贸活动,反映了当时市场的繁荣景象。

金属货币,特别是纸币的出现进一步推动了市场的发展,约在 2600 年前,金属货币最早起源于位于今天土耳其西部的吕底亚。纸币则起源于中国的成都,北宋于仁宗天圣元年(1023)发明了世界最早的纸币——交子,同年北宋政府建立了交子专门管理机构"益州交子务",次年,开始在全国统一发行交子。首届交子发行 1256340 贯,备本钱 360000 贯,准备金相当于发行量的 29%,在四川境内流行 80 年。至此,世界上第一种纸币正式被确认,早于西方 600 年,欧美国家都是在工业革命发生时的 17 世纪末才使用纸币的。在金融史的意义上,纸币的发明是一个重要标志,它表明了货币化程度、交易手段的复杂性、纸张的发达和管理的细致,而且表明了政府信用能力和社会繁荣的状态。正由于此,纸币的发明和流通有力地促进了市场的发展。

随着纸币的流通和使用,以专门经营货币的银行也随之出现。一般认为最早的银行是意大利 1171 年在威尼斯成立的银行。其后,荷兰在阿姆斯特丹、德国在汉堡、英国在伦敦也相继设立了银行。18 世纪末至 19 世纪初,银行得到了普遍发展。

银行在我国起源于唐朝,在唐宣宗时期(847—858 年),苏州就有

"金银行"出现。北宋嘉祐二年（1057），蔡襄知福州时，作《教民十六事》，其中第六条为"银行轧造吹银出卖许多告提"，这是"银行"一词单独出现最早的时间。到了南宋乾道六年（1170），建康（今南京）城内不仅有远谷市、纱市、盐市、牛马市，而且"花市、鸡市、镇淮桥、新桥、筐桥、清化桥皆市也"。可见，银行那时在南京就已存在，而且成"市"。到了景定元年（1260），竟成了一条"银行街"，其街道非常繁华。

另外，在中国近代，创立了许多银号、票号和钱庄，这为货币的流通提供了便利，对市场的繁荣和发展起到了很大的促进作用。中国第一家票号——日昇昌，创建于道光四年（1824），百年沧桑，业绩辉煌，执全国金融之牛耳，分号遍布全国30余个城市、商埠重镇，远及欧美、东南亚等国，以"汇通天下"著称于世。日昇昌票号创立后，先后有介休、太谷、祁县竞相效仿。它的诞生与发展，有力地促进了全国金融流通，加速了资本周转，对当时民族工商业的发展作出了杰出的贡献，掀开了中国金融史的光辉一页。"大清户部银行"是我国最早的官办银行，建于光绪三十年，即1904年。

市场的发展和商业的繁荣总是联系在一起的，在中国近代，出现了像张謇、荣德生、荣宗敬、胡厥文、胡雪岩等这样的著名商人，他们在创建和发展民族工业，促进中国近代市场经济发展中作出了巨大贡献，晋商、徽商、浙商和粤商成为远近闻名的商帮。这也反映出近代中国市场的发展情况，但这只是市场经济的萌芽，市场经济没有进一步发展为占主导地位的经济模式和经济体系，只有到了20世纪80—90年代，市场经济才逐渐成为中国现代社会的主导经济模式和经济体系。

市场总是同货币、价值和资本联系在一起的，因此可以说，市场的产生和发展，是离不开货币、价值和资本的产生和发展的。资本主义是市场和资本的最集中、最典型的表现，因此，资本主义的萌芽和确立过程也就是近代市场和资本的萌芽和确立过程。

原始市场的物物交换主要是商品的使用价值的交换，没有价值增值和资本的内容，但原始市场的交换形式也是多样的，根据日本学者山口重克在《市场经济：历史·思想·现在》一书中的叙述，在原始社会和古代社会，存在着馈赠交换、沉默的交易、商品交换等①，不过山口重克把这些交换看作非市场经济的交换，因为这些交换不是以交换商品的价值，更不是为了价值增值为目的的，从而原始市场的非市场经济的交换同资本主义的市场经济的交换是根本不同的。

在封建社会中后期，商业已达繁荣状态，商人已有一定规模，有了商业和商人肯定就有商品交换的市场，有市场和货币肯定就有资本。不过，那时的市场还没有形成规模，商业从属于农业，商人也没有成为一个独立的社会阶层。因此，在整个封建社会，最多也只存在资本的最初形态，还没有产生占统治地位的市场经济和资本经济。值得注意的是，在漫长的封建社会，虽然出现了商业和商人，但商业不是主导产业，它从属于农业，在"重农抑商"政策的高压下，商人并没有多高的社会地位，反而遭遇了许多骂名，如"奸商"等，从而资本经济并没有在社会上确立为主导的、普遍的经济模式，资本关系也没有成为普遍的社会关系。虽然产生了货币，出现了钱庄和押店，但还没有出现专门以货币为经营业务的银行，因此货币主要执行的是单一的商品交换职能，承担商品交换的一般等价物。

原始市场属于非市场经济还是市场经济，虽然在学术界存在争论，但它作为交换场所的市场则是毋庸置疑的，它是市场经济的原始阶段和准备阶段也是值得肯定的。

原始市场是现代市场的源头，同古典市场和现代市场相比，它毕竟是原始古朴的，它相当分散、狭小、简陋、规模小、功能单一和效率低。原始市场存在于原始社会、奴隶社会和封建社会中，它虽然历史悠久，但由于受社会发展的影响，原始市场发育和成熟缓慢，没有在社会经济中占支配和统治地位，没有成为一种社会普遍的、占主流地位的经济形式，在漫长的封建社会，占社会支配地位的经济形式是自给自足的自然经济，原始市场从属和服务于自然经济，是作为自然经济的补充。

二 古典市场

一般说来，古典市场是指近代（主要指18—19世纪）资本主义的经

---

① ［日］山口重克主编：《市场经济：历史·思想·现在》，张季风等译，社会科学文献出版社2007年版，第18页。

济，它是随资本主义生产关系的产生和确立而产生和确立的，也就是说，古典市场发育于封建社会（中世纪）晚期，是同资本主义生产关系的萌芽一同发育的，随着资本主义生产关系占统治地位后，市场经济、资本经济成为资本主义占统治地位的经济形式，与此相应，古典市场也成为占统治地位的市场，即古典市场经济。

14—15世纪在西欧封建社会内部最初出现的资本主义关系，即资本主义的萌芽，在生产方式上具体表现为以雇佣劳动为基础的工场手工业的出现，在经济模式上即表现为近代市场的产生和发展。

在西欧封建社会末期，随着农业和手工业生产的不断增长，社会分工的逐步扩大，商品经济获得了较大的发展，封建的自然经济受到了一定程度的破坏。这样，在一些工商业比较发达、行会制度相对薄弱的地方，就出现了资本主义的萌芽。当时具备这些条件的地区，主要集中在地中海沿岸特别是意大利北部的一些城市，如威尼斯、热那亚、佛罗伦萨、比萨和米兰等。

西欧资本主义萌芽的出现，是生产力发展的结果，商业资本起了特别重要的作用。意大利北部城市从11世纪起，直接或间接地依靠近东贸易兴盛起来，到地理大发现前，一直是地中海区域重要的经济中心，长期控制着东西方之间的贸易。发达的商业活动，一方面推动了手工业生产的发展，使得家庭手工业能够有条件过渡到工场手工业；另一方面也加速了商业资本财富的积累，使商人的力量增强。城市因此成了反封建的中心，吸引大批破产农民和逃亡农奴流入，从而进一步促进了手工业向工场手工业的过渡。

在意大利北部诸城市中，手工业最为发达的是佛罗伦萨，它利用近东贸易不断发展的有利形势建立了毛纺织业和丝织业，到13世纪已是西欧最发达的毛纺织业中心之一。它从西班牙和英国大量运进羊毛加工成呢绒，以后还从英国购进本色呢绒，进行染色加工。到14—15世纪，在佛罗伦萨的毛纺织业中出现了资本主义的手工工场。这些集中的手工工场形成的途径是：①有的是通过小生产者的分化产生的，其中少数小生产者在竞争中发了财，开始雇佣工人，成为工场主，更多的小生产者则因破产而沦为雇佣工人。②有的是商人通过各种形式控制和剥削小生产者，把他们变成雇佣工人。这样的手工工场被控制在商人手中。他们从外地运来原料，先分给手工业者作初步加工，然后集中起来在自设的工场中进行染色，再将成品运销外地。另外，还有一种分散的手工工场，这种工场在尼德兰南部佛兰德地区的各城市比较普遍。商人供给小手工业者以原料，收购他们的产品，将手工业者同市场隔绝，从而把他们变成从属于自己的雇佣工人。有的呢绒商人还把原料分发给散居在城市以外的农村手工业者进行加工。这种形式的手工工场，活动范围更广一些。

在14—15世纪，由于各国以及各地区之间发展的不平衡和条件上的差异，资本主义萌芽作为一种新型生产关系的出现，只是呈点状稀疏地分布于西欧一些经济比较发达的城市。除了意大利和尼德兰之外，英国的伦敦、法国的巴黎、德国的科隆，大体上也在此时期出现了资本主义手工工场。当时的手工工场主要是集中在毛纺织业、丝织业、采矿业等部门，还没有遍及各个行业。它们一方面还保留着一些封建主义的因素，如雇主与雇工之间的宗法关系，劳动者自己保留着某些生产工具，劳动报酬有时采用实物或分成的形式等；另一方面，它的发展程度也并不很高，还不能算作近代意义上的工场手工业。当时占主导地位的是商业资本。商人控制手工业本来就只是作为贸易活动的补充手段，在手工工场中使用的雇佣劳动并不多，劳动分工也很简单。总的说来，14—15世纪在西欧出现的资本主义手工工场，在生产上还不占主要地位。

莎士比亚早期的重要作品《威尼斯商人》，塑造了夏洛克这一唯利是图、冷酷无情的高利贷者的典型形象，是一部具有极大讽刺性的喜剧，剧本的主题是歌颂仁爱、友谊和爱情，同时也反映了资本主义早期商业资产阶级与高利贷者之间的矛盾，表现了作者对资产阶级社会中金钱、法律和宗教等问题的人文主义思想。从这部作品中，我们也可以看到当时威尼斯的市场、商业的发达，反映了西欧资本主义早期市场的形成和资本主义生产方式的确立。

欧洲资本主义萌芽极大促进了生产力的发展，科技和经济的进步进一步导致了经济结构、阶级结构、思想意识形态和价值观念的巨大变化，引发了17—18世纪资产阶级革命，建立了资本主义社会，最终使市场在社会经济中占主导地位，产生了古典市场经济。

中国早在明代中叶即15世纪就出现了资本主义萌芽，但其发展缓慢，直到19世纪鸦片战争前，仍只是稀疏地存在着，未能像西欧那样导致一个工场手工业时代，在农业中更属微不足道。它发展缓慢的原因，同中国封建社会长期延续性的原因基本上是一致的，因而这项研究成为近年来中国史学界十分重视的课题。资本主义萌芽的研究，又常常是作为20世纪初国内外流行的"外铄论"的对立面提出的，该种理论认为中国资本主义的产生只是由于外在力量或由外国移植而来的。因而这项研究有利于澄清中国资本主义的发生过程，以及从封建经济向资本主义转化中的有关问题，诸如租佃关系的演变、市场的适应性、货币资本的积累、行会的作用等，学者们在研究中对这些问题都有探讨。

鸦片战争前中国的资本主义萌芽还很微弱，但在长期发展中它毕竟已建立了一种新的资本与雇佣劳动的制度。以致战后外国资本侵入中国时，它所面临的不是像它在某些殖民地所遇到的那样一块"反抗资本迁入"的处女地，而是可以找到现成的雇佣劳动者包括技艺高超的熟练工人和女工，以及相应的市场。事实上，第一家外资工厂就是在原来中国的工场手工业的基础上建立的。第一家洋务派的军工厂也是这样。民族资本工厂中，从工场手工业发展起来的就更多，在矿业中尤其多。

原来作为中国资本主义萌芽主要形式的工场手工业，在鸦片战争后发展日益迅速，到20世纪初期，所有重要手工行业，包括棉纺织业，都已有了工场手工业户。工场手工业的产值大约占工农业总产值的5%。包买商形式在战后也有较大发展。农业中，经营地主是在战后才见显著，而富农增长更快，已形成一个阶层。不过，这时中国已进入半殖民地半封建社会，这些已不再称为资本主义萌芽了。但历史是不能割断的，它们在鸦片战争后的发展，仍是萌芽的继承。

中国近代的资本主义萌芽实质上是中国民族资本主义的萌芽和发展，由于中国民族资本主义经济是在半殖民地半封建社会条件下艰难成长起来的，饱受外国资本的压迫，买办资本、官僚资本的排挤，封建生产关系的束缚及军阀官僚的压榨，具有不同于欧洲资本主义的特点。

1. 民族资本主义经济在国民经济中所占比重很小，始终没有成为中国社会经济的主导形式。1936年，资本主义现代工业产值只占工农业总产值的10.8%，1949年占农业产值的17%——其力量之弱可见一斑。

2. 在民族工业中，工业资本所占的比重小，商业资本和金融资本所占比重大。抗日战争前，民族资本中80%是商业资本和金融资本，与工业资本的比例极不相称——民族资本没有自己独立的生产基础。

3. 民族资本主义工业主要是以纺织、食品工业为主的轻工业，缺乏重工业的基础，不能构成一个完整的工业体系和国民经济体系，在技术、设备以至原材料方面不得不依赖外国垄断资本和本国官僚资本——中国民族资本缺乏独立性。

4. 民族资本所经营的企业，规模小，经营分散，技术设备落后，劳动生产率低。这种情况，使得民族工业的产品成本高，在市场上缺乏竞争力。它发展的办法就是加大对工人的剥削，力求获得最大的剩余价值——他们害怕工人的觉醒和革命的发动。

5. 民族资本主义经济和封建势力有千丝万缕的联系。相当一部分民族资本家的前身是官僚、地主，他们的资本是地租转变而来的，一些民族资本家还用经营工商业所得的利润，到农村去购买土地，兼有资本家和地主的两重身份——他们不敢提出彻底否定封建土地所有制的革命纲领。

中国资本主义萌芽没有引发资产阶级革命，从而没有使市场经济成为社会的主导经济形式，没有出现古典市场经济。直到20世纪末21世纪初，中国才出现占主导地位的市场经济，但这时，欧洲的市场经济已告别古典时代而迈入现代市场经济时代，中国的市场经济又不得不进入现代市场经济时代，只不过具有中国特色，属于中国特色的市场经济时代。

古典市场经济与原始市场经济不同，它是"建立在机器生产力水平基础上，以生产资料分散在单个生产厂家手里为前提的市场经济形式，其典型形式是资本主义自由竞争时期的市场经济"①。古典市场经济交换的目的不是商品的使用价值，而是商品的价值影响了价值增值，使用价值只是为价值增值的手段。因此，古典市场不是真正的资本经济市场。

古典市场经济主要是指18—19世纪自由资本主义发展时期的经济，它有许多特点，如私有化、剥削、生产规模大、产品商品化高、形成了统一市场、占统治地位的经济形式等。但自由竞争和追求价值无限增值是它的两个最显著特点。在这一时期，产生了古典经济学，古典经济学就是主张自由放任的市场经济理论。

---

① 白永秀、王军旗主编：《市场经济教程》（第三版），中国人民大学出版社2011年版，第8页。

苏格兰经济学家、哲学家亚当·斯密于 1776 年出版了被誉为"第一部系统的伟大的经济学著作"的《国富论》，全名为《国民财富的性质和原因的研究》（An Inquiry into the Nature and Causes of the Wealth of Nations）。此书出版于资本主义发展初期，在英国工业革命以前。书中总结了近代初期各国资本主义发展的经验，批判地吸收了当时的重要经济理论，对整个国民经济的运动过程做了系统的描述。在《国富论》中，亚当·斯密以"个人满足私欲的活动将促进社会福利"为逻辑起点，推演出市场就是"自由放任"的秩序。政府完全不能干预个人的追求财富的活动，也完全不用担心这种自由放任将制造混乱，"一只看不见的手"将把自由放任的个人经济活动安排得井井有条。也就是说，斯密的市场概念重点在于强调限制政府对个人经济活动的干预上。《国富论》也花了相当的篇幅去抨击干预个人经济活动，限制个人经济权力（产权）的重商主义政策。以后的古典经济学家也一直坚持自由放任的观点。

只有到了资本主义社会，工商业取代农业成为占社会统治地位的产业，商人转变为资本家，商业利润转变为剩余价值，真正意义上的市场经济和资本市场才正式产生，相应地也产生了价值规律和资本逻辑的市场规则。

个别的、偶然的商品交换不一定在市场中进行，可以随时随地进行。在市场中的商品交换则是经常性的和较为普遍的。市场包括资本市场和非资本市场，存在于原始社会晚期的物物交换和前资本社会的小商品市场，就不是严格意义上的资本市场，如果小商品市场的交换是为了商品的使用价值，而不是为了商品的价值，那么为了使用价值交换的商品也不是资本；如果小商品市场的交换是为了价值，那么小商品市场充其量只是准资本市场，而不是成熟和完善的资本市场。资本市场的交换不是为了使用价值，而是为了价值，并且是为了价值的增值，为了价值增值而交换的商品就是资本，自从人类社会出现工商业和贸易业，就出现了资本或准资本。但直到资本主义社会的建立，资本才成为最为普遍和最为典型的经济现象，资产阶级古典政治经济学家创立了较为系统的资本理论，他们站在资产阶级的立场，大力歌颂资本，认为资本提高了生产力，解决了失业和贫困，推动了社会的发展。马克思在《资本论》中对资本主义制度进行了无情的揭露和批判，深刻揭示了资本家剥削工人的秘密即无偿占有工人创造的剩余价值，揭露和批判了资本家对资本和价值增值的贪欲，认为在资本主义社会，资本是工人贫困的根源，也是资本主义社会阶级对立的根源，同时资本是不平等的和不道德的，最后得出了剥夺者被剥夺，资本主义必然灭亡、社会主义必然胜利的科学结论。只有消灭资本，推翻资本主义制度，人类才能进入没有阶级和剥削的共产主义社会。马克思对资本主义的揭露和批判实质上也是对资本主义古典市场经济的揭露和批判，从一个侧面也剖析了古典市场经济的特点。

三 现代市场

从历史的角度考察，现代市场经济是在自由市场经济基础上产生的。进入20世纪后，随着社会化大生产的迅猛发展，自由市场经济的局限性日益明显，经济危机的破坏作用更加严重；垄断的产生，特别是1929—1933年震撼世界的资本主义经济大危机，从根本上动摇了资本主义自由竞争的市场经济制度，以罗斯福"新政"和凯恩斯《就业、利息和货币通论》为标志的国家干预主义政策和理论应运而生，自由的市场经济开始被有调节的市场经济所代替。第二次世界大战结束以后，科学技术迅速发展，出现了革命性变化，生产的社会化程度大大提高，各部门、各地区以及国家间的经济联系更加密切，政府对经济运行的干预进一步加强，计划的作用明显增大。同时，随着经济的不断发展，资源问题、环境问题等更加突出，人类生存的条件问题面临严峻局面。这些都要求政府和国际社会对经济和社会发展进行统一协调，加强计划性。因此，建立现代市场经济成为必然要求。在当今世界上，现代市场经济有多种模式，如英美实行有调节的市场经济、法国实行有计划的市场经济以及北欧实行的福利主义模式等。我国所要建立的社会主义市场经济，也是现代市场经济。

现代市场是指20世纪以来的经济形态或经济形式，如果说，古典市场是自由放任的经济形式，那么，现代市场是处于国家宏观调控之下的经济形式。另外，现代市场是建立在现代生产力水平和现代科学技术基础之上的经济形式，高度集团化、社会化和国际化是现代市场的主要特征。现代市场的规模、范围、竞争、复杂、资本化、数字化等远远超过了古典市场。

在现代市场经济条件下,政府的作用已不限于维持法律和秩序,而是在很大程度上介入国民经济的生产、分配和流通的全过程和各个环节,即采取宏观调控的措施,成为推动与调节经济发展的重要力量。总之,政府的干预是市场机制的补充和完善,而不是否定和代替。在现代市场经济中,市场机制仍然是资源配置的基础,经济运行必须遵循市场自身的客观规律,政府的干预、调节和计划可以在很大程度上,弥补市场经济的不足。

在技术上,高度的信息化和数字化是现代市场的又一重要特征,现代市场的生产、交换、销售和消费都离不开互联网,互联网不仅作为一种技术手段装备着市场,而且互联网业成为一种相对独立的经济领域和经济方式,在市场收益中占有相当大的份额。实体市场是这样,虚拟市场更是这样,虚拟市场就是电子化和数字化的市场,它的平台和载体就是互联网,各种证券、期货就是凭借互联网的虚拟市场和资本市场。而现代市场的网络化和数字化是古典市场无法比拟的。

除了宏观调控和数字化外,现代市场是市场化、社会化和国际化程度高的经济,是民主和法治的经济[①]。

总之,市场总是同经济相关,即同社会生产和人们的经济生活相关,并且社会生产和人们的经济生活有了一定的发展,即有了社会的初步分工和剩余产品,人们需要交换各自的劳动产品来满足多种物质需求。可以说,经济是市场的本质属性,产品交换是市场的主要功能,从这一意义上说,任何市场即使原始市场都是经济市场。资本主义萌芽时期也就是经济市场向市场经济的过渡和转化时期,一旦资本主义社会建立,资本主义生产方式占据统治地位后,经济市场就完成了向市场经济的转化,也就是市场经济在社会上占了统治、决定和支配的地位。

经济市场和市场经济不是等同的概念,市场经济是经济市场发展到资本主义社会的产物,是当今的经济市场,也是有史以来经济市场发展的最高阶段。

市场的发展过程也是由小到大、由简单到复杂,由单一到多样的过

---

① 白永秀、王军旗主编:《市场经济教程》(第三版),中国人民大学出版社2011年版,第10页。

程。今天的市场经济同原始市场相比，简直是天壤之别。

经济是社会的基础和发展动力，而市场是社会经济的枢纽和中轴，社会经济是市场的实体和内容，而市场则是社会经济载体，没有社会经济，市场既没有存在的必要，也没有存在的可能。若没有市场，社会经济也难以为继，最终会消亡。

因此，市场的产生、发育与成熟反映了社会经济的产生、发育和成熟，市场的发展与演化也反映了社会经济的发展与演化，市场由低级到高级、从简单到复杂的发展折射出了社会经济由低级到高级、从简单到复杂的发展过程。

经济是社会的基础和发展动力，经济的发展是衡量社会进步的根本标准。由于市场和经济的紧密相关性，市场由低级到高级、从简单到复杂的发展表征着社会由低级到高级的发展进步。

四 中国市场经济的产生及发展过程

中国近代民族资本主义有了不断的发展和壮大，但没有顺利过渡到现代市场经济，特别是新中国成立后直到20世纪80年代初的改革开放前夕，原来的民族资本主义经济被消灭、改造殆尽，计划经济是唯一的，占统治和支配地位的经济形式，严重影响着中国经济的发展。要发展中国现代经济，必须改变束缚经济活力的计划经济模式和体制。

1978年，以党的十一届三中全会的召开为标志，我国走上了改革开放的道路，我们党把工作重心转移到经济建设上来。1979年，我们党领导人民在实践中摸索、实施的改革方针政策实际上是以市场为取向的改革。

1981年党的十一届六中全会通过的《关于建国以来党的若干历史问题的决议》提出"以计划经济为主，市场调节为辅"的理论，尽管这一理论仍然坚持计划经济的总框架不变，但是，必须按照尊重和利用价值规律的要求来进行经济活动已开始成为人们的共识，从而现实经济活动也逐步纳入了真正意义上的商品经济的发展轨道。1987年十三大提出"社会主义有计划商品经济的体制应该是计划与市场内在统一的体制"的观点。特别是，邓小平同志从1979年提出"社会主义也可以搞市场经济"，到

1992年提出"计划多一点还是市场多一点，不是社会主义与资本主义的本质区别。计划经济不等于社会主义，资本主义也有计划；市场经济不等于资本主义，社会主义也有市场"等重要论断，从根本上破除了市场经济姓"资"，计划经济姓"社"的传统观念，为社会主义市场经济理论的提出和社会主义市场经济体制的建立指明了方向。在上述基础上，1992年6月9日江泽民同志在中央党校的讲话中，首次肯定了"社会主义市场经济体制"的提法。之后，10月12日在党的十四大报告中正式提出"我国经济体制改革的目标是建立社会主义市场经济体制"，"就是要使市场在社会主义国家宏观调控下对资源配置起基础性作用"，这一重大理论突破，对我国改革开放和经济社会发展发挥了极为重要的作用。

1993年中共十四届三中全会通过了《中共中央关于建立社会主义市场经济体制若干问题的决定》，制定了我国社会主义市场经济的基本框架：（1）建立现代企业制度；（2）培育和发展市场体系；（3）建立健全的宏观调控体系；（4）建立合理的个人收入分配制度；（5）建立多层次的社会保障体系。

2013年11月中共十八届三中全会前提出使市场在资源配置中起"基础性作用"，但是十八届三中全会公报中指出，"经济体制改革是全面深化改革的重点，核心问题是处理好政府和市场的关系，使市场在资源配置中起决定性作用和更好地发挥政府作用"。市场在资源配置中起决定性作用，紧紧围绕使市场在资源配置中起决定性作用，深化经济体制改革，坚持和完善基本经济制度，加快完善现代市场体系、宏观调控体系、开放型经济体系，加快转变经济发展方式，加快建设创新型国家，推动经济更有效率、更加公平、更可持续发展。

（一）社会主义市场经济体制是由计划经济体制向市场经济体制的飞跃。过去的计划经济体制的两个主要特征，就是以行政审批配置资源为主，以指令性计划配置资源为主，甚至有时以长官意志配置资源为主。

（二）社会主义市场经济体制是由私有制经济向以公有制为主体、多种所有制并存的所有制结构的飞跃。

（三）社会主义市场经济体制是由自由放任的经济向有国家政府宏观调控的经济飞跃。市场经济长期发展的实践表明，市场经济的正常运转要由两种机制调节，要发挥"两只手"的作用，这就是市场机制对资源配置的调节作用和国家政府宏观调控的作用，也即"看不见的手"的作用和"看得见的手"的作用。

（四）社会主义市场经济体制是由平均主义"吃大锅饭"的经济向效率优先、兼顾公平，逐步走向共同富裕的经济飞跃。在过去的计划经济体制下，个人收入分配实际是平均主义"吃大锅饭"。这种分配制度既不可能有效率，实际也有失公平。

（五）社会主义市场经济体制是由地区保护、行政垄断、闭关锁国的经济向内外开放、平等竞争的经济飞跃。在过去的计划经济体制下，由于基本是按行政区划、行政部门和行政层次管理经济，因此不但形成了行政垄断，而且也形成了条块分割。从本质上说，市场经济是自由竞争和平等竞争的经济。

社会主义市场经济体制是一种史无前例的体制，也是中外经济学经典中从来没有的一个概念。因此，从理论上说，这是我们党的一次真正的理论创新，是马克思主义中国化的一个光辉典范。从实践上说，这是社会主义经济体制的一次真正变革，是中国特色社会主义道路探索中的一个伟大创举，也是我国经济体制改革和中国特色社会主义道路探索中的一个非常正确的选择。也正是这一改革方向的正确选择和种种改革举措的步步实施，才使我国经济体制改革进入到制度创新的崭新阶段，从而也有力地推动了我国经济持续多年的高速发展，使我国步入了小康社会。当前，我国仍存在市场体系不完善、市场规则不统一、市场秩序不规范、市场竞争不充分，政府权力过大、审批过严、干预过多和监管不到位的问题，影响了经济发展活力和资源配置效率。

纵使当前中国市场经济存在诸多的不足，面临着诸多的矛盾和问题，但这绝不是市场经济的去存问题，而是市场经济的进一步改革和完善的问题。

第三章　市场的要素结构及特征

市场的涵义有广义和狭义之分，狭义的市场即单指商品交换的场所，场所就是空间，即空间场所，商品就是在特定的空间场所里交换，承载着商品交换的空间场所就是市场。可见，作为空间场所的市场是有形的自然空间、物理空间和地理空间，它能放置商品，买卖双方在这一空间里交换商品；没有空间场所，交换无法进行，也就无所谓市场，这在原始市场和古典市场表现最为明显。

市场是交换商品的场所，而商品交换是一种经济行为和社会行为，也就是说，作为市场的空间场所发生着人类的经济行为和社会行为，也就是人类活动的空间场所。而人类活动的空间场所和无人类活动的空间场所是有区别的，无人类活动的空间场所是一种纯粹自然的、物理的和地理空间，有人类活动的空间场所不是纯粹的自然、物理和地理空间，而是人化的、社会化的和对象化的空间，也即社会空间，社会空间不同于物理空间，但物理空间是它的自然基础和载体，没有物理空间，社会空间不可能出现和存在，物理空间赋予了人类活动和特性就转化为社会空间。我们说，市场是空间场所，场所一词也就赋予了它社会和人类活动的内涵，没有人活动的纯粹的物理空间，我们不叫它场所，只叫它空间和地方，而场所总是有人活动的地方。所以，市场是商品交换的空间场所，表明了市场不只是物理空间，更是社会空间。

市场的空间场所涵义在原始市场和古典市场最为明显，随着现代市场的出现，市场的空间场所的传统涵义并没有消失，而是其外延在不断延伸。随着电子信息和互联网的出现，20世纪90年代，开始出现电子商务，电子商务发展到当代，已成为重要的商务活动。电子商务是以信息网络技术为手段，以商品交换为中心的商务活动，是传统商业活动各环节的电子化、网络化、信息化。电子商务是买卖双方无须谋面地进行各种商贸活动，实现消费者的网上购物、商户之间的网上交易和在线电子支付以及各种商务活动、交易活动、金融活动与相关的综合服务活动的一种新型的商业运营模式。随着电子商务的发展，作为电子商务的一种形式的网店也随之产生，网店是一种能够让人们在浏览的同时进行购买，且通过各种在线支付手段进行支付完成交易的网站。网店大多数都是使用淘宝、易趣、拍拍、京东购物商城等大型网络贸易平台完成交易的。

从市场的空间场所的涵义来说，网店也属于市场的空间场所，但它不是物理空间，不能存放实物商品，而是数字和电子空间，可以存放数字和电子商品，顾客可以在网店中挑选自己所需要的商品，然后再实现实物商品的交易。但网店存放的电子商品必须有实物商品作保障，否则就不可能实现现实交易。

可见，单就空间场所的涵义来说，市场不仅经历了原始市场、古典市场和现代市场的发展，而且也经历了实体市场和电子市场或虚拟市场的发展。当今的市场是处于现代阶段，并且电子市场占了相当的比重，但原始市场、古典市场仍有其踪迹，为现代市场起拾遗补阙的作用。当代的现实市场和电子市场仍是现代市场的两种存在形式。

一　市场的要素与结构

市场的要素是指构成市场的各种要件，广义地说，空间场所是市场的首要要素，因为没有空间场所就无所谓市场。但狭义地说，空间场所本身是市场的涵义之一，不应成为市场的要素，市场要素应是在市场空间场所中进行交易的各种要件和成分。从这一意义说，市场要素是指商品、买者和卖者，这三者的有机结合和相互作用，就是市场的交换或交易。

商品是市场的首要的和最基本的要素，因为市场的基本活动是商品交换，所发生的经济联系也是以商品的购买或售卖为内容。因此，具备一定量的可供交换的商品，是市场存在的物质基础，也是市场的基本构成要素。倘若没有可供交换的商品，市场只能是一般的空间场所，而不是市场。

一般说来，商品是用来交换的劳动产品。要使物品成为商品，要具备两个条件，一是劳动产品，二是劳动产品是用来交换的，而不是自用的。劳动产品就是通过人的劳动生产和创造出的产品，如农产品是农民生产出来的，工业品是工人生产出来的，这些都是劳动产品，需要注意的是，有些劳动产品不是直接生产出来的，而是自然界本来就存在的，只是经过人的收集、加工、储藏、保管和运输而成为劳动产品，如采摘的鲜花、加工的石材、氧气、自来水等，这些也都属于劳动产品。劳动产品成为商品还必须进行交换或出售获得价值，否则就不是商品，如农民种的粮食供自己吃，工人生产的产品供自己用，采摘的鲜花自己欣赏，这些粮食、工业品和鲜花就不是商品，只有把这些劳动产品去交换其他劳动产品或出售，才是商品。

商品不仅包括物质产品，也包括精神产品，如书籍、影视剧和书法作品等。不仅如此，商品不仅包括有形的劳动产品，如物质产品和精神产品，而且还包括无形的服务，以及各种商品化了的资源要素，如资金、技术、信息、土地、劳动力等。在当代消费社会，只要能够获利的东西都有可能成为商品，如美女的颜值、消息的点击率等都是可以获得利益，从而也都能成为商品。

在当代信息社会、消费社会和资本社会，资本无孔不入，商品充斥着全社会，商品不只是堆放在商场里供顾客挑选购买，人的行为和交往在很大程度上受利益的驱使，其行为和交往具有商品交换的意义。可以说，在当今社会，商品无处不在，无时不有，整个社会就像是个大市场。

企业或公司生产出的产品要现实地满足消费者的需求，必须通过经销商购买企业的产品，经销商或商人再把产品带到市场上卖给买方，从而进入到消费领域。产品所有者由企业到卖方再到买方的两次转换，既是产品转化为商品的过程，也是商品的交换过程，这一过程也是产品和商品实现其价值的过程，价值规律在期间发挥着重要作用，这就是说，企业把产品转让或批发给经销商，是根据市场的供需情况而给产品定价的，企业的利润就是产品的成本价和批发价的差价，然后，经销商再根据市场供需情况把商品卖给消费者，在这一交换过程中，经销商的利润就是商品批发价和卖出价的差价。

我们知道，企业的生产和经销商的经营都是市场行为，市场行为就是以盈利和价值增值为目的，并且是追求最大的利润和无限的增值，为了利润，企业批发商品给经销商尽量抬高价格，批发价越高，利润就越大。相反经销商要尽量压低价格，价格越低，利润就越大。企业和经销商在商品价值上的背离就是竞价的过程，竞价是市场规律的突出表现，最后的定价表面看来是企业和经销商的博弈结果，但其背后却是市场供需矛盾的产物。

企业把商品批发给经销商，就完成了生产成本回笼，也完成了利润的获得，企业生产有无利润和利润的大小就取决于把产品批发给经销商这单一过程。经销商利润的获取却要取决两个过程，即从企业批发来的商品定价和商品卖给消费者的定价，如果前者定价低，后者定价高，经销商的利润就大，如果前者定价高，后者定价低，经销商的利润就少，甚至可能血本无归。

企业的生产是追求利润的，那么价值规律和资本逻辑在企业生产中是起作用的，但企业生产同市场的纯粹交换还是有区别的，企业的生产过程本身是把产品的质量和数量放在第一位，这就是生产逻辑，当然生产逻辑的最终指向是利润逻辑和资本逻辑，但利润逻辑和资本逻辑不是直接的，而是隐藏在生产逻辑之中。只是产品生产出来后，批发给经销商时才直接追求产品的价格和利润，才直接表现为利润逻辑和资本逻辑。

经销商从企业那里批发商品，再把商品卖给消费者，这两次交换过程都是直接追求利润和增值，利润逻辑和资本逻辑是直接地表现出来的。

正由于产品出厂价格和销售价格的差异，销售商才有利可图。在市场经济不成熟或是市场经济刚起步的时期，产品的出厂价基本上是国家计划定价，也叫平价，一般比较低，而商品的销售价则是市场价，价格波动较大，形成了所谓的价格"双轨制"，有人看到了其中的价格奥秘和商机，利用控制国家资源的权力，用计划价格或平价批发到紧俏商品，再用市场价格转手，从而大发横财。另外，有些政府官员控制着国家资源，利用手中的权力把国家公共资源当作一般商品在市场出售，从中获利，这是贪官和腐败产生的交换过程。

卖方向市场提供一定量的商品后，还需寻找到既有需求又具备支付能力的购买者，否则，商品交换仍无法完成，市场也就不复存在。因此，以买方为代表的市场需求也是决定商品交换能否实现的基本要素。通俗地说，商品的买方就是顾客，就是消费者，如果只有商品和卖方，而没有顾客和消费者，商品是卖不出去的，从而商品也不能进入消费领域。只有商品、卖方和买方同时存在，并实现商品交换，才是完整的市场。

顾客在市场上购买商品进行消费，是受其需求和欲望驱动的，人的需求和欲望是受社会生产状况制约的，古代人不可能需求电子产品，可以说，人的需求和欲望是随社会的发展而不断发展和丰富的。一般说来，人的需求和欲望越来越高级，也越来越丰富。人的需求和欲望可分为两个层次，基本的和超基本的或奢华的，人的需求和欲望的满足过程就是消费，可以说，人的需求和消费是一一对应关系，有什么样的需求就会有什么样的消费，但这同人的支付能力有关，如果没有支付能力，即使有某种需求也不可能出现满足需求的消费。

人的基本需求和消费是人的生存和发展的基本条件，没有这些需求和消费，人是不可能生存的。人的超基本或奢华的需求和消费则主要是人的身份和社会地位的象征，这不会影响人的生存和发展，人的虚假需求和异化消费主要出现在人的超基本或奢华需求和消费上。

市场中，消费者和销售商追求的目标不是完全一致的，为了达到各自的目的，消费者要购买性价比高的商品，而销售商要销售性价比低的商品，两者相反，从而会发生摩擦和冲突，消费者的维权活动，旅游中游客和导游的对骂和动粗等，都是消费逻辑和资本逻辑冲突的表现。要维持消费市场的正常秩序，又必须使消费逻辑和资本逻辑的摩擦和冲突控制在一定范围内，使之处于波动的动态平衡。

消费市场首要的环节或阶段就是消费者（顾客）从销售商那里购买商品，也就是消费者和销售商在消费市场中的交换和买卖关系，消费市场中的交换和买卖关系遵循的是等价交换原则，这样的交换才是买卖公平，也即是交换正义。但在具体现实的交换和买卖关系中，由于消费者的消费逻辑和销售商的资本逻辑运行方式和目标不同，即消费者总是要贱买，而销售商总是要贵卖，这种买卖定价的不一致，致使买卖双方要经过定价上的博弈和讨价还价后才可能达到交易。一般说来，由于信息的不对称性，即买方对商品信息的了解远远少于卖方，甚至对商品根本不了解，即使经过定价的博弈达成的交易，受损的往往是买方，而获利的是卖方。

另外，消费者虽然是个庞大的群体，但也是一个弱势群体，因为消费者是分散在各地，没有统一的组织和领导，更没有统一的规程，而消费者的消费愿望、消费需求和消费行为又是千差万别的，即使个别或小群体消费者的利益受到销售商的侵害，最多能博得广大消费者的同情，而不可能得到广大消费者一致支持自己的维权行动，消费者的维权主要依靠政府和民间的维权组织。而销售商或商家则不一样，它除了对商品的信息了如指掌外，还有一套严密的组织规章和营销策略，同消费者相比，销售商是一个小群体，但由于它对信息掌握的充分性，组织和管理的严密性，它却是一个强势的小群体，正由于此，在旅游消费中，一个导游小姐就能忽悠甚至掌控一个几十人甚至上百人的旅游团队，无怪乎国家制定的消费法规一般都倾向于消费者，这是符合消费正义原则的。

在市场交易中，为什么买方（消费者）往往处于被动、输家和弱势地位，而卖方（销售商）处于主动、赢家和优势地位呢？这除了消费者和销售者对商品信息了解的不对称，以及消费者和销售者在聚集性、统一性和规程性完全不同外，最根本的原因还在于消费者是遵循着消费逻辑进行购买和消费的，而销售商是遵循着资本逻辑进行批发和销售的。由于受消费逻辑的指引和支配，消费者的意愿就是购买到物美价廉的商品，满足自己的消费需求，进而提高自己的生活质量和品位，购买和消费是一种生活行为。而销售商是在资本逻辑的驱使下销售商品的，是一种商业行为，商业行为就是为了利润和赢利。当然这种商业行为要受到市场规则、国家法律和道德的制约，即使这样，销售商也会想方设法去尽量多赢利，于是往往会出现缺斤少两、以次充好、以假充真、强买强卖、坑蒙拐骗等行为，导致消费者和销售商的冲突和矛盾时有出现。这一冲突和矛盾表现为消费逻辑和资本逻辑的冲突和矛盾，进而出现了消费者的各种维权活动。

商品、卖方和买方构成的市场要素主要是从宏观维度上说的，如果从市场的微观维度也即从企业维度来考察市场要素，企业作为某种或某类商品的生产者或经营者，总是具体地面对该商品有购买需求的买方市场。深入了解企业所面临的现实的市场状况，从中选择目标市场并确定进入目标市场的市场营销策略以及进一步寻求潜在市场，是企业开展市场营销活动的前提。因此，就企业而言，更具有直接意义的是微观市场的研究。宏观市场只是企业组织市场营销活动的市场环境。微观市场的构成包括人口、购买力、购买欲望三方面要素。

（1）人口。这里说的人口是统计学意义上的人，即人的数量、性别、年龄结构，文化程度和宗教信仰情况，而不是社会学意义上的人，即对人不作社会地位和贫富程度的分析。需求是人的本能，对物质生活资料及精神产品的需求是人类维持生命的基本条件。因此，哪里有人，哪里就有需求，就会形成市场。人口的多少决定着市场容量的大小；人口的状况，影响着市场需求的内容和结构。构成市场的人口因素包括总人口、性别和年龄结构、家庭户数和家庭人口数、民族与宗教信仰、职业和文化程度、地理分布等多种具体因素，人口的具体情况决定了市场的大小和性质。

（2）购买力。购买力是人们支付货币购买商品或劳务的能力。人们的消费需求是通过利用手中的货币购买商品实现的。因此，在人口状况既定的条件下，购买力就成为决定市场容量的重要因素之一。市场的大小，直接取决于购买力的高低。一般情况下，购买力受到人均国民收入、个人收入、社会集团购买力、平均消费水平、消费结构等因素的影响。

（3）购买欲望。购买欲望指消费者购买商品的愿望、要求和动机。它是把消费者的潜在购买力变为现实购买力的重要条件。倘若仅具备了一定的人口和购买力，而消费者缺乏强烈的购买欲望或动机，商品买卖仍然不能发生，市场也无从现实地存在。因此，购买欲望也是市场不可缺少的构成因素。

人的购买力和购买欲望同人的贫富差异和社会地位相关，富人和穷人的购买力和购买欲望肯定不一样，穷人的购买欲望和购买力只能解决温饱，满足基本的需求；而富人的购买欲望和购买力在满足基本的需求外，还要满足更高层次的需求。

微观市场的三大要素实质都集中在买方上，具体考察购买者的数量、结构和贫富状态，是站在企业和卖方的角度来考察和分析买方，这也就是营销和营销学要研究的对象。微观市场要素分析是从商品给定为现在条件为前提的：如何开辟市场，如何占有市场更多的份额，如何在市场中获得更大利润，使资本无限增值。

微观市场要素虽然很有针对性，也很具体细致，但缺乏全市场大视野，而宏观市场要素虽具有全市场大视野，但对每一要素的分析又是粗线条的。因此，微观市场要素和宏观市场要素必须结合起来，才能对市场要素有全面而具体的认识。

市场要素有机结合在一起就是市场结构。市场结构（Market structure) 有狭义和广义之分，狭义的市场结构是指买方构成市场，卖方构成行业。广义的市场结构是指一个行业内部买方和卖方的数量及其规模分布、产品差别的程度和新企业进入该行业的难易程度的综合状态，也可以说是某一市场中各种要素之间的内在联系及其特征，包括市场供给者之间（包括替代品）、需求者之间、供给和需求者之间以及市场上现有的供给者、需求者与正在进入该市场的供给者、需求者之间的关系。

市场的不同结构形成了市场类型，一个市场的结构依赖于买者和卖者的数量以及产品差别的大小。依照市场上厂商的数量、厂商所提供产品的差异、对价格的影响程度以及进入障碍等特征，市场被划分为完全竞争、垄断、垄断竞争和寡头四种市场结构。完全竞争市场是众多厂商提供所有供给的市场结构，即众多厂商提供同质化的商品，从而厂商之间在商品定价上完全处于竞争状态。垄断市场是只有一家厂商提供所有供给的市场结构，商品价格由一家厂商垄断。垄断竞争是一种介于完全竞争和完全垄断之间的市场组织形式，在这种市场中，既存在着激烈的竞争，又具有垄断的因素。寡头垄断市场指一个市场只有少数几个卖方，通常受到进入壁垒的保护，产品或是标准化的或是有差异的，向其他企业出售资本品的厂商通常生产的是标准化商品。寡头垄断的厂商向消费者出售差异化的商品，大量的广告诱导消费者相信很多商品是有重要差别的。

市场结构的这种叙述更多是属于经济学的，在此不再赘述。

二 市场的特征

市场经过了原始市场、古典市场和现代市场的发展过程，不同阶段的市场有各自不同的特征，就同一市场来说，又可分为许多市场种类，如消费市场、国内市场、国际市场、商品市场、现货市场、期货市场等，各种不同市场也都有自己的特征。但就都是市场来说，又有共同的特征，任何市场既具有市场的一般特征，又具有自己独有的特征，因此，在特征或特性上，市场也是共性和个性的统一。这里我们谈论的市场特征主要是就市场的共性而言的。

竞争性市场是各市场主体为了自身的利益，为了自身资产和资本的无限增值，时刻处于同其他市场的竞争中，因此，市场的首要特征就是竞争性。市场的竞争性表现在生产、销售和价格等各个方面，在市场竞争的各个方面中，最集中体现在产品、商品的竞争上，性价比高的商品具有市场竞争优势，它给消费者提供质地优良、价格低廉、服务周到的商品。市场的竞争有和风细雨式的，更多的是激烈的，甚至是你死我活式的，如果在市场竞争中击败自己的对手，那就处于不败之地，能占有更大的市场份额，获取更多的商业利润。正由于此，市场能调动各主体的积极性和创造性，从而使市场充满活力，也从而为国家创造更多的财富。可以说，竞争是市场的首要的和最基本的特征，没有竞争，就没有市场的产生，也没有市场的发展。

市场的竞争应该是良性竞争而不是恶性竞争，而良性竞争是在遵循市场规则和各种市场法规下的有序竞争。良性和有序竞争是通过市场的竞争力而击败对手的，而提高市场的竞争力主要是靠提高商品质量，降低价格，也即是提高商品的性价比。另外，提高市场的竞争力还要靠研究市场发展变化的规律，研究市场营销策略，即使有高的性价比商品，而如果不了解和研究市场，没有消费策略或消费策略落后，性价比再高的商品也是无人知晓，真可谓"酒好还怕巷子深"，这就谈不上竞争力，更谈不上竞争力强。

不良的市场竞争则是不提高商品的质量和性能，一门心思搞营销策略，在营销中，靠虚假信息、虚假广告，甚至用欺骗和欺诈手段，骗取消费者的信任，有的用不择手段诋毁竞争对手，从而使竞争对手名誉扫地，而自己更多地或全部占有市场份额。

恶性市场竞争是不良市场竞争的极致，为了击败对手，不惜采取极端的手段甚至犯罪，破坏对手的商品和经营场所，瓦解竞争对手的高层管理集团，高薪挖走竞争对手的高管，甚至绑架、暗杀竞争对手，给竞争对手制造各种灾难等。

不良和恶性的市场竞争破坏了市场秩序，是管理者和市场法规不容许的，但在激烈竞争的市场，不良和恶性的竞争又是不可能完全消除的。

总的说来，资本雄厚、商品优质、管理有道、营销得法、守信守规，凭自己的能力和本领占有更多的市场份额，获取更多的商业利润，这样在市场竞争中能够处于不败之地，自然能击败竞争对手。

在市场中，各市场主体的生产和经营都是在供需矛盾基础上的价值规律的调节下进行的，也就是说，价值规律是随供需矛盾的起伏波动而变化的，如果供大于求，市场就有利于买方，处于买方市场，相反如果求大于供，市场就有利于卖方，处于卖方市场。

由于经营者追求的是利润甚至是利润的最大化，在买方市场来临时，经营者为了保住已有的利润或是为了减少损失，就会降低产能，减少商品供应量；当卖方市场来临时，经营者又会加大产能，增加商品的供应。那么，买方市场和卖方市场什么时候到来，是由价值规律决定的，很难预料。在市场中，价值规律是只看不见的手，它在市场的背后和隐蔽处支配着市场的价值走向，也决定着买方市场和卖方市场的替换和轮回，价值规律的这种作用本身具有一定的自发性，不可控制和不可预见。又加之经营者对商业利润的无止境地渴望和追求，当买方市场来临时，盲目地减少产能和商品供应，当买方市场快速转为卖方市场时，又盲目地加大产能和商品供应，并且这不是个别经营者的行为，而是绝大多数经营者的行为。这就更加大了价值规律的自发性和不确定性。当然也有先见之明者，他们会逆市场而动，当处于买方市场时，不但不降低产能和商品供应，反而逐渐提高产能和商品供应，这样，当买方市场和卖方市场相互轮动时，他们都能获取丰厚的利润。而其他经营者抓不住市场的节奏，往往痛失商机，不但没有获取应得的利润，有时反而血本无归。因此，市场中获得高额利润的是少数，大部分只能保本或只获取少量的利润，还有一少部分经营者是亏本的。"二八"现象或规律在市场中表现较为明显。

市场的自发性也反映出它的盲目性，如果说，市场的自发性主要是就价值规律的作用和市场变化而言，那么，市场的盲目主要是就经营者行为而言的，即经营者在什么时候经营什么商品，经营多少商品，这绝不是制订计划的问题，而是要抓住市场机遇，把握市场变化节奏的问题，而市场节奏的变化是价值规律作用的结果，具有一定的自发性。那么，经营者依据价值规律作用的情况来决定自己的生产和经营，也就具有一定的自发性和盲目性，就是说企业的生产和经营，尤其是生产和经营所获取的商业利润是难以作出明细计划，难以预料和控制的。在市场经济条件下，由于经济活动的参加者都是分散在各自的领域从事经营，单个生产者和经营者不可能掌握社会各方面的信息，也无法控制经济变化的趋势，因此，当进行经营决策时，仅仅观察市场上什么价格高、有厚利可图，并据此决定生产、经营什么，这显然有一定的盲目性。这种盲目性往往会使社会处于无政府状态，必然会造成经济波动和资源浪费。

市场的自发性和盲目性并不意味着经营者和管理者对市场的运行不能作任何干预，在市场面前束手无策，放任市场的自发性和盲目性。相反，经营者和管理者在一定程度上可以预见和调节市场。

预见市场就是大致地预料市场的基本走向，市场预见可能是正确的，也可能是不正确的。所以，经营者只能把市场预见当作参考，而不能作为指南，在经营活动中，要时刻根据市场的变化而调节经营策略。

市场调节主要是对市场过度偏离时的一种纠错和补救。在市场经济中，市场调节是一种事后调节，即经济活动参加者是在某种商品供求不平衡导致价格上涨或下跌后才作出扩大或减少这种商品供给的决定。这样，从供求不平衡—价格变化—作出决定—到实现供求平衡，必然需要一个长短不同的过程，有一定的时间差。也就是说，市场虽有及时、灵敏的特点，但它不能反映供需的长期趋势。当人们竞相为追求市场上的高价而生产某一产品时，该商品的社会需求可能已经达到饱和点，而商品生产者却还在那里继续大量生产，只是到了滞销引起价格下跌后，才恍然大悟。因此，市场调节往往是滞后的。

市场调节既有微观的也有宏观的，微观的市场调节主要是具体部门的商品供求关系和价格平衡的调节，而宏观调节就是国家层面的对整个社会供需矛盾的调节，通过货币供应、商品生产和价格等手段，使社会供需和价格保持在合理的水平。

市场的风险性。市场的自发性、难以预见性和难以控制性，就潜伏着市场的风险性，或者说为市场的风险打下了基础。我们经常说：市场有风险，投资需谨慎。

市场风险直接来源于市场价格无规则的波动，价值规律这只无形之手的魔法作用，使市场主体难以驾驭市场风险，也难以捕捉市场机遇。在市场中，一夜之间可能由贫穷到富有，也可能由身价万贯到一贫如洗，这就是市场机遇，也是市场的风险，这就是市场的法则，也是市场的魅力。

然而，市场风险在不同市场领域所变化的程度和方式是不一样的，我们经常说一夜暴富或一夜暴贫，主要是在金融市场，金融市场是虚拟的资本市场，它对外界十分敏感，外界稍有风吹草动，就有可能引起它的巨大波动。金融市场不仅很敏感，也很复杂和变幻莫测，从而风险系数也很大。这主要是因为金融市场是虚拟经济，不是实体经济，如证券、期货等，市场主体只需进行数字运算就可完成交易，特别在互联网时代，使交易更加方便和快速，在同一个交易平台，可以聚集更多的交易主体在同一时间进行交易。金融市场交易的这种低成本性、便捷性、快速性和交易主体的聚集性，就使得金融市场的变化无常，从而其风险也不断递增。

工业产品市场的主要风险除了价格的波动外，还有产品的积压和库存，当众多企业生产同一产品时，往往会出现供大于求的情况，企业就面临着去库存，降价格，最后面临着利润较少的风险，轻则商业利润较少，重则企业倒闭。

农产品市场的风险除了产品的积压和价格波动的风险外，还存在一个天然的风险即自然灾害，如洪涝和旱灾，轻则农产品减产，重则颗粒无收。另外，畜牧业和养殖业面临着动物疫情的风险。这些风险难以预见，虽然可以控制，但遭受损失是必然的。

市场的风险暗含着市场的残酷性，由于价值规律的无形性，作用机制的自发性和难以人为控制性，市场里是没有常胜将军的，市场只有市场法则，它不相信眼泪，也不同情和眷顾任何人，有的在市场里大发横财，有的则颗粒无收，也有的血本无归。

但市场风险又总是同市场机遇形影相随，如果只有风险而没有机遇，人们就不会投资市场。吸引投资者的正是市场的机遇，可以说，风险有多大，机遇就有多大，反之亦然。市场主体承受风险能力有多大，获取利润的可能性也有多大，这就是风险和机遇同在。

市场存在着机遇，但并不是所有市场主体都能发现机遇、抓住机遇，只有少数有先见之明的市场主体能洞悉市场细微的变化，这变化可能预示着机遇即将到来，或者就是市场机遇的端倪，可以进行机遇投资，市场的任何投资都有风险，可以说市场投资都是风险投资，市场主体洞察到了机遇，而这机遇可能是真机遇，也可能是假机遇，或者甚至是市场陷阱。因此，抓住了市场机遇有可能利润翻番，也有可能无利润可言甚至亏本。这从一个方面反映出市场的复杂性、无常性和风险性。

我们面对市场的风险，绝不能盲目、非理性投资，绝不能有从众心理，而是要冷静地分析市场，评估自己抵御风险的能力，理性和稳健地投资。稳健投资者的收益一般也是稳健的，不会暴富，也不会暴贫。而盲目和非理性的投资者，其结果往往是两个极端，要么是一夜暴富，要么是一夜赤贫，当一夜暴富时，短时间内把财富挥霍殆尽，当一夜赤贫时，由于缺乏足够的心理承受能力，往往作出极端的举动，甚至结束自己的生命。

市场具有自发性、放任性、盲目性和风险性，但投资主体必须要自觉地、理性地和稳健地投资，只有这样，才能预防市场风险，在激烈竞争的市场中立于不败之地。

第四章　市场与资本

从市场的产生、发展以及特征可以看出，在本质上，市场总是同资本联系在一起的，特别是现当代市场，这一特征更为明显。从这一意义上说，没有无市场的资本，也没有无资本的市场，资本是市场的杠杆和动力，是市场的目的，从而也是市场的实质内容和本质特征。

一　资本的二重性

据秘鲁学者赫尔南多·德·索托的考证："在中世纪的拉丁文中，'资本'最初是指牛或其他家畜的头。家畜一直是当时财富的重要来源，家畜不仅能够提供肉类，人们饲养家畜的成本也很低，而且，家畜可以活动，主人能够在必要的时候，带领它们逃离危险之地。家畜的数量和大小，也很容易计算和衡量。更为重要的是，从家畜中，你可以得到额外的财富或附加值，因为你可以将它们应用于其他行业，包括牛奶、皮革、羊毛、肉和燃料。家畜还有一种'价值特性'：它们可以繁衍后代。因此，'资本'这个词具有双重涵义：它表示你可以从资产（家畜）中获取物质资源，同时也可以提取它们产生附加值的潜能。由此可见，'资本'一词，从牲口棚到经济学创立者的书桌之间，似乎仅有一步之遥，而后者通常将资本定义为：一个国家能够产生剩余价值，提高生产力的资产。"[①]

索托关于资本的最初涵义有这样几种：资本的首要涵义是能够带来利润和剩余价值，资本就是能获得利润的家畜。这大概是资本最初的涵义，

[①] ［秘鲁］赫尔南多·德·索托：《资本的秘密》，余海生译，江苏人民出版社2005年版，第29页。

即能够带来利润的东西就可以说是资本。同时也可以看出,资本本身是一种财产或资产,资本本身具有价值,能兑现利润,它同其他任何财产一样都能兑现利润。但资本又不同于一般的财产,即它是能带来利润和剩余价值的财产,也即资本潜藏着附加值的财产。进一步说,财产、资产和财富要变为资本,它们必须能够带来利润和剩余价值,否则是不能成为资本的。也就是说,任何资本都是财富、财产或资产,任何财富、财产或资产只有投向市场,其价值发生着增减的变化,才成为资本。

二是资本同市场联系在一起,资本要兑现利润,就必须到市场卖出产品,这样,资本就同市场、买卖关系关联起来了。另外,生产出的产品不是为了自己消费,而是出售,到市场出售产品的行为就是商业行为,因此,最初的资本涵义就是同市场、利润关联在一起。

正由于市场中的资本运动,促进了社会生产力的发展和经济的繁荣,进而有力地推动了社会的发展。在索托看来,伟大的古典经济学家斯密和马克思都认为,资本是一种发动机,能够为市场经济提供动力。斯密把资本当作一种生产要素,是"为了生产的目的而积累的资产储备"。马克思继承了古典经济学家斯密的这一思想,但又看到了斯密看不到的东西,在马克思看来,资本是能够带来剩余价值的价值,而剩余价值是工人生产出来的、被资本家无偿占有的超出劳动力价值本身的那部分价值,马克思透过资本本身,看到了资本后面的、资本所掩盖的人与人的关系,即资本家和工人之间的剥削和被剥削的关系。因为资本要在不断的买卖运动中才能生存,也才能增值其利润和剩余价值,而买卖双方在资本的运动中就构成了人与人之间的社会关系,因此,人与人之间的社会关系是资本所固有的内涵和本质。由此,马克思超越了古典经济学,创立了政治经济学,进而创立了历史唯物主义。

就资本的生产要素和社会关系的两重涵义而言,生产要素的涵义是基础性的和直观的,社会关系的涵义则是上层的、隐秘的和间接的。

马克思关于资本的涵义也是二重的,一是指作为生产要素的资本,是能够带来利润和剩余价值的价值和生产要素,这是经济学意义上的资本涵义;二是指人与人之间的关系也即社会关系的资本,在私有制特别在资本主义社会就是剥削和被剥削的关系,这是政治学和社会学意义上的资本。马克思着重强调的是资本的后一种涵义,因为马克思的经济学是政治经济学，是用来批判资本主义，并为工人阶级服务的。

马克思虽然没有预见到社会主义社会仍需要市场经济，从而仍需要资本的杠杆来推动经济的快速发展，但社会主义的资本涵义仍具有经济学和政治学、社会学的双重涵义。不过，在社会主义社会，作为社会关系的资本不再具有剥削的性质，而是劳资双方以及劳动者之间、资本所有者之间的合作、共赢和共享的和谐关系，因为社会主义社会是消灭了私有制和剥削制度的社会，但有时也表现为矛盾和冲突，不过资本反映和体现出的劳资之间的矛盾和冲突可以通过社会主义法制和制度来解决。

不管是作为生产和经济要素的资本还是作为社会关系的资本，都是不可分割地联系在一起的，同时市场同资本又是水乳交融的，资本不仅要依赖市场才能存在和运动，更是市场的实体和本质内容。因此，市场的特性如逐利、竞争、风险、机遇等也是资本的特性，但资本同市场相比，更具有一般性和抽象性。

二 资本的具体表现

根据索托的观点，能够带来利润和剩余价值的所有资产或财产都是资本，如货币、土地、房屋、家禽、人力、机器设备、原材料、矿产等都可以成为资本，只要它们通过合法的注册登记，并投入市场就都成为了资本，就能带来财富，发达国家之所以富裕，就是把潜在的资本合法经营起来了并充分发挥了财产的资本功能。贫穷国家不是缺少资本，而是没有把资本充分挖掘出来，只有把潜在的资本即财产进行注册，合法运营才能发挥资本的作用，才能带来财富，从而由贫穷变为富裕。具体来说，土地、房屋、家禽、人力等只是资本的具体表现，而不是资本本身，不能说资本就是货币，资本就是人力和土地等等。从概念来说，资本是一个比较抽象的概念，它看不见，摸不着，但我们又时刻感觉到资本的存在，资本就在我们身边，我们都要同资本打交道。资本就是从货币、土地、房屋等财产中抽象出的一般，一般不等于个别，但又离不开个别，是从无数的个别中抽象出的一般本质。资本就是从具体的货币、土地、房屋等财产中抽象出的最一般的共同本质，因此，资本是一种一般和抽象的价值，资本概念是一般和抽象的概念。

值得注意的是，货币同其他如土地、房屋等具体资本形式相比，更集中、更近距离地接近资本，有时我们把货币和资本等同起来，货币就是资本，资本就是货币，这主要是因为货币同其他资本形式相比，更为一般和抽象，它主要是一种符号，金属货币作为等价物，其金属本身具有相当大的价值，即使如此，金属也赋予了货币符号的内涵和意义。纸质货币的纸质本身并没有多大价值，其价值主要是其符号。而电子货币已没有了物质介质，纯粹是一种电子数字，可以说，电子货币已完全符号化和数字化了。正因为货币的不断符号化和数字化，它的公约数在不断增大，它不需要多大的物理储存空间，电子的数字空间就够了，从而货币可以驰骋在市场的每个角落，可以同任何商品进行交换，任何商品都可以折算为货币而标明其价值的大小。货币的这种神奇功效滋生了拜金主义，有多少人为货币铤而走险，又有多少人为货币走上犯罪的道路。

正由于货币的不断符号化和抽象化，作为等价物的功能不断加强，它也就在不断地趋近资本本身，从而我们往往把资本等同于货币本身。其实，再符号化、抽象化和数字化的货币仍不是资本本身，它可以不断趋近资本，但不可能取代资本而等同于资本，它仍然是并且永远是资本的表现形式。这主要是因为货币要带来利润和剩余价值，也就是货币要不断增值，只有在不断地投资和收回的市场运动中才能实现，停止在市场的运动，再多的货币仍然是原来的货币，不会增添一分一毫。货币在市场中的投资和回报，不断带来其利润和剩余价值，也就是不断地增值，这其中就是资本在发挥作用，使货币成为了资本的表现，若没有资本对货币的激活或渗透，货币不可能增值，货币的增值实质是隐藏在货币背后的资本的增值。同资本相比，货币的特点资本全有，资本是只看不见的手，却在支配和主导着市场的运行，支配和主导着货币的流向和价值的波动。因此可以说，货币是资本的最直接和海量的表现，但不是资本本身，资本就是资本，任何实体资本和虚拟资本都不能代替资本本身。

资本具有利己性和逐利性。资本的本性就是对利润和剩余价值的追求，并且是最大限度的追求，因此，资本对利润和增值的无限追逐已成为资本的贪欲天性。

资本对利润和增值的贪欲是资本内在所固有的，是先天的，否则资本就不成其为资本。对利润和增值的贪欲既是资本运行的动机，也是资本运行源源不断的动力。而资本对利润和增值的贪欲与追求既增加了国家的财富，创造了人类文明，又使社会陷入贫富分化，制造了社会矛盾和动荡。所以，资本的这一贪欲、贪婪本性既是天使，又是魔鬼。

表面看来，资本这只看不见的手在支配着市场，并通过对市场经济的支配进而支配着社会，好像资本在统治着这个世界。其实，资本只不过是人格化的存在，各种资本都是人格的物化，这就是说，表面是资本支配人、控制人，实质上是人在支配和控制资本，也就是资本隐藏着人与人的社会关系。资本的贪欲本性和利己、逐利动机实质是人和人类的贪欲本质和逐利动机的表现，也即是通过资本对利润和增值的无限追求来表达人的利己性和逐利动机的。不过，资本在市场中又有相对独立的运行规则即资本逻辑，它虽然受人的控制和支配，但这只是是宏观的，市场中的竞争、风险和机遇，支配资本的人是难以预见和掌控的，市场的结果有时完全出于投资人的预料，不但没有获取利润和增值，反而血本无归，这就是资本和掌握资本人的复杂的、微妙的关系。

资本的自私、利己和逐利本性源于人的自私、利己和逐利本性，是人的自私、利己和逐利本性的投射。17、18世纪资产阶级学者所提出的人性自私假说，既来源于当时资本主义的兴起和发展，又为资本主义的进一步发展提供理论支持，它迎合了当时资本主义的发展，从而深受资本主义的欢迎。当然仅从理论的功能上说，人性自私说是合情合理的，也是积极正确的。

其实，没有抽象的，永恒不变的人性，人性的善、恶和不善不恶都是具体变化的，人性的善恶和不善不恶是由具体的社会存在决定的，社会的生存状态决定了人性的善恶。西方功利主义伦理学实质上也是近代资本主义市场经济和资本精神的理论表达。

以上只是就人性善恶的整体而言的，人性的善恶总是同社会的发展状态相适应的，自人类文明产生至今，人性处于利己状况，利己既不是完全的恶，也不是完全的善，是不善不恶，但可以发展成恶，也可以发展成善。至于具体的个人，与整个人类发展相适应，绝大部分的人性是自利的，有少部分是善的，也有更少部分是恶的。

性善甚至是至善是美好的，也是神圣的，在当今时代人性处于自利阶段，应大力倡导性善论，行善于天下，使人类社会更加善良、公平、正义和美好。

第五章　正义的起源及其实行

公正是公平和正义的合称，正义更具有行为的原则性，是上位概念，而公平更具有行为的操作性，是下位概念，公正既是人的价值态度、行为方式和行为准则，也是社会的善治和良序状态，是社会文明程度的标志。

简要地说，正义就是维护社会秩序的原则，具体而言，是指公民或国民公正、平等地享有人的基本权利即公平地拥有政府所分配的各项资源和权利，公平地享有人格尊严和人权保障。正义的范围非常广泛，其内容丰富多彩，并且正义的内容随着人类的不断进步，也会随之发生变化，但变化的趋势是越来越丰富，越来越高级，当代的正义与古代的正义内容不可同日而语。

正义既然是维持社会秩序的基本规则和准则，那么正义规则是怎样产生的，它产生的条件有哪些，这是我们必须要弄清楚的。

一　正义起源的社会条件

可以说，在西方思想史上，休谟是第一个明确提出，也是第一个系统回答正义产生条件的哲学家。休谟在《道德原理探究》一书中指出："平等或正义的规则完全依赖于人们所处的特殊状态和条件。它们的起源和存在的基础在于对它们的严格而一致的遵守对公众所产生的效用。反过来，如果人类的条件处在某种非常特别的情形下，如物产极端丰富或极端匮乏，人心异常温厚慈善或极端贪婪邪恶——这些条件使正义变得完全无用，你就可以因此而完全摧毁了它的本质，并中止它施加于人类的义务。"① 在这里，休谟把人们所处的特殊状态和条件归于正义规则产生的条件，他虽然没有明确说出人们所处的特殊状态和具体条件指的是什么，但他从反面暗示出了这些。休谟认为，物产的极端丰富或极端匮乏，人心异常温厚慈善或极端贪婪邪恶都不可能需要，也不可能产生正义规则。休谟不仅从反面暗示了正义产生的客观物质条件和主观道德条件，而且暗示了中等的物产和道德是产生正义规则的特殊状态和条件，即物产（物质条件）既不是极端丰富也不是极端匮乏，人心（主观道德）也既不是异常温厚慈善，也不是极端贪婪邪恶。另外，休谟也把大致相同的阶层和力量看作是正义产生的一个条件，当然同前两个条件相比是次要和附加的条件。这样，休谟把正义产生的条件归结为三条：中等的匮乏的物质资源（物产）、人的自私和有限的慷慨和大致相等阶层及其力量。罗尔斯把休谟的上述条件或基础概括为三条：中等的稀缺，中等的自私，相对的平等②。

休谟提出正义原则产生的三个条件以来，得到了许多学者的认可，但也遭到了许多学者的质疑和反对。对于正义原则产生的第一个条件即物质资源的中等的匮乏，而物质资源的极端丰富或极度匮乏都不可能产生正义原则，有学者认为，有些物质资源的极度匮乏不是不会产生正义，而是更需要正义来维持社会的公平和平等，并以人体器官移植手术为例，人体器官是供不应求的，可以说人体器官正像休谟所说的是极度的匮乏，而此时不是不需要正义，而恰恰需要人人平等的正义和程序正义原则来满足众多器官移植需求者③。

对于正义产生的第二个条件即人性的中等自私，人性的异常仁爱和极端贪婪也不会产生正义。如美国纽约大学的卢卡斯对此就提出了异议，他指出：当"利他主义者热诚追求各自的善观念时，他们完全可能做出不正义或破坏权利的行为"，因为，"每一种善观念都赞成特定的社会关系和特定的对个人利益的理解；更准确地说，每一种善观念都会对个体的利益有不同的构想和排列顺序。不仅如此，每一种善观念都会在上述问题上

---

① ［英］休谟：《道德原理探究》，王淑芹译，中国社会科学出版社1999年版，第17页。
② 参见江娅、刘汉琴《论正义产生的条件——从休谟到罗尔斯》，《伦理学研究》2012年第6期。
③ 同上。

排斥其他善观念。如果世界上没有一个充分实现并被人们广泛接受的善观念，那么，即使人们不是利己主义者，他们也会在追求各自的善观念时彼此造成威胁。在这种情况下，正义、权利、义务这些概念就成为必不可少的了"①。根据卢卡斯的说法，在一个社会内部，即使人人都追求至善，人人都非常仁爱，但各自的至善和仁爱都是不相同的，并且会相互矛盾和冲突，从而出现不义和践踏人权情况，这时就需要正义原则来加以调解，而不是像休谟所说的正义是不需要也不会出现。

对于正义产生的第三个条件，休谟认为是大致相等的力量和等级。休谟的这一观点主要是在其《道德原理探究》中提出的，休谟认为在人类和生物界之间不存在正义原则，即人类不应该用正义原则去管束生物。不仅如此，休谟还认为，文明人对待野蛮人也应放弃正义和人道的约束，"文明的欧洲人对野蛮的印第安人的巨大优势，诱使我们在涉及他们时以相同的立场来想象我们自己，并使我们在对待印第安人时抛弃正义乃至人道的约束"②。

休谟对产生正义条件的分析主要是基于人性自私的基础上，而缺乏更多的社会分析，尤其是对资源的极端丰富和极度匮乏以及人性的异常仁慈或极端贪婪的分析大多是建立在假设和推理基础上，是极端的例子，而不具有现实社会的普遍性。尤其是文明人对待野蛮人不需要运用正义和人道原则，明显抱有种族偏见。

对于休谟提出的正义产生的三个条件，人们可能存在不同的理解和解读，但总的说来，休谟是西方第一个探讨正义产生的条件并加以分析的理论家，凭这一点就应该得到充分的肯定，再者，休谟所说的正义产生的三个条件同具体的社会现实存在着一定的出入，但毕竟从总体、原则和逻辑上指明了正义产生的条件，有些条件现在看来也具有合理性。下面就谈谈我个人的看法。

休谟所说的资源的中等匮乏是正义产生的客观条件。怎样理解资源的中等匮乏、极端丰富和极度匮乏？首先，休谟所说的物产或资源的中等匮

---

① Lukes, Steven. "Taking Morality Seriously", in Ted Honderiched, Morality and Objectivity, London: Routledge& Kegan Paul, 1985. p. 104. 转引自江娅、刘汉琴《论正义产生的条件——从休谟到罗尔斯》，《伦理学研究》2012 年第 6 期。

② [英] 休谟：《道德原理探究》，王淑芹译，中国社会科学出版社 1999 年版，第 20 页。

乏、极端丰富或极度匮乏是从整个社会而言的，即社会的总物产中等匮乏、极端丰富和极度匮乏，而不是指社会某一物产的中等匮乏、极端丰富和极度匮乏，如果指后者，那么任何社会都同时存在这三种情况，问题就无法进行讨论。其次，就社会整体来说，产品、资源、资产的极端匮乏只能是原始社会，原始社会奉行的是"丛林法则"，即"弱肉强食，适者生存"是原始社会的根本运行规则，也是原始先民生存的根本法则，这一法则同原始社会极低生产力一道推动着原始社会漫长而缓慢的发展。因此，在原始社会，作为维持社会秩序的正义规则是不可能产生的，因为正义规则对原始社会的运行是起不到任何作用的。所以，休谟所说的在资源极端匮乏的状态下不存在正义规则是成立的，原始社会的状态和特点就证明了这一点。休谟所说的资源极度丰富也不存在正义规则，这只是一种逻辑推理和假设，因为，人类社会迄今为止还没有出现过这样的社会，即使当代的发达国家也没有达到资源的极度丰富。所以，休谟的这一论断还不能被现实所证实，但可以在逻辑和理论上加以说明。在资源极度丰富的社会或状态下，所有人的所有需求和欲望都能满足，就是按需分配和按需索取，不存在有的人多占有，有的人少占有甚至没有的情况，从而也就不存在分配不公、差等分配的问题，既然不存在这些问题，也就不会出现正义吁求和正义规则。从逻辑推理和理论假设看，休谟的这一观点也是站得住脚的。

休谟提出正义产生的条件的正题是中等匮乏状态下才出现正义规则。在休谟看来，资源的中等匮乏就是出于资源的极端丰富和极度匮乏的中间状态，即既不极端丰富也不极度匮乏。既然处于中间状态，可以叫做中等匮乏，也可以叫中等丰富。这样的状态都不存在于原始社会和将来的共产主义社会，而只能存在于文明社会产生以来，一直延续至今的社会。可以说，正义产生于文明社会并且一直伴随着文明社会的发展。因为在文明社会，资源和产品除必要消费外有了剩余，由于阶层、阶级的存在，一方面，拥有权力的人或阶级就占有大量而高档的资源；另一方面，无权无势的人或阶级只占有少量资源，甚至根本不占有任何资源，从而社会就出现了分裂、对抗和失序。在这样的状态下，社会才出现正义的呼声，理论家也开始讨论正义的问题，统治者要维持社会的稳定，也要重视并实行正义原则。正义规则正是在这样的社会背景下出现的。因此，休谟所说的正义产生于资源中等的匮乏也是正确的。在休谟看来,资源的中等匮乏是正义产生的客观条件,也是最为根本的条件,这也符合社会现实。正义理论产生及发展的历史,人类社会所实行的正义规则也证明了这一点。

休谟提出产生正义的第二个条件是精神方面的,即人性的中等自私和有限的慷慨。正义产生的心理和道德方面的条件同第一个条件即客观相比,当然是次一级的,并且是以第一个条件为基础,受第一个条件影响和制约的。正义是维护社会公正秩序的规则和原则,反映和积淀在人的内心深处,正义就表现为人的正义情感和态度。正义规则的产生和形成同人的心理、道德和情感是息息相关的,因此,休谟从人的心理和情感上分析正义的产生和形成是值得肯定的。

问题在于休谟所说中等的自私的涵义是什么,正如休谟所说"正义只是起源于人的自私和有限的慷慨,以及自然为满足人类需要所准备的稀少的供应。人们如果是自然地追求公益的,并且是热心地追求的,那么他们就不会梦想到要用这些〔正义〕规则来相互约束;同时,如果他们都追求他们自己的利益,丝毫没有任何预防手段,那么他们就会横冲直撞地陷入种种非义和暴行"①。

我们又怎样理解休谟所说的中等的自私?表面看来,自私同正义是水火不容的,正义是大度、公道和公器,怎么能同自私联系在一起?更怎么能是建立在自私的基础上呢?首先,我们应怎样理解自私,在汉语语境中,自私是贬义的,就是过分地追求自己的私利,不顾公共利益和他人利益,甚至为了自己的私利而损害公共利益和他人利益。这种自私当然是同正义相去甚远,是要受到指责的。

可以说,自私和自利是紧密相关又有所区别的,自利是根据自身的正常需求而去获取的生活资料,自利同人的需求和利益联为一体,马克思充分肯定了人的需求和利益的合理性,实质上也包含了人的自利的合理性,认为自利是推动社会历史发展的动力。但自利和自私也只有一步之遥,把自利过度化和膨胀化,以损害他人利益和公共利益来获取个人利益,来达到自利,那么自利由合理性、正常性就变为了不合理性和不正常性了,也就变为自私了。

---

① 〔英〕休谟:《人性论》,关文运译,商务印书馆1991年版,第536—537页。

从休谟的自私涵义来说，我们更应从自利的角度来理解他所说的自私，中等的自私既不是最大的自私和自利，也不是最大的慷慨和慈悲，即是有限的自私和有限的慷慨，正由于有有限的自私，才有有限的慷慨，也正由于有有限的自私，才不会有最大的慷慨，有限的慷慨，才不会有最大的自私。

我们理解休谟所说的中等的自私还应结合正义产生的第一个条件即资源的中等匮乏来进行。因为只有资源的中等匮乏才有人的自私自利，并且不是极端的匮乏才使人的自私自利不是极端的，而是中等的。同样，资源的中等匮乏也就意味着资源的中等丰富，才会有人的有限慷慨，并且不是资源的极度丰富而只是中等丰富，又使人的慷慨不是全部的甚至是无限的，而是有限的。

在这里，我们特别要注意站在整个社会的角度来理解休谟所说的人的中等的自私，人的中等的自私也就是社会的中等的自私，作为社会的中等自私，肯定有少数人是极端自私，少数人是极端慷慨，而大部分人是中等的自私和有限的慷慨，极端自私的人一般也是占有资源极少的人。极端慷慨的人也一般是占有资源极丰富的人，大部分中等自私的人也是中等地占有资源，不多也不少。在这种情况下，占有资源最少的人希望通过实现社会正义使自己中等地占有资源，占有资源最多的人也想通过实现社会正义，慷慨地让渡部分资源给需要的人，至于大部分人也希望实现社会正义维持自己原有的中等地占有资源。

我们只有从社会总体上来理解中等的自私和有限慷慨，才能理解正义产生的必要性和可能性。正义产生的这些心理、情感和道德条件必须结合，甚至必须建立在休谟所说的正义产生的第一个客观社会条件的基础上，才能对正义产生起到必要的作用。

休谟提出产生正义的第三个条件大致相等的阶层及其力量，罗尔斯概括为相对的平等。休谟正义产生的第三个条件主要是从阶级力量和正义主体而言的，休谟认为在同一阶层、阶级和人种内部，会容易产生正义。据此，休谟认为人类和生物界，欧洲优等民族同劣种民族之间就难以产生同一正义，也不需要有相同的正义，这当然暴露了休谟的种族歧视思想。如果我们撇开休谟的种族偏见，仅从学理上探讨这个问题，也是有值得肯定的地方。

在今天的生态伦理语境下，人类和生物是相互依存的，人类要爱护、保护生态，人和生物是平等的，爱护和保护生态就是爱护和保护我们人类自己，这大概就是生态和环境正义。但人类社会和动植物毕竟是两个生命系统，它们各自有适用于自身的正义原则，我们既不能用人类的正义原则简单地实行于生物界，也不能用生物界的正义原则机械地照搬到人类社会。从这个意义上说，人类社会和生物界没有共同的正义原则是有一定道理的。同理，发达国家和欠发达国家的正义原则也是不一样的，不能把发达国家的正义原则强加在欠发达国家身上，也不能把欠发达国家的正义原则简单用于发达国家。因为处于相同发展水平的国家，或者是各种属性、力量大致相等的群体、阶层和阶级，由于它们有大致相同的需求、理想和信仰，所以，在这同一群体、阶层和阶级里产生正义比在不同群体、阶层和阶级中产生正义的可能性要大得多，也容易得到。休谟也有可能是从这一意义上说的，从而也有值得肯定的地方。

当然，休谟所探讨的正义产生的三个条件毕竟是针对他生活的那个年代进行的，二百多年后的今天，人类社会发生了巨大的变化，有关正义内容、正义原则、正义实行的方式和途径以及人们对正义的理解和期盼等，都与休谟所处时代不可同日而语，但休谟从发生学上探讨正义产生的条件及实施途径对我们今天制定正义原则和实施正义途径仍具有十分重要的启发意义。

罗尔斯基本上认同休谟的正义观点，并加以总结和发挥。如果说，休谟从起源和发生学意义上分析了正义产生的三个条件和实施途径，那么，罗尔斯主要分析了具体制定正义原则的条件状态和正义的具体原则，所以，休谟和罗尔斯的正义思想可以说是承前启后和互补的关系，共同丰富了人类的正义思想。

二 实施正义的动力

休谟不但探讨了正义产生的条件，而且也分析了正义规则实施的动力。在休谟看来，正义不仅是人的道德情感和道德行为，而且更是一种社会规则、社会秩序和社会关系，当然，正义的这两层涵义又是紧密联系在一起的。在休谟看来，实施正义规则的第一种动力仍然是人的自私或自利，休谟在探讨正义规则产生的条件时，把人的中等的自私当作产生正义规则的重要条件，他又把人的自私看作实施正义规则的动力之一，可见，休谟认为人的自私在文明社会中起了很大的作用。休谟的自私更应该理解为自利，我们对自私总是贬义相称，把为了自己的利益而损害他人或国家的利益的思想和行为称为自私，这种自私当然是要受到谴责和批判，但如果是在自利或利己意义上理解自私，这种利己和自利只是维护自己的利益，而不损害他人和社会的利益，这种自利和利己应该是合理的，这是社会存在的基础，也是维护社会秩序和稳定的纽带。休谟应该是在自利和利己的意义上言说自私的，如果这样的话，就很好理解他的思想了。

  休谟认为，人总是从自利出发，正义规则正是建立在人的自私基础上的。休谟指出："利己心才是正义法治的真正根源；而一个人的利己心和其他人的利己心既是自然的相反的，所以这些各自的计较利害的情感就不得不调整得符合于某种行为体系。因此，这个包含着各个人利益的体系，对公众自然是有利的；虽然原来的发明人并不是为了这个目的。"① 这就是说，不同人的自私自利会发生相互冲突，相互冲突的双方都会受到损失，于是冲突各方都会考虑和计较其利害，这样就不得不调整各自的行为，以便各方都得利，使各方自发地建立和缔结正义规则。在休谟看来，正义规则的这种自发缔结和实施是离不开人的道德情感的，人的道德情感在正义规则的缔结和实施中起到了很大的作用。休谟进一步认为，正义规则的这种自发缔结和实施在小群体里表现非常明显，因为小群体人的交往比较简单，交往也经常发生，并且交往次数越多，就越容易缔结和实施正义规则。这是因为，在小群体里人的首次交往可能会有人获利，有人蒙受损失，甚至有人会上当受骗，但二次、三次甚至更多次的交往，获利、受损和受骗的情况就会被平均，这实质上自发地趋于一种公平正义，是在自发的正义规则下的交往。休谟的这一观点类似于契约和协议。休谟指出："协议只是一般的共同利益感觉；这种感觉是社会全体成员互相表示出来的，并且诱导人们以某些规则来调整他们的行为。我观察到，让别人占有他的财物，对我是有利的，假如他也同样地对待我。他感觉到，调整他的行为对他也同样有利。当这种共同的利益感觉互相表示出来，并为双方所

---

  ① ［英］休谟：《人性论》（下），关文运译，商务印书馆1996年版，第569页。

了解时，它就产生了一种适当的决心和行为。"①　西方学者拉塞尔·哈丁用博弈论解释了休谟正义规则实施的这种情况，是很有见地的。起初的几次博弈输赢明显，但博弈的不断进行，其输赢的概率越来越接近平衡，这实质也就越来越趋于公平正义规则②。

休谟又认为，在广泛的社会上，这种自发正义规则就很难发挥作用，因为社会远比小群体复杂，同样的交往行为很难多次出现，从而在小群体里那种自发缔结和实施的正义规则在大社会中很难出现，也不会产生效果。

广泛的社会正义比小社会群体内的正义意义更大，因为整体社会正义涉及全社会的人，社会关系、社会层次和社会结构远比小社会群体复杂，因此，整体社会正义实施的难度更大。休谟举例说，两个邻人可以自发同意共同去排一片草地的积水，因为他们很容易发现两人不同心协力，其后果就是两个人都要遭受损失。但是，"如果让一千个人同意那样一种行为，将是非常困难，实际上是不可能的了。使他们同意这样一个复杂的计划是很困难的，更加困难的是让他们去执行。每个人都在找借口，使自己省却麻烦与开支，而把全部负担留给他人"③。在全社会实施正义虽然难度大，但效果和意义也更大。所以，不仅需要在小社会群体内实施正义，而且更需要在全社会实施正义。休谟认为，在全社会实施正义不能像小社会群体内部那样凭借其自发的契约和协议进行，而必须依靠社会的强大和权力力量来推行正义规则在全社会的实行。休谟指出："但是当人们观察到，正义规则虽然足以维持任何社会，可是他们并不能在广大的文明社会中自动遵守那些规则，于是他们就建立政府，作为达到他们目的的一个新的发明，并借更严格地执行正义来保存旧有的利益或求得新的利益。"④休谟还说："我们认为整个庞大的政府机构，其最终目的无非是为了实施正义，或者换句话，是为了支持那十二个审判员。"⑤

---

①　[英]休谟：《人性论》（下），关文运译，商务印书馆1996年版，第530页。
②　参见徐志国《休谟论正义规则实施的三种动力》，《北方论丛》2012年第1期。
③　转引自徐志国：《休谟论正义规则实施的三种动力》，《北方论丛》2012年第1期。
④　[英]休谟：《人类理智研究·道德原则研究》，周晓亮译，沈阳出版社2001年版，第317页。
⑤　[英]休谟：《休谟经济论文选》，陈玮译，商务印书馆1984年版，第23页。

休谟认为,政府除了运用强大的权力机构在全社会中强制实施正义规则外,还可以促使人们彼此订立协议和契约来实施正义规则。可见,休谟在实施正义规则问题上,既强调权威和强制的一面,也强调温柔的协议和契约的一面,而这恰好同正义涵义本身是相吻合的,因为正义既有道德层面的涵义,也有制度和法权方面的涵义,道德层面的正义是自觉、自愿和温柔的,而制度和法权层面的正义具有权威性和强制性。休谟强调在全社会实施正义规则也是要促使人们订立协议和契约,这又同小社会群体里实施正义规则的动力和途径是一致的,这表明休谟在把小社会群体和全社会或大社会实施正义规则的动力又统一起来了。

另外,休谟重视和强调道德在实施正义规则中的作用,在探讨正义规则产生时,休谟也重视道德力量的作用。可见,休谟的正义观始终同他的人性论和道德学说紧密相关,认为正义也总是同人类道德联系在一起的。事实的确如此,正义既是社会规则,也是社会理念,还是人们的情感和信仰,它存在于社会的各个方面,渗透在人们的各种行为中。

休谟主要从发生学上探讨了正义规则产生的条件和实施动力,他没有具体论述正义规则是什么,正义规则应在什么具体情境下制定才是正义的。休谟没有做的事情后来由罗尔斯完成了,罗尔斯所提出的正义的两个著名原则以及正义原则应在无知之幕中制定的观点恰好延续和完成了休谟的观点,罗尔斯的正义论虽然具有理想主义色彩,但在理论上是自圆其说的,同休谟的正义思想结合在一起,构成了比较完整的正义理论。

第六章　市场的内生性正义（上）

资本市场是以商品价值为交换目的的市场，它既不同于以交换使用价值为目的的市场，也不同于今天所说的专指金融领域的资本市场。那么，资本市场就是资本和市场的一体性，没有无资本的市场，也没有无市场的资本，在这一意义上，市场正义实质就是资本市场的正义，市场正义也就是资本正义。

市场正义与经济正义高度相关，但不等同，经济正义是指整个经济领域的生产、交换、分配和消费中的正义，它既包括计划经济领域的正义，也包括市场经济领域的正义，而市场正义仅指市场经济领域的正义，因此，市场正义是经济正义的一部分，是经济正义的当代形态。市场经济作为一种现代的经济体制和经济模式，当然也是由生产、交换、分配和消费四个环节组成，那么，市场正义也应包括生产正义、交换正义、分配正义和消费正义。这些是市场经济本身的正义，可称为市场的内生性正义，也是市场正义的广义涵义。在市场经济中，交换这一环节占据着中心地位，因此，交换正义是市场正义的中心和核心。所以，狭义地说，市场正义就是交换正义，市场正义与分配正义也高度相关，分配正义是指财富或收益的正义，分配既有市场分配，也有市场以外的社会分配，市场正义属于市场分配正义，市场以外的社会分配则属于社会分配正义。

社会主义诞生于经济比较落后的国家，加快发展生产，创造出比资本主义更大更多的生产力是其根本任务。中国的改革开放和市场经济建设不仅实现了社会化大生产，而且创造了比资本主义更快增长的社会生产力，更快更多地积累了社会财富，经过几十年的努力，不仅解决了人民温饱问题，还使人民生活总体上达到小康水平，全面建成小康社会指日可待。基本实现社会主义现代化，社会主义现代化强国也必将建成，这些都奠基于中国社会主义生产力的快速发展和社会财富的积累。社会主义生产建立在以公有制为主体多种所有制共同发展的基础上，社会主义生产调动了经济主体的积极性，创造了社会财富，创造了就业机会，为社会分配打下了丰富的财富基础，从而为人们提供了丰盛的消费品，社会主义财富由人民共享，最终达到共同富裕。另外，当今社会主义生产是社会化大生产，同社会主义公有制之间是根本一致的，从根本上消除了资本主义社会经济危机的隐患，这些都充分体现了社会主义生产正义。

一 自然经济和计划经济的生产正义

简单地说，生产正义是指根据市场的供需状况合理配置生产要素和布局产业结构，调动生产要素的最大效能生产合格达标的产品，最大限度地满足人们不断增长的各种需求。这里指的生产要素包括人力资本、生产对象、生产工具、资金、技术、信息、管理等全部生产要素的总和。产业结构主要是指第一产业的农业，第二产业的工业，第三产业的服务业。生产正义还包括生产企业严格遵守国家安全生产的法律法规。

这里说的生产正义主要是指市场经济体制下的生产正义，当然在自然经济和计划经济时代也存在生产正义问题，人类只要有生产活动就需要生产正义和存在生产正义。在农耕时代，自然经济在产业结构中占主导地位和起支配作用，国家采取"重农轻商"的政策，工商业从属于农业且不发达。农业生产是严格依赖自然规律和农时节律进行的，"日出而作，日落而息"是对农民耕作的真实写照。中国是典型的农业大国，农民是按照二十四节气安排春耕、夏长、秋收和冬藏等农事活动。

作为第一产业的农业有着悠久的历史，人类的农业文明就是从刀耕火种中发展而来的，人类有多久的历史，农业就有多久的历史。这不但在于农业是人类社会的命脉，农产品是能满足人的衣食需求的基本产品，而且也在于农业是其他产业的基础。

自然经济的最大特点就是对自然的依赖，在一定意义上说，气候条件决定着农事的兴衰，风调雨顺基本就是丰年，天旱洪涝注定是荒年。在靠天吃饭的农耕时代，国家能做的就是在丰年多储备粮食，荒年赈济饥民，解决民众的温饱就是最大的政务。在"重农轻商"国策下，除农产品外，其他产品基本处于短缺状态，就是农产品也不太丰富。因此，自然经济条件下的生产正义主要是对自然律令、时节和气候的遵守，并在此基础上尽量发挥人的能动性，多生产粮食来满足人的需求。其生产正义是对自然规律的遵循和敬畏，是一种自然主义和天道主义的生产正义，但其生产正义是不充足和单一的。

自然经济的生产节奏是依自然节气进行的，悠闲而缓慢，人们的生活方式也是慢节奏的，加之分散居住，就培育了农民的狭隘、自私的小农意识，从而，自然经济的生产正义具有浓厚小农意识的特点。

计划经济时代的生产正义则摆脱了对自然规律的严格遵守，农业虽然是产业的基础，但在生产中不是唯一起支配作用的产业，农业、工业和其他行业在社会生产中都占有重要的作用。因此，生产正义就涉及各产业的合理布局，并根据不同情况可以优先发展某一产业。不过，在计划经济时代，生产要素的配置、产业结构的布局和调整主要不是根据市场的供需矛盾进行的，而主要是根据国家和主管部门的计划性指令进行的，企业只管按照上级的计划生产，原材料的供应和产品的销售都交给了国家，职工的工资统一由国家发放，同经营状况不挂钩。毛泽东在 1956 年做了《论十大关系》的报告，这十大关系是：重工业和轻工业、农业的关系，要用多发展一些农业、轻工业的办法来发展重工业；沿海工业和内地工业的关系，要充分利用和发展沿海的工业基地，以便更有力量来发展和支持内地工业；经济建设和国防的关系，在强调加强国防建设的重要性时，提出把军政费用降到一个适当的比例，增加经济建设费用。只有把经济建设发展得更快了，国防建设才能够有更大的进步；国家、生产单位和生产者个人的关系，三者的利益必须兼顾，不能只顾一头，学管理方法，要反对不加分析地一概排斥或一概照搬[1][2]。

《论十大关系》总结了我国社会主义建设的经验，提出了调动一切积极因素为社会主义建设事业服务的基本方针，对适合中国情况的社会主义建设道路进行了初步的探索。

毛泽东的《论十大关系》反映了那个时代中国社会主义建设的基本

---

[1] 参见《毛泽东文集》第 7 卷，人民出版社 1999 年版。
[2] 《毛泽东文章的独特风格》，人民网，2013 年 12 月 12 日［引用日期 2017 年 6 月 30 日］。

情况，勾勒出了计划经济时代的产业结构面貌，对当时中国的社会主义建设起到了战略指导性的作用。

计划经济在社会主义建设初期，在经济十分落后和国际国内形势十分复杂的情况下，用国家指令性计划来布局产业的发展，特别是优先发展重工业的战略举措，对于发展中国经济，改变中国一穷二白的落后面貌，加速工业化建设步伐是具有十分重要意义的，当时所取得的建设成果也充分证明了这一点，这也显示出了计划经济时代生产正义的优势。但计划经济的平均主义和生产效率不高的弊端又暴露了它的生产正义不足。

计划经济同自然经济和小农经济相比，无疑是历史的巨大进步，它开启了国家工业化和现代化的先河，工业取代了农业成为国家的主导产业，社会由农业文明进入工业文明时代。由于工商业和贸易的发展，使部分农民从被束缚的土地上解放出来，从事非农业的工作，扩大了他们的活动范围和视野，他们接受了工业文明和城市文明，这样就改掉了他们身上的小农意识，培养了市民意识，即开放、进取的意识。

因此，计划经济的生产正义具有工业生产和工业文明的特点，培育了现代市民和市民意识，但这种工业文明和市民意识又是高度统一和国家平均主义的，缺乏个体的自由精神和竞争意识，这又是计划经济条件下生产正义的缺陷。

另外，计划经济主要是在新兴的社会主义国家实行，这些国家比较落后，工业化程度低，当时面临着帝国主义国家的颠覆和封锁，社会主义和资本主义两大阵营严厉对抗，为了不使新兴的社会主义国家被扼杀在摇篮中，当时的苏联和中国实行计划经济，优先发展重工业和国防工业，从而致使其产业结构向重工业倾斜，轻纺工业也为重工业服务，导致了消费品按计划分配，并且还不足甚至短缺。虽然这是由当时历史条件造成的，并具有一定的必然性和合理性，但毕竟反映出计划经济时代生产正义的片面性和不完备性。

二 市场经济的生产正义

到了17、18世纪，随着西方社会生产力的发展，客观上要求改变自然经济体系和生产关系，资产阶级革命后，资本主义的市场经济取代了封建社会的自然经济，资本主义生产关系代替了封建制生产关系。

马克思认为，生产是一种"特殊的以太"和"普照的光"[①]，具有使人类生活得以实现的"永恒的自然必然性"。市场经济条件下的生产快速地提高了社会生产效率，成倍地加速了社会财富的积累和聚集。以批判资本主义为历史使命的马克思也充分肯定和赞扬了资本主义所创造的巨大生产力，资本主义生产虽然推动了生产力的快速发展，创造了大量的社会财富，这包含了一定的生产正义因素，但资本主义是建立在私有制基础上，资本家为了获得更多的剩余价值，强迫工人在肮脏的环境中，没有尊严和被迫地从事繁重劳动，工人创造的剩余价值被资本家无偿占有，资本主义生产是异化生产和异化劳动。因此，资本主义生产在本质上是非正义的。

社会主义诞生于经济比较落后的国家，加快发展生产，创造出比资本主义更大更多的生产力是其根本任务。中国社会的市场经济的建立走着不同于西方的发展道路，中国封建社会晚期，虽然有资本主义生产方式的萌芽，也即有市场经济的萌芽，但没有发生资产阶级革命，从而也就没有发生由自然经济向市场经济的转变。而随着新民主主义革命的胜利和社会主义建设的到来，中华人民共和国成立的前30年实行的计划经济体制，中国的计划经济不同于自然经济和市场经济的一种特殊经济体制，它是从社会主义苏联照搬过来的，是建立在社会主义公有制基础上的中央高度集中、统一的经济体制。直到20世纪最后20年，中国才逐渐摆脱计划经济的束缚，建立了市场经济体制。当然中国的市场经济是社会主义的，同资本主义的市场经济有许多本质的不同。

除了社会制度外，作为经济手段的市场经济，社会主义市场经济同资本主义市场经济又有许多相同或相似之处，都体现了市场经济的生产正义。市场经济是根据市场来配置生产要素和资源的经济体制，其产业结构也是根据市场来布局并不断进行调整。市场经济同自然经济和计划经济的一个根本不同，就是它对自然节奏的依赖不那么强烈，而主要是依赖市场。市场经济虽然要受国家宏观的指导和调控，但它又不是完全依赖国家的指令性计划，而是根据市场的变化随时调整产品生产和规模。市场经济的利润和收益直接同市场主体挂钩，所以，市场经济体制能刺激和调动市

---

① 《马克思恩格斯全集》第30卷，人民出版社1995年版，第48页。

场主体的积极性和创造性，为社会创造更多的财富，这些就体现市场经济的生产正义。

1. 市场经济加速了社会财富的积累

市场经济的生产正义主要是指市场经济同计划经济相比，快速地提高了社会生产效率，成倍地加速了社会财富的积累和聚集。

能提高社会生产效率和积累社会财富的生产，其本身就是正义的，因为正义在很大程度上是资源和财富的分配正义，如果一个社会资源和财富很贫乏，或者根本没有资源和财富，怎么能实现资源和财富的分配正义，如果一定要说这样的社会是正义的，那只能是欺人之谈。所以说，资源和财富是正义的基础，社会各个领域的正义都依赖于该社会的资源和财富。

市场经济同计划经济相比，其生产快速地提高了社会生产率，提供了丰富的物质产品，加速了社会财富的积累，这不仅为交换、分配和消费正义打下了坚实的财富基础，也为整个社会的发展打下了坚实的财富基础。从这一意义上说，市场经济的生产或市场生产本身就是正义的。

在市场经济语境下，"财富"一词使用的频率非常高，不管是当权者还是平民百姓，也不管是金融界专业人士还是其他领域人士，都能对财富说出个一二三，并且都有自己的财富观：个人主义的财富观；共同富裕的财富观；守财奴式的财富观；享乐主义财富观；平均主义财富观；两极分化的财富观；小国寡民和安贫乐道的财富观[①]等等。从当代语用学维度说，财富就是指社会、集体、家庭和个人所拥有的物质产品和精神产品的总和。在通常情况下，财富就是指财产，即指物质产品和金钱。在日常用语中，对财富和财产不大加以区分，财产就是财富，财富就是财产。严格说来，财富比财产的范围略广，精神产品和无形资产也包括在财富内。"富裕"一词同财富有更大的关联性，但不等同，富裕主要指人的富足、丰裕的物质生活，财富是富裕生活的基础，但拥有财富之人不一定过上富裕生活，如封建社会的守财奴所拥有的财富不用于生活消费，仍过着非常节俭的不富裕生活。

财富都是人的劳动创造出来的，进一步说，只要是人的有效劳动即能

---

① 陈先达：《历史唯物主义视野中的财富观》，载《哲学研究》2010年第10期。

生产出产品的劳动都能创造财富,也即任何劳动产品都是财富。从这一意义上说,只要有人和人的劳动存在就有财富的存在,也就是说,财富是同人类及人类的劳动一同产生的。

虽然财富早就产生于原始社会,但那时的社会生产力极为低下,只能靠采集和渔猎来获取少许的自然产品以维持生存,不存在剩余劳动和剩余产品,财富刚生产出来就几乎被消费掉了,没有剩余和积累,保留下来的财富只是极其粗糙和简陋的石刀、石斧等生产工具。

严格意义上的财富总是同财富的积累联系在一起的,财富的积累又是同剩余劳动和剩余产品紧密相连的,这要归功于社会生产力的发展,当人的劳动产品除了供其日常消费外,还有剩余和节省,这就说明出现了剩余劳动和剩余产品,也就有了财富的积累,积累财富就是成年累月聚集剩余财产。如果从会计账簿的角度理解财富积累,财富积累就是收入和支出的等差,即年度收入减去支出的所余,这就是说收入必须大于支出才有财富积累。

从社会关系看,出现了剩余劳动和剩余产品,就出现了严格意义上的财富,也就出现了一部分人占有另一部分人的剩余产品现象,这就是阶级的出现。可见,财富是生产力发展到一定阶段的产物,财富总是表征和标志着社会生产力的发展水平和个人能力的发展程度,生产力落后的民族和能力低下的个人,其财富的拥有是很少的甚至是无财富的。另外,财富同阶级的出现也密切相关,财富也总是反映着社会关系和阶级关系,因为,在阶级社会,各阶级对财富拥有的份额是不平等的,统治阶级占有社会财富的绝大部分,而创造财富的劳动者只能拥有维持其生存和再生产的基本生活资料或者只拥有少得可怜的财富。因此,在财富的占有和分配上存在着阶级关系,体现着阶级的对立。财富不仅反映着社会的阶级关系,也反映着个人的社会地位,一般说来,占有和拥有大量财富的人,是处于社会的上层,社会地位也高,反之,拥有财富少或没有财富的人,往往处于社会的底层,社会地位低或根本就没有社会地位。可见,财富既具有有形的物质属性,也具有无形的社会属性。古典政治经济学家主要从生产力的维度看待财富,而马克思主要从生产关系维度看待财富。

劳动创造财富,但劳动不是财富的唯一源泉,古典政治经济学家和马克思都认同这一观点。配第说:土地是财富之母,劳动是财富之父。在农耕社会，土地参与了财富的创造，在工业社会，厂房等生产资料也参与了财富的创造，若没有生产资料，就不可能进行生产，生产资料的价值以折旧的形式转移在劳动产品中。不管劳动产品是供劳动者自己消费或是在市场出售，土地等生产资料既是生产要素，同时其本身也是财富，即财富的创造离不开劳动，也离不开作为财富的土地、原材料等生产要素。

财富的创造更离不开劳动者——人，人也是一种财富，并且是最宝贵的财富，如果没有人，就没有劳动者，也就不可能创造任何财富。另外，人也是财富的拥有者、使用者和消费者，离开了人，财富就没有任何意义和价值。正由于此，马克思将人称之为是"创造财富的财富"和"真正的财富"。[①]"真正的财富就是所有个人的发达的生产力"[②]。

财富是随剩余劳动和剩余产品的出现而出现的。一旦劳动产品有了剩余，就会交换劳动产品，最初是物物交换，后来出现了货币，用货币作为中介和一般等价物来交换各自的产品，这样财富积累的速度就快了许多。在整个封建社会，虽然出现了商业、商人和市场，也有了资本的最初形态，但财富的积累进程总体是缓慢的，从而封建社会属于不大富裕的社会，国民经济还处于短缺状态。

基于封建社会的这一情况，其财富的积累主要是对有形的物产和财产的积累，把使用价值当作财富的首选，对使用价值的拥有也就是对财富的拥有，如地主农场主拥有土地就是拥有财富，对土地的拥有是农耕社会拥有财富的主要方式，商人则是对金银珠宝的拥有。在财富使用和支配上，封建社会主要用于享受，更多具有"享乐意义"，而不具有资本的意义。封建社会财富的获取、拥有、积累和享受主要是依靠政治程序而达到的，主要体现和表征的是一种"统治关系"[③]，当然地主阶级的私人所有制是其经济基础。

社会财富的积累是受制于社会生产力发展的，个人财富的积累除了受社会生产力发展水平的影响外，还受个人才能和生产能力的制约。在漫长的封建社会，生产力发展是缓慢的，那么就决定了封建社会财富的积累也

[①] 《马克思恩格斯全集》第 26 卷第 3 册，人民出版社，第 282 页。
[②] 《马克思恩格斯全集》第 31 卷，人民出版社 1995 年版，第 104 页。
[③] 刘荣军：《马克思财富思想的历史本原与现代社会》，载《哲学研究》2010 年第 12 期。

是缓慢的。加之封建社会对财富的拥有主要是对其财物使用价值的直接占有，因为财物使用价值的储藏要占有一定的空间，它的保存和保管都需要一定的费用，财物的交换和流通也有多方面的不便，这诸多因素都会影响封建社会财富积累的进程，从而，整个封建社会财富的积累是非常缓慢的。

2. 资本主义经济是人类最早的市场经济

只有到了资本主义社会，工商业取代农业成为占社会统治地位的产业，商人转变为资本家，商业利润变为了剩余价值，从而真正意义上的市场经济和资本市场才正式产生，相应地也产生了价值规律和资本逻辑的市场规则。

在资本主义社会，资本是被资本家所掌控的，是资本家的物化和对象化，而资本家是资本主义社会的统治阶级即资产阶级。如果说，资本家只是资本的化身或资本的人格化，只在经济上掌控着资本主义的生产、交换、分配和消费，并从中不断使资本增值，那么，资产阶级不只是资本的化身，而且是整个资本主义社会的化身，资产阶级不仅掌控着资本主义社会的经济，而且也掌控着资本主义社会的政治、文化和社会生活各个领域。没有资本家就没有资产阶级，资本家是资产阶级的根本和基础，但资本家又不满足于自身，必须上升为资产阶级，当资本家不仅掌控着经济和资本领域，还掌控着政治和文化等领域时，资本家就完成了向资产阶级的转化和上升。

资本家转化和上升到资产阶级的过程，也就是资本由统治和控制经济转向统治和控制整个社会生活的过程，在这一过程中，资本实质上已突破了它存在的范围和限度即突破了其资本市场限度，僭越到政治、文化等整个社会领域。资本一旦实现了这种突破和僭越，资本就不只是市场的资本，不只是支配和控制市场，并成为市场的本质规律，而且更是社会的资本，支配和控制整个社会，成为社会的本质规律，即资本主义社会，资本主义社会是资本化的社会，而资产阶级既是资本的阶级化，又是资本主义社会的阶级化。

按其本性来说，资本只有在经济领域特别是市场交换领域，完成其价值增值的，并最大限度地展现资本的本性和资本逻辑。但在资本主义社会，资本不是绝对独立的存在者，它总是同社会的政治、文化和社会生活紧密相关的，作为资本所有者的资产阶级一方面利用政治、文化和社会生活来加速和扩大资本的增值；另一方面又利用资本来控制政治、文化和社会生活领域，并以此统治整个资本主义社会。

资本突破其市场的限度，向社会其他领域的僭越，虽然是不合法不合理的，它造成了资本主义社会的不平等，阶级对立和贫富分化，但又有其现实的必要性，它不但能使资本迅速增值，而且也使资本家成为整个资本主义社会的统治阶级。

在资本主义社会，即使在经济领域，资本也不是孤立存在的，资本逻辑同政治逻辑，看不见的手同看得见的手是紧密联系在一起的。资本的原始积累不仅是财富、资本的聚集过程，也是工人流离失所、家破人亡、血和泪的聚集过程，其间，资本总是同强权、暴力结合在一起的。

资本主义的生产、交换、分配和消费也就是资本增值的过程，其间，资本借助政治等其他非资本的力量加速和扩大其资本增值是普遍现象，这实质上也是资本逻辑突破其限度的表现。

至于资本突破其经济领域，僭越到政治和文化等领域，虽然造成资本主义社会的不公和阶级对立，但资本获得了政治和文化的支持，加速了资本的增值，政治和文化也获得了资本的支撑，从而进一步巩固着资本主义政治和文化，巩固了资产阶级的统治地位。

资本主义市场经济萌发于封建社会晚期，随着资本主义在经济领域的不断壮大和政权的建立，市场经济也相应地成为资本主义社会的主导经济模式，市场经济首次在人类历史上成为占主导、统治和支配地位的经济体制、经济形态和经济模式。

3. 资本主义市场快速地推动了社会生产力的发展

资本主义市场经济体系、形态和模式的建立并有效运转，资本主义社会生产率得到了快速提高，社会财富才进入快速积累时期，由于机器大生产取代手工作坊，近代工业迅速发展，工业在国民经济中所占的比重已超过传统农业，成为真正的第一大产业，马克思恩格斯指出："资产阶级在它的不到一百年的阶级统治中所创造的生产力，比过去一切世代创造的全部生产力还要多，还要大。"① 由于近代工业的迅速发展，也有力地促进了商业和金融业的发展，在这个时期，作为金融业中心的银行正式诞生，资本主义生产力的迅猛发展，世界市场的开辟和建立，近代商业和金融业的诞生，有力地促进了资本主义资本和财富的原始积累，可以说，资产阶级在不到一百年的历史所积累的资本和财富比过去一切世代所积累的全部资本和财富还要多还要大。

古典经济学家站在资产阶级的立场上，热情歌颂了资本主义生产方式的建立，资本和财富的积累对促进生产力的发展，对于推动人类历史的发展所起到的巨大作用，同时，古典经济学家对于在资本家个人主义和利己主义的驱动下，所解决的就业、产品短缺和贫困等民生问题也给予了高度肯定，认为资本主义市场的建立，资本和财富的积累是符合道德伦理的，从而也是善的。马克思实质也曾从生产力发展维度充分肯定了资本主义的历史作用，从而也充分肯定了资本和财富的历史作用，肯定了资本主义市场的生产正义性。但与古典经济学不同的地方，马克思更从生产关系，从资本和财富的社会属性的维度无情地批判了资本主义，批判了资本主义的资本和财富是对工人阶级的巧取和掠夺。

资本主义生产资料私有制和生产方式的确立，有力地促进了社会生产力的发展，有力地推动了资本主义财富的迅速积累和聚集，马克思指出："资本一出现，就标志着社会生产过程的一个新时代。"② 社会生产力的迅猛提高是资本主义财富快速积累的根本原因。除此之外，资本关系的确立和金融业的发展也是资本主义财富迅速积累的原因，马克思指出："只有资本才掌握历史的进步来为财富服务 。"③ 我们知道，奴隶社会和封建社会财富的积累主要依赖政治的等级秩序和统治关系而进行的，而在资本主义社会，其财富的迅速聚集当然也离不开资产阶级和无产阶级的政治秩序和阶级关系，但与奴隶社会和封建社会不同，这种政治秩序、阶级和统治关系是同资本关系和雇佣劳动结合在一起的④，并且，资本主义的政治秩

---

① 《马克思恩格斯选集》第1卷，人民出版社1995年版，第277页。
② 《马克思恩格斯全集》第23卷，人民出版社1972年版，第193页。
③ 同上书，第593页。
④ 参见刘荣军《马克思财富思想的历史本原与现代社会》，载《哲学研究》2010年第12期。

序、阶级关系和统治关系服从和从属于资本关系和雇佣劳动。这就是说，资本主义的生产就是剩余价值和资本的生产，而资本主义的生产要素在生产过程中，不仅发挥生产的职能，更发挥资本的职能，而其最根本的就是存在于劳动者身上的劳动力成为商品和资本，成为可变资本，即成为可以创造源源不断的财富和资本的资本。正是这种资本关系和雇佣劳动关系的建立，为资本主义财富的迅速聚集提供了可能和条件。

在资本主义社会，不仅劳动力的资本化为资本主义财富的迅速聚集提供了可能和条件，而且商品、货币和信用的资本化也为资本主义财富的迅速聚集提供了可能和条件。资本主义社会商品的堆积实质上就是资本的堆积，货币资本和信用资本只不过是其商业资本的抽象化和符号化。

在资本主义社会，货币不只是充当商品交换一般等价物的职能，更是充当资本的职能，即在货币的流通过程中，货币就像滚雪球一样，越滚越大，无限膨胀，实现自身的不断增值。货币同商品相比，更增添了它的抽象性和神秘性，尤其是纸币的诞生更增添了这种抽象性和神秘性，也就是说，在离开实体商品交换和真金白银贵金属作为保值的前提下，货币也能独立流通，并且在其流通中，实现了价值的增值，货币的这种神奇魔力给人产生一种幻想，从而也产生了货币拜物教。货币资本的流通虽然可以离开使用价值的流通而单独进行，但货币流通毕竟是货币在流通，货币本身是特殊的物质介质，如纸币的纸张是特殊的纸介质，货币流通实质上是充当货币资本的特殊纸介质在流通。当信用资本产生和发展起来后，信用资本甚至把货币资本的纸介质也抛在一旁，只是代表货币数量的数字在运算和流通。所以，信用资本同货币资本相比，更加抽象化和符号化了，离使用价值的商品和作为货币保值的贵金属也越来越远[①]。

货币资本和信用资本的出现克服了以往财富积累的局限性，这就是财富的积累可以不贮存大量的使用价值和贵金属，而只要拥有大量的货币和信用账簿就能完成财富的积累。财富积累的这一方式能节省许多不必要的支出，既简单又便于操作。正由于此，资本主义不是通过对使用价值的聚集，而是通过对交换价值的货币资本和信用资本的聚集以完成对财富的快速积累的。马克思指出："因为每个人都想生产货币，所以致富欲望是所

[①] 范宝舟：《财富幻象：马克思的历史哲学解读》，载《哲学研究》2010年第10期。

有人的欲望，这种欲望创造了一般财富。因此，只有一般的致富欲望才能成为不断重新产生的一般财富的源泉。由于劳动是雇佣劳动，劳动的目的直接就是货币，所以一般财富就成为劳动的目的和对象。……作为目的的货币在这里成了普遍勤劳的手段。生产一般财富，就是为了占有一般财富的代表。这样，真正的财富源泉就打开了。"①

对于社会（国家）财富的积累来说，发展生产和对外贸易具有更大的意义，因为只有发展生产和对外贸易才能增多国家的财富，至于国内的商品流通和贸易，只是国内财富的再分配或重新分配，是交易主体之间的相互让渡，不会增加国家的整体财富，正由于此，英国古典政治经济学家斯密主张发展对外贸易来增加国家的财富。

基于资本关系之上的财富积累是极具机遇性和风险性的，因为不管是货币资本还是信用资本都是一种抽象化和符号化的财富代表，而货币和信用可以相对脱离实体财富，并可以背离实体财富而成为相对独立的资本运作过程，货币和信用的独特而神奇的功能，给人产生某种不切实际的幻想并加以崇拜，加之在资本领域信息的不对称性和混杂性，使资本领域具有极大的波动性和不确定性，从而为财富和资本的聚集和获取带来极大的机遇和风险。

对于个人来说，劳动创造财富，对于一个国家来说，财富的增加和积累仍然依赖社会生产的发展。但随着银行及衍生品、债券、证券等的产生和发展，虚拟经济迅猛发展起来，虚拟经济是实体经济发展到一定时期的产物，是为实体经济的发展服务的，但它又相对独立于实体经济，走着一条不完全相同于实体经济的发展道路。随着世界经济发展到当代，虚拟经济似乎越来越独立于实体经济，离实体经济也越来越远。并且虚拟经济在整个经济中的作用也越来越大，有支配整个经济发展的趋向。一般说来，虚拟经济是受实体经济的支配的，是服务于实体经济的发展的。但随着网络信息技术的发展和世界经济一体化的形成，虚拟经济更能适应信息技术和经济发展的这一趋势，从而能引领和在一定程度上支配实体经济大发展。

对于一个国家来说，虚拟经济也能增加社会财富，对于个人来说，虚

---

① 《马克思恩格斯全集》第30卷，人民出版社1995年版，第176页。

拟经济也能增加其收入和财富,并且在增加社会财富份额中的比重越来越大。但虚拟经济对社会和个人财富的增加毕竟是在整个世界或社会财富的流动和再分配中完成的,这就是说,虚拟经济能带来社会财富,但其世界财富或人类财富并未增加,从事证券业务的个人能增加其收入和财富,但社会整体财富并没有相应增加。真正增加人类和社会财富只能是发展其生产。因此,在当今社会,一方面要提高社会生产力,发展实体经济来增加和积累财富;另一方面也要发展和完善虚拟经济来增加和积累社会财富。

虚拟经济实际上是票据、数字和符号的运转,是货币资本和信用资本,其风险显然要高于实体经济,因此,在运用虚拟经济增加社会财富的过程中,一定要防范其风险,使其在社会经济和增加社会财富中发挥积极的作用。

任何财富只要投向市场并实现其增值,财富就转变为资本。市场其实就是一种交易即买卖关系和买卖过程,其中买和卖的时间间隔可长可短,长则几年甚至几十年不等,短则几小时几天,在市场中,为了资本的增值的买都是为了卖,买是为资本增值做准备,卖是资本增值的实现,贱买贵卖就获取了利润,就实现了资本的增值。

根据买卖之间的时间间隔,资本表现出不同的情形。如收藏物(古董和名画等)被完好地收藏着,收藏古董既不是使用和消费它,也不是把它投向市场进行买卖,但其自身的价值却不自觉地在市场中不停地运动和上升,时间越久远,收藏物的价值就越大。首饰也一样,既可以收藏,也可以使用,是在使用中的收藏和在收藏中的使用,首饰在使用(穿戴)中,其磨损是非常缓慢的,一般不会影响它价值的损耗,有的反而增加其价值,如高级的戒指和手镯,越戴越光亮,也越显现其价值。首饰的价值也是不自觉地参与市场的运动和上升的。住房也一样,虽然在使用它,但其价值也在不自觉地参与在市场的升降中,只不过住房在使用中有一个破损和折旧问题。这些耐用消费品,在其使用中,其价值就在不自觉地运动,这些耐用收藏品和消费品一旦停止其使用,并出售它们,那么就兑现了其现实价值。

对于非耐用消费品(一次性消费品或短期消费品)情况就不同了,非耐用消费品在消费之前的生产和流通过程,都是作为财富而存在的,一旦进入消费过程,它们的使用价值一次或很短时间内就消费掉了,使用价值没有了，原先的财富也就消亡了。对于非耐用消费品来说，财富消减于消费表现较为直观和突出，就是说，当财富转化为日用消费品，对消费品使用价值的消费实质上也就是对其财富的消耗，当消费品使用价值完结时，其财富也就消亡了。

如果说，资本的灵魂在于不停地运动即交易，并在其运动中实现自身的增值，那么，财富的本质之一，它可以转化为资本，从而获得资本的灵魂，财富的本质之二在于它不参与资本的运动，而是给人提供生活的物质基础，保障人过上富裕的生活，这是财富和资本的另一个区别。

资本主义社会在人类历史上首次建立了市场经济，并快速提高了社会生产力的发展和加速了资本主义社会财富的积累，这是资本主义社会生产正义的重要表现。但资本主义社会生产力的快速提高和社会财富的快速积累是建立在私有制和阶级对立的基础上的，导致了社会的贫富两极分化。

4. 资本主义生产的非正义本质

马克思既从社会生产力的层面充分肯定了资本主义生产快速地提高了社会生产率，加速了资本主义社会财富的积累，这是资本主义市场生产正义的表现。马克思又从生产关系和阶级关系层面无情地批判了资本主义，批判了资本主义的财富是对工人阶级的巧取和掠夺。

资本主义社会是阶级对立的社会，虽然财富的积累异常迅猛，但绝大部分财富被资本家占有，雇佣劳动者则处于相对贫穷状况，资本主义社会是贫富不均甚至是贫富两极分化的社会。

马克思虽然肯定了包括劳动力的买卖在内的资本主义流通领域和交换领域是天赋人权的真正乐园，但马克思笔锋马上一转指出："一旦离开劳动力市场，我们剧中人的面貌已经起了某些变化。原来的货币所有者成了资本家，昂首前行；劳动力所有者成了他的工人，尾随于后。一个笑容满面，雄心勃勃；一个战战兢兢，畏缩不前像在市场上出卖了自己的皮一样，只有一个前途——让人家来揉。"①

剩余价值是在资本主义私有制条件下，工人创造的超出劳动力本身价值的价值。商品成本价格由单位产品内劳动力的工资支出、原材料价格、

---

① 马克思：《资本论》第 1 卷，人民出版社 2004 年版，第 204—205 页。

固定资产的折旧费以及管理费用等组成。商品的市场价格高出成本价格，才有利润，如果市场价低于成本价那就是亏本。市场价高出成本价的大小就决定商品利润的多少。

在资本主义制度下，如果工人创造不出剩余价值，就无利润可言，可以说，剩余价值是利润的来源，所以资本家为了获取高额利润，为了资本的最大增值的有效方法就是无限追求剩余价值的生产。

剩余价值是资本家剥削工人而获取的，这是无可置疑的事实。根据马克思的观点，剩余价值是在生产领域由工人生产出来的，离开了生产也就无所谓剩余价值，资本家无偿地占有剩余价值，这是资本家剥削工人的秘密，也可以这样说，资本家剥削工人的实质和关键在于生产领域，从而，资本家尽量延长工人的劳动时间以最大限度地获取剩余价值。"资本由于无限度地盲目追逐剩余劳动，像狼一般地贪求剩余劳动，不仅突破了工作日的道德极限，而且突破了工作日的纯粹身体的极限。它侵占人体的成长、发育和维持健康所需要的时间、掠夺工人呼吸新鲜空气和接触阳光所需要的时间、克扣吃饭时间，尽量把吃饭时间并入生产过程本身，因此对待工人就像对待单纯的生产资料那样，给他饭吃，就如同给锅炉加煤、给机器上油一样。资本把积蓄、更新和恢复生命力所需要的正常睡眠，变成了恢复筋疲力尽的有机体所必不可少的几小时麻木状态。在这里，不是劳动力维持正常状态决定工作日的界限，相反地，是劳动力每天尽可能达到最大量的耗费（不论这是多么强制和多么痛苦）决定工人休息时间的界限。资本是不管劳动力的寿命长短的，它唯一关心的是在一个工作日内最大限度地使用劳动力。它靠缩短劳动力的寿命来达到这一目的，正像贪得无厌的农场主靠掠夺土地肥力来提高收获量一样。"①

剩余价值的生产离不开生产领域，但市场是剩余价值生产和实现的条件，因为，劳动力是在市场中购买的，资本家只有从市场中购买劳动力，才能进行生产，也才能无偿获取工人生产的剩余价值。同时，产品生产出来后，必须到市场出售，才能兑现剩余价值，获取利润。所以说，资本家无偿占有剩余价值又离不开市场，市场本身生产不出剩余价值，但是生产剩余价值的条件和实现剩余价值的场所。

---

① 马克思：《资本论》第1卷，人民出版社2004年版，第306—307页。

资本家无偿占有工人生产的剩余价值关键在于资本主义的雇佣劳动制度，雇佣制就是把劳动力占为己有的私有制和剥削制，这是一种社会制度，正是在私有的雇佣制下，资本家才为购买劳动力，雇用工人，无偿占有工人生产的剩余价值，这具有合法性，但不具有合理性，因为资本主义私有制不具有合理性。

剩余价值产生于生产领域，但实现于交换领域即市场，马克思指出："资本不能从流通中产生，又不能不从流通中产生。它必须既在流通中又不在流通中产生。"① 马克思在这里所说的剩余价值"既在流通中又不在流通中产生"是指既在流通领域又在生产领域中产生。资本家无偿占有，这是资本家剥削工人的秘密，资本家对工人的剥削主要在生产领域，但又离不开流通领域即市场，市场是生产和现实剩余价值的重要条件。但市场领域和生产领域又相对独立，并且随着生产和流通的发展，其相对独立性越来越大。我们说，在资本主义社会，剥削主要存在于生产领域，市场也打上了剥削的印记，如果相对独立地看待市场，等价交换才是市场的根本规律，等价交换本身是不存在剥削的，因为市场的交换关系不同于生产中的雇佣关系，是等价交换关系，从而不存在剥削。当然，市场主体或交易主体在很大程度上是法人，法人单位可雇用职工，这样法人内部就存在雇佣关系，也就有剥削，但这种市场主体内部是生产部门，市场主体内部的雇佣制不同于市场主体之间的等价交换关系，所以不存在剥削。根据马克思的观点，从归根到底的意义上说，市场的盈利部分，虽然不是直接从该市场主体雇佣劳动创造的剩余价值转化而来，但也是从其他雇佣劳动创造的剩余价值间接地转化而来的，资本家获取的一切利润和财富都是从全体社会雇佣工人创造的剩余价值直接或间接转化而来的，都是剥削而来的。马克思的观点是宏观的和整个社会的。如果从微观角度，从资本家的个体看问题，又考虑市场因素，则资本家个体所获取的利润和财富有些是直接从本人雇用的工人创造出来的，有些则是其他资本家所雇用的工人创造出来的，从而剥削有直接和间接之分，通过市场获取的利润不是直接剥削而来的，是等价交换的价值规律而获取的，不存在直接的剥削，只能说是间接的剥削。

---

① 马克思：《资本论》第 1 卷，人民出版社 2004 年版，第 193 页。

市场主体的盈利与否以及盈利的大小不仅取决于生产中剩余价值的大小，而且也取决市场的机会和价格的波动，正如马克思所说的这是资本家惊险的一跳，一是说明商业资本家只有到市场卖出商品，才能实现剩余价值；二是说明市场是有风险。就是说，产业资本家占有剩余价值越大，并不一定获取利润越多，有可能获取利润越多，也可能获取的利润少，还有可能亏本。这就是说，商业资本家获取利润的多少既同剩余价值的大小相关，更同市场的机会和价格波动相关。但总的说来，商业资本家获取的利润总包含着剩余价值部分，也就是说，商业资本家获取的利润主要是靠剥削来的，即使商业资本家在某一市场交易中，获取利润较少，甚至无利润或亏本，也存在商业资本家占有剩余价值，存在剥削。决不能说，商业资本家没有获取利润就不存在占有剩余价值和剥削。

马克思在《资本论》中认为，地租和利息都是剩余价值的表现和转化形式，是地主和金融资本家间接地占有产业工人和农民创造的剩余价值。另外，金融资本家的银行和证券公司也雇用职工，存在占有职工劳动和剩余价值的事实。但我们也要知道，金融资本家和地主经营的是市场，他们对剩余价值的占有同产业资本家表面看是不一样的，但实质则一样。根据马克思的观点，我们应该从全社会，从社会总的剩余价值看问题，从生产、流通、交换和分配全链条看问题，从资本家固定资产来源看问题，这样就不难理解产业资本家、金融资本家和地主都无偿占有了剩余价值，剥削了工人，利润、地租、利息都是剩余价值的存在形式。但我们又应从生产领域和流通领域相对独立地看剩余价值生产的不同情况和剥削的不同情况，只有这样，才能真正弄清资本家剥削的实质和关键所在。

被资本家无偿占有的剩余劳动和剩余价值是工人在恶劣的劳动条件下创造出来的，马克思指出："如果但丁还在，他一定会发现，他所想象的最残酷的地狱也赶不上这种制造业中的情景。"① "在租地农场主饲养的各种牲畜中，工人这种会说话的工具一直是受苦最深、喂得最坏和虐待得最残酷的了。"② 在《资本论》第三卷，马克思引用约翰·西蒙医生的描述指出："煤气灯点着后，室内非常闷热……此外，往往还有铸字房的烟

---

① 《马克思恩格斯全集》第23卷，人民出版社1972年版，第275—276页。
② 同上书，第740页。

雾，机器或下水道的恶臭，从楼下侵入，使楼上的空气更加污浊。下面房间的热气使天花板发热，增加了楼上房间的温度。如果房间矮，煤气消耗量大，那就是很大的祸害。而在楼下装有蒸汽锅炉、整个房屋闷热得难受得地方，情形就更坏……"① 恩格斯在《英国工人阶级的状况》中，根据自己的亲身经历也描述了揭露了英国资本主义生产条件下工人的恶劣处境。这种恶劣的劳动条件不仅摧残了工人的身心健康，也进一步加速了工人的贫困。这些都暴露了资本主义生产的非正义性本质。

可以说，资本主义市场经济有力地推动着资本主义生产力的发展和社会财富的快速积累，这种财富积累表面上是全社会的，实质上不是全社会的而是资本家单边的，而且资本家财富的积累实质是资本的积累，因为资本家对财富和资本的贪欲是无穷的，资本家绝不会满足对已有财富的占有，而是要把财富不断地转变为资本，获取无穷的资本和财富，马克思指出："所谓财富，倘使剥去资产阶级鄙陋的形式，除去那在普遍的交换里创造出来的普遍的个人欲望、才能、娱乐、生产能力等等，还有什么呢？"② 在资本主义市场经济下，一方面是资本家的财富和资本的巨大积累；另一方面是工人的贫穷和贫困的积累，这种财富和贫困的逆向积累是资本主义社会财富积累的真实写照。马克思指出："工人生产的财富越多，他的产品的力量和数量越大，他就越贫穷。工人创造的商品越多，他就越变成廉价的商品。"③ 工人贫困的积累不仅是物质上的，也是精神、道德上的，马克思指出："在一极是财富的积累，同时在另一极，即在把自己的产品作为资本来生产的阶级方面，是贫困、劳动折磨、受奴役、无知、粗野和道德堕落的积累。"④ 工人贫困的积累既是绝对贫困的积累，也是相对贫困的积累。

正由于此，马克思看到资本主义市场经济对推动资本主义社会生产力的发展和加速社会财富积累的积极意义，在生产力的意义上也就肯定了资本主义市场经济的合理性和正义性。但马克思更多看到的是资本主义市场经济的剥削实质和造成的贫富分化的严重恶果，从而马克思的主要精力集

---

① 马克思：《资本论》第1卷，人民出版社2004年版，第109—110页。
② 马克思：《政治经济学批判大纲》第3分册，人民出版社1976年版，第105页。
③ 《马克思恩格斯选集》第1卷，人民出版社1995年版，第40页。
④ 《马克思恩格斯全集》第23卷，人民出版社1972年版，第708页。

中在对资本主义市场经济的揭露和批判上。

马克思对资本主义的批判是全面的,因为资本已渗透到资本主义社会的各个方面。马克思指出:"资本来到世间,从头到脚,每个毛孔都滴着血和肮脏的东西。"① 在资本主义社会,人与人的关系也是靠资本维系着,就连人的尊严也成为一种交换价值。马克思指出:资本"使人和之间除了赤裸裸的利害关系,除了冷酷无情的'现金交易',就再也没有任何别的联系了'"②,"资产阶级抹去了一切向来受人尊崇和令人敬畏的职业的神圣光环。它使医生、律师、教士、诗人和学者变成了它出钱招雇的雇佣劳动者"③,资本"把人的尊严变成了交换价值"④。

资产阶级用强大的资本力量不仅控制着资本主义社会的生产和经济,而且也控制着政治意识形态,意识形态本来是社会存在的真实反映和表现,可在资本主义社会,意识形态却掩盖和粉饰着资本主义的剥削关系,成为一种"虚假"的意识形态,是为资本服务的。马克思恩格斯指出:"如果在全部意识形态中,人们和他们的关系就像在照相机中一样是倒立成像的,那么这种现象也是从人们生活的历史过程中产生的。"⑤ 资产阶级故意制造虚假的观念和意识形态,其目的也是为了最大限度的利润和资本增值。

对工人阶级的同情和对资本家的憎恨一直伴随着马克思对资本主义批判的整个过程,资本主义社会的经济剥削和阶级对立,以及各种尖锐的社会矛盾,就足以表明资本主义社会是不平等、不公正的社会,也是不道德的社会。马克思指出:"资本由于无限度地盲目追逐剩余劳动,像狼一般地贪求剩余劳动,不仅突破了工作日的道德极限,而且突破了工作日的纯粹身体的极限。它侵占人体的成长、发育和维持健康所需要的时间。它掠夺工人呼吸新鲜空气和接触阳光所需要的时间。"⑥

马克思对资本主义的批判不仅是全面地,而且是本质性的,即紧紧抓

---

① 《马克思恩格斯选集》第2卷,人民出版社1995年版,第266页。
② 《马克思恩格斯选集》第1卷,人民出版社1995年版,第275页。
③ 同上。
④ 同上。
⑤ 《马克思恩格斯文集》第1卷,人民出版社2009年版,第525页。
⑥ 马克思:《资本论》第1卷,人民出版社2004年版,第306页。

住资本主义生产关系和私有制来全面批判资本主义。

在《资本论》中,马克思运用黑格尔的辩证方法,从资本主义社会最为普遍的经济现象商品入手,分析了商品的二重性,又从商品的二重性进入到商品生产的劳动二重性,商品是工人的劳动创造的,资本家在市场中购买了一种特殊商品即劳动力,劳动力是一种活劳动,它不同于生产资料的死劳动,死劳动只能转移价值,而不能创造价值,而活劳动能创造价值,它不仅创造与自身价值等量的价值,而且能创造远远超出自身价值的价值即剩余价值,这就是资本主义生产的秘密,也是整个资本主义社会的秘密。正由于劳动力能创造剩余价值,资本家就找到了资本增值的根源和途径,从而,资本家想尽一切办法多生产剩余价值,如延长剩余劳动时间多生产绝对剩余价值,缩短必要劳动时间多生产相对剩余价值。之后,马克思的分析由流通领域进入到分配和消费领域,马克思认为,资本主义社会的工资、利润和地租都是剩余价值的转化形式,都是由工人创造的。资本主义的消费也成为为实现剩余价值的生产服务的,当生产和消费发生严重的矛盾时,即生产的不断扩张和消费的不断萎缩,就爆发了资本主义的经济危机。

马克思对资本主义生产关系的批判,也就是对资本主义私有制和剥削关系的批判,在资本主义生产关系下,资本主义生产、交换、分配和消费就是围绕剩余价值的生产和分配而进行的,就是追求利润的最大化和资本增值的最大化。而在资本主义的生产条件下,工人是剩余价值和社会财富的创造者,却是受剥削受压迫的阶级,他们的劳动是在肉体受到折磨、精神受到摧残中被动地进行,因此,劳动产品对于工人来说,不是肯定自己,而是否定自己,不是对象性的存在,而是非对象性的异化的存在。

马克思通过对资本主义社会批判,得出了剥夺者被剥夺的结论,资本主义不可调和的社会矛盾必然导致资本主义的灭亡和共产主义的胜利,共产主义社会取代资本主义社会的过程,也就是无产阶级的彻底解放和人的全面发展过程。

马克思对资本主义的批判,就包含着对资本主义资本逻辑的批判。

我们既要从生产力层面看待资本主义的市场经济,资本主义市场经济快速地提高了社会生产率,加速了社会财富的积累和增长,这是资本主义市场生产正义的重要表现。我们又要从生产关系和阶级关系层面看待资本主义的市场经济，资本主义市场经济是一种剥削经济，资本主义生产力的发展和社会财富的快速积累是建立在无偿占有工人生产的剩余价值基础上的，资本主义社会财富的积累只是资本家财富的积累，而工人则是贫困的积累，是相对贫困和绝对贫困的积累，因此，资本主义社会财富的快速积累是建立在贫富分化和两极化基础上的，这又是非正义的。因此，资本主义的市场生产实质是正义和非正义的怪异的矛盾体。

5. 市场经济使中国富起来

在社会主义社会，废除了私有制和雇佣劳动制度，从而从根本上也就不存在劳动力的买卖和剩余价值的生产，也不存在剥削。但社会主义的生产也是追求效益和利润的，利润从哪里来，利润是一线工人创造的，社会利润和财富的创造除了一线工人直接创造外，一切劳动者都为一线工人创造财富和利润提供着各种条件和保障，也间接地创造着社会的利润和财富，可以说，社会利润和财富是全体劳动者创造的。全体劳动者创造的利润和财富必须大于国家支付给劳动者的报酬即工资，才有社会利润和财富的产生。劳动者创造出大于、多于本人从社会中获取的报酬部分，在资本主义社会称作剩余价值，在社会主义社会可称作剩余利润或剩余财富。在资本主义社会剩余价值被资本家无偿占有，而在社会主义则被国家和社会所拥有，所以，在资本主义社会存在剥削，而社会主义社会则不存在剥削。

所以，资本主义和社会主义的本质区别，是所有制的不同，而不是生产、交换、分配和消费的不同，也不是市场的不同，如果在这些领域存在区别的话，都是由不同的所有制所决定的，作为生产过程和经济形式或经济手段则是一样的，没有什么区别。所以，今天社会主义正在大力发展市场经济和资本市场，这些经济手段和形式是发展经济的重要途径，资本主义可以利用，社会主义也可以利用。当然，由于所有制的不同，这些经济手段和形式所产生的社会财富的归属和服务对象是有区别的。

在社会主义社会，市场经济的作用越来越大，市场中的盈利表面看是在等价交换的价值规律作用的结果，但实质上市场中的任何盈利都是一线劳动者创造出来的，还都同管理者和服务者有着关联，市场不直接产生和创造价值和财富，只是通过许多途径转移和重新分配社会价值和财富，这才是市场的本质。但市场虽然不直接创造社会财富，但它非常吸引人，因为市场的风险性具有游戏或赌博的性质，人的本性具有冒险和博彩的一面，所以人都愿意在市场中去试试身手，获取财富，这比直接从事生产或劳动创造财富来得快，带有冒险性和刺激性。而生产和劳动创造财富靠的是长期的积累，还要付出繁重的劳动，所以，许多人愿意做商人，而不愿当企业家和生产者。当然，在当今时代，企业家和商人的界限也变得模糊不清，纯粹的企业家几乎不存在了。

在社会主义社会，社会基本矛盾是非对抗性的，生产关系和上层建筑不但适应生产力的发展，而且积极推动生产力的发展，社会主义生产力的高速发展为社会主义财富加速积累打下了坚实的基础。在社会主义市场经济体制下，财富积累的方式仍然是在资本关系中的资本积累，但与资本主义社会资本积累方式的不同之处，是在没有统治关系和阶级关系的政治与经济秩序下进行的，因为社会主义社会是消灭了剥削阶级的社会。

社会主义社会是以公有制为主体，多种所有制形式并存的社会，财富的积累是社会财富、集体财富、家庭财富和个人财富共同积累和聚集的过程，但更偏重于国家财富和社会财富的积累，不像资本主义社会偏重于财团财富和私人财富的积累过程。

社会主义财富的积累既有货币资本的积累，也有使用价值的积累，还有贵金属的积累。社会主义的财富积累着重于发展生产，提供更多的、高质量的物质产品和精神文化产品，其货币资本、金融资本和信用资本的积累是为促进社会生产和实体经济服务的，不是在虚拟经济中做投机和买空卖空，从而，社会主义的财富积累过程不是一个你死我活的血腥残酷过程，而是一个和谐的、渐进的和共同繁荣的过程，能避免资本主义社会在财富积累中的金融危机。

社会主义财富积累的目的不在于资本的无限扩张和增值，不是为财富而积累财富，而是把财富的积累当作手段，其目的是满足人民日益增长的物质和文化美好生活需要，也即是财富的积累最后要进入人民的消费领域，不断提高人民的生活水平，达到共同富裕，推动人的全面发展和社会的全面进步。

社会主义市场经济，不管从生产力层面还是从生产关系层面看，在本质上都是正义的，充分体现了社会主义市场生产的正义。但社会主义市场生产也存在着不正义的现象，如毒奶粉、假冒产品、食品安全等就有失社会主义生产的公平正义，但社会主义生产的这些非正义现象可以通过社会主义市场经济体制的不断完善和发展来加以纠正和克服，这本身又进一步体现出了社会主义市场生产的正义。

三 市场经济的交换正义

市场经济是根据市场来配置资源即配置生产要素并追求利润最大化的经济模式。企业生产出的产品要实现其价值并获得利润，必须投向市场，卖出产品，使产品资本转化为货币资本。而市场领域同生产领域相比，更为复杂和多变，可以说是雷暴风云变幻莫测，机遇和风险同在，赢利和亏损随时发生。资本市场（此处的资本市场不是狭义的非实体经济的资本市场，而泛指资本充斥的市场，包括实体经济市场和虚拟经济市场，实质是指整个市场）有四个本质特征：即资本增值、等价交换、机会均等和相互竞争。供求关系是市场的基本和本质关系，等价交换是市场的永恒法则。追求资本增值是市场的不变目标。基于供求关系和价值规律之上的交易是公平合理的交易。公平交易并不意味着资本增值和获取利润的均等，因为机会在市场交易中决定着利润的大小，正由于此，一夜暴富和一夜赤贫是市场的常见现象，这种收益的两极化不是由市场交易规则决定的，而是由市场机会决定的，市场本身永远是正确的，它不偏袒任何人，对任何人都是公平公正的，不健全的市场秩序是市场外的因素所致的。由于市场机会的非预见性和非掌控性，致使在公平的市场交易中导致了收益的差异甚至两极分化。可以说，在资本运作的市场中，交易的公平和收益的差异是矛盾的，正是这种矛盾体现着市场的本质，也支撑着市场的有序运转。

市场虽然变幻莫测，就像是相互厮杀的战场，但价值规律是支配市场运转的基本规律，价值规律是只看不见的手，指挥着市场的运行，可以说，顺价值规律者昌，逆价值规律者亡，顺逆价值规律并不是自觉自愿，有意而为的事情，而是不自觉和自发的事情，这正体现了市场的难以预料性。从微观看，市场交换好像无规律可循，完全凭运气，似乎不存在价值规律。但从长期和宏观看，价值规律却对市场起了支配的作用，就是说市场价格的波动总是在一定的幅度内进行，似乎在围绕一个轴心在转动，这轴心就是价值规律。

价值规律（law of value）是商品生产和商品交换的基本经济规律。即商品的价值量取决于社会必要劳动时间，商品按照价值相等的原则互相交换。

资产阶级古典政治经济学的创立者斯密第一个系统论述价值规律的人，他在《国富论》一书的第1篇第7章《论商品的自然价格和市场价格》中，论述了自然价格与市场价格的关系。斯密认为，商品的自然价格是指生产商品按自然率支付的地租、工资和利润，自然价格是商品的"中心价格"，斯密指出："一种商品……价格，对于这商品生产制造乃至上市所曾使用的土地劳动资本，如果不多不少，恰足依照此等自然率而支付地租、工资、利润，这商品便可说是以自然价格出售。"① 而商品的市场价格是"商品通常出卖的实际价格，……市场价格，有时在商品自然价格以上，有时在自然价格以下，有时恰与自然价格一致。"② 斯密又指出："愿支付商品自然价格的人，可称为有效需求者；他们的需要，可称为有效需要。"③

斯密的这些论述，已经在一定程度上揭示了价值规律的作用，他的自然价格实际指的是价值，并包含有一定劳动价值因素，但他的自然价格主要不用劳动耗费来说明，而认为由生产费用所决定。所以，斯密并没有在劳动价值论的基础上弄清楚价值与价格的内在联系，因而不能对价值规律做科学的阐述。

资产阶级古典政治经济学的完成者李嘉图批判了斯密的自然价格论，进一步发展了劳动价值论。李嘉图在《政治经济学及赋税原理》第一章《论价值》中说："商品的价值或这个商品所能交换的任何其他商品的量，取决于生产这个商品所必要的相对劳动量，而不取决于付给这一劳动的报酬多少。"李嘉图坚持商品价值仅仅由生产商品所消耗的劳动量决定的原理，并且第一个提出了必要劳动的概念。但是，李嘉图不能明确分清商品

---

① ［英］亚当·斯密：《国富论》（上），郭大力、王亚南译，凤凰出版传媒集团、译林出版社2011年版，第47页。

② 同上书，第48页。

③ 同上。

的价值与价格的联系和区别，不懂得劳动的二重性，所以，李嘉图的劳动价值论也不是科学的劳动价值论，从而也不可能科学揭示价值规律的本质和作用。

马克思批判地继承了斯密和李嘉图劳动价值论中的科学合理成分，并加以创造性地发展，特别是提出了劳动二重性学说，认为商品的二重性同生产商品的劳动二重性是彼此对应的，即商品的二重是由生产商品的劳动二重性决定的，具体说，具体劳动决定商品的使用价值，抽象劳动决定商品的价值。抽象劳动是指一般的社会必要劳动，社会必要劳动是指在社会现有的正常生产条件下，在社会平均的劳动熟练程度和劳动强度下制造某种使用价值所需要的劳动时间，社会必要劳动具有抽象的性质，从而是抽象劳动。社会必要劳动时间量决定商品的价值量。商品价值的货币表现就是商品价格，商品价格以商品价值为基础，但受市场供求矛盾的影响，如供大于求，处于买方市场，商品价格会低于其价值；如求大于供，处于卖方市场，商品价格高于其价值。但总的趋势是商品价格围绕其价值上下波动，波动的幅度不会太大，也不会太长久，它受社会总供给和总需求基本平衡的决定。

马克思的劳动价值论是科学的劳动价值论，不仅揭示了价值规律的来源和实质，而且揭示了剩余价值的来源，揭示了资本家剥削工人的秘密。

价值规律调节生产资料和劳动力在各生产部门的分配。这是因为价值规律要求商品交换实行等价交换的原则，而等价交换又是通过价格和供求双向制约实现的。所以，当供不应求时，就会使价格上涨，从而使生产扩大；供过于求会使价格下跌，从而使生产缩减。这里价值规律就像一根无形的指挥棒，指挥着生产资料和劳动力的流向。当一种商品供大于求时，价值规律就指挥生产资料和劳动力从生产这种商品的部门流出；相反，则指挥着生产资料和劳动力流入生产这种商品的部门。

在市场中，价值规律是只看不见的手，但这只手却无时无刻在指挥市场的运行，然而，价值规律的作用具有自发性，会造成社会劳动的巨大浪费，因而需要国家宏观调控，国家对市场的宏观调控就是为了避免价值规律的自发性和市场失灵所造成的巨大损失，而国家对市场的调控是自觉的和有计划的，是只看得见的手。因此，良好有序的市场秩序是无形的价值规律和有形的国家调控共同作用的结果。

从历史的经验看，市场调控和国家调控是两种性质不同的调控手段，市场调控是自发地运用市场本身的经济手段进行的，而市场本身是纯经济的，其内部的市场调控不具有国家行政权力的性质；国家调控是运用行政权力从外部进入市场干预的；市场调控是市场内部的私人事件，而国家调控是动用公权力向市场内部施以影响和干预进行的，因为，国家调控虽然是通过经济政策对市场的干预，但经济政策毕竟是借助了国家的行政权力去干预市场的，如果没有国家公权力的威严和强制，经济政策对市场的调控很可能无济于事，因此，国家调控市场就面临着具有国家权力的经济政策如何适应市场，怎样才能同市场具有亲和性和统一性的问题，如果国家调控完全去迁就和适应市场，那就起不到应有调控的效果，会进一步加速市场的失灵和无序。如果国家调控不顾市场特点和规律，用行政权力任意干预市场和支配市场，那么，市场就会失去活力，遭受损失甚至死亡。因此，在什么时点上对市场进行国家调控，在什么规模和力度上对市场进行国家调控，是很有讲究和值得研究的。总之，市场调控和国家宏观调控只能根据市场的具体情形灵活机动地有效配合。

　　国家对市场的宏观调控的一个总原则就是，国家公权力介入市场，只能充当市场的"守夜人"，而不能成为市场的投资者。亚当·斯密在《国富论》中，详细讨论了政府如何以守夜为天职。斯密认为，政府的职能主要有三项：1. 保护本国社会的安全，使之不受其他独立社会的暴行与侵略[1]。2. 为保护人民，不使社会中任何人受其他人的欺负或压迫，换言之，就是设立一个严正的司法行政机构。3. 建立并维持某些公共机关和公共工程。当然，为了维持政府的尊严，还需要有一些其他的花费[2]。斯密的守夜人思想运用到国家（政府）调控市场领域，就是政府是市场的守夜人，政府制定的调控政策应是对市场秩序的看护和呵护，保护市场不受外来力量的干预，维持市场的正常运行。

　　在实际的市场运行中，政府有时不是充当守夜人的职责，而是充当投资者角色，政府如果是充当市场的投资者，势必会搅乱市场秩序，破坏市

---

[1]　［英］亚当·斯密著：《国民财富的性质和原因的研究》，郭大力、王亚南译，商务印书馆1972年版，第254页。

[2]　［英］亚当·斯密：《国富论》（上），郭大力、王亚南译，凤凰出版传媒集团、译林出版社2011年版。

场的交换正义和收益正义。因为，如果政府作为市场的投资者，政府就是作为市场主体的一员参与市场投资和市场竞争，同其他市场主体相比，作为投资者的政府资本雄厚、代表和行使着国家权力，并且行政权力是强有力的，凌驾于其他市场主体之上，这样，政府作为市场主体同其他市场主体在地位、权力上是不对称和平等的，因此，在市场竞争中，政府市场主体往往大获全胜，而其他市场主体则无获胜可言，甚至是全军溃退或覆灭。这样的政府调控市场与其说是保护市场，还不如说是干扰和破坏市场。政府对市场的调控只能当市场的守夜人，而不能成为市场的投资者。

在市场交换中，市场主体既要遵循价值规律，受价值规律这只看不见的手的制约和支配，也要遵循行政法规，受市场行政法规这只看得见的手的约束。因此，市场交换正义也表现在市场运行的这两大方面。

以哈耶克为代表的新自由主义极力推崇自由化和私有化，反对国家干预、社会设计和行政调控，并把市场和资本规则社会化，在正义问题上，哈耶克主张市场正义论，并把市场正义代替社会正义。

哈耶克反对人为设计的正义原则和人为干预的收入和财产分配，但他并不反对正义本身，哈耶克认为纯粹的正义或原初正义就是"公正行为规则"，"公正行为规则"实质上就是市场运行的逻辑和规律，人的行为只有受这一原则的支配，才有人的自由和人与人之间的和谐。哈耶克认为，市场规则、市场秩序不是人为设计的，也不是市场之外的力量强加给市场的，它是自生自发的过程，是自发的秩序，市场自发秩序有四个特征：它的内生的、是由普遍规则决定的自动运转过程、是抽象的、是没有特定目标的[①]。

哈耶克把市场正义无限跨界和越位到全社会，从而认为只要不符合市场正义和市场秩序的任何正义都是行不通的，都是对市场正义与市场秩序的否定和破坏，整个社会只存在一种正义即市场正义或者说整个社会只受市场正义的支配。另外，哈耶克把市场秩序和市场规则当作是完全自生自发的，不受任何人为的干预，是一种纯粹的市场秩序，这也是不现实的和不可能的。

---

① 参见袁久红《哈耶克自由主义正义论评析》，载《东南大学学报》（哲学社会科学版）2001年第4期。

我们知道，资本市场虽然是社会的本质和基础领域，并且影响着社会的其他领域，但社会的其他领域毕竟不同于市场领域，有它们自身独立的运行规则和正义原则，从而就不能用市场规则和市场正义代替其他规则和正义。另外，哈耶克指明市场中的正义是正确的，但他为了强调自生自发的纯粹市场，而把任何市场中人为因素的参与都当作是对市场的干扰和破坏则是错误的。市场有着它固有的运行逻辑和规则，是一只看不见的手，但市场是在人类社会中产生、运转和演化的。既然如此，市场就避免不了人为的设计和干预，当然，人为干预市场有破坏市场秩序的可能，但人为干预市场也有可能使市场更趋成熟和完善，更有利于市场正义，在这一点上哈耶克的观点有失片面。

在市场交换中，商品的定价和竞价首先是根据供需关系和价值规律进行的，建立在供需关系基础上的价值规律决定和支配着市场的运行，从而，市场交换正义取决于市场交换是否依价值规律进行。

市场是由资本所充溢和支配的，而资本又分属于不同的所有者的（所有权或产权），市场的运行就是不同所有权所拥有的资本的博弈，市场秩序是建立在价值规律基础上并靠价值规律来维持的，价值规律就是等价交换规律，凡是依据等价规律的交换就是平等的交换，就体现了交换正义，"交换正义则使公民可以保有自己的事物。当公民自愿地交换各自资源，交换正义要求他们以公平价格进行交易，该价格应能使其各自保有自己的份额。如果一个人夺走或损毁了属于另一人的物品，从而侵害了他的利益，那么交换正义就要求他归还夺走的物品或赔付，以消除该项侵害。"[①] 建立在价值规律基础上的交换正义不只是程序正义，更是一种实质和内容的正义，因为建立在供需关系上的价值规律不仅支配着交易（交换）的过程，也支配着交易量的价值对等性，从而就体现了交换的平等和正义。

如果我们对市场交换正义作前推和后延，还应包括前市场分配正义、交换正义和后市场分配正义。前市场分配正义是指市场交换前对资源产权、所有权的初始安排和分配是否正义，后市场分配正义实质就是市场交

---

① [意]毛罗·布萨尼、[美]弗农·瓦伦丁·帕尔默主编：《欧洲法中的纯粹经济损失》，张小义、钟洪明译，林嘉审校，法律出版社2005年版，第25页。

换后的分配收益正义。如果前市场分配和市场交换都是正义的，如市场主体的资产是合法获得的，或者是合法继承和转移来的，在市场交换中遵循了价值规律的要求，那么该主体所得的市场分配或市场收益也是正义的；如果前市场分配和市场交换都是非正义的，如市场主体的资产是非法所得，或者非法继承和转移而来，那么该市场主体所得的市场收益也是非正义的；如果前市场分配和市场交换一方是正义的，另一方是非正义的，那么市场收益是不完全正义的。如果出现了市场收益的非正义和不完全正义，就需要运用市场外的国家权力对市场前和市场中的具体环节进行矫正，这就是矫正正义，矫正正义属于国家调控市场的内容。

交换正义是市场正义的核心和实质，交换正义必然产生市场结果的正义即收益和获利的正义，收益正义受交换正义的决定和支配，是交换正义的必然和自然结果，只要是建立在交换正义基础上的市场结果肯定也是正义的，因为，交换和结果之间没有中间环节，交换一结束就产生了市场结果，甚至可以说，结果是交换过程的最后环节，交换和结果是一体的，交换正义必然产生结果正义即收益正义，反之亦然。

交换正义和收益正义构成了市场正义的主体，市场正义也涉及起点正义，市场起点正义是指市场准入的公平，市场准入是有条件的，但这条件不应是资产数量的限制，而应是有利于市场正常开启和运行的规则，只要符合条件和遵守规则的自愿投资者都可以准许进入市场。

市场正义并不意味着收益和获利的均等，只意味着收益和获利的合法合理。市场具有高风险性，这高风险性主要来自于价值规律这只看不见的手的难预见性和难掌控性，在供需关系和价值规律作用下的市场是变幻莫测的，即使是资本雄厚、经验丰富和有一定天资的投资者，也不是常胜将军，也有可能全军覆灭。正由于此，市场收益和获利往往是不均等的，投资和回报是不成正比例的，容易出现财富不均和两极分化现象，这也是市场正义所容许的，只要市场体现了起点公平和交换正义，不管什么样的市场结果，不管投资者收益的多寡和有无都是符合市场正义原则的。

即使市场收益的差距很大，甚至出现一夜暴富和一夜赤贫的极端结果，只要是市场交换遵循了价值规律，符合市场正义原则，市场收益的这种极端分化也是价值规律作用的结果，从而也是符合正义的，从而属于市场收益正义的范围，市场交换正义同市场收益正义具有内在本质的一致性，前者是正义的，那么后者也是正义的，反之亦然。

市场收益是指市场主体（公司、企业、法人等）在市场交易中所获得的收益，只要是遵循了价值规律和遵守了国家的市场政策而获得的收益就是合理合法的，也就是符合市场收益正义原则的。需要注意的是，市场收益不等于市场分配，那么，市场收益正义也不等于市场分配正义。

第七章 市场的内生性正义（下）

市场内生性正义即是市场本身和内部的正义，生产正义和交换正义是市场内生性正义的主要内容，分配正义和消费正义虽然是两种相对独立的经济正义形式，但如果把它们植入生产、交换、分配和消费的整个经济的链条中，那么就会发现，分配和消费是整个经济运动的两个重要的有机环节，因此，分配正义和消费正义也是市场内生性正义的重要组成部分。

一 市场分配正义

市场分配是指市场主体内部对市场收益的分配，市场主体由不同的股东、合伙人和合作者组成，当市场主体获得了利益就要在其内部进行分配，其分配原则应该是按市场要素分配，即根据各股东股权比例的大小来分配其利润和利益，在资本主义社会就是按资分配，在社会主义社会就是按要素分配。只要是根据按要素分配其利益，其分配是符合正义原则的，这就是市场分配正义。

市场分配正义还包括按劳分配原则，也即多劳多得，少劳少得，不劳不得的原则。一般说来，在一个独立的市场主体中，按市场要素分配是分配的主要形式，因为在市场主体中，股权制和股份制是其主要的组合方式，从而其市场收益大部分是按市场要素分配，对于一般的公司职员和企业员工则是按劳分配。

可见，市场收益正义和市场分配正义是属于市场中不同层面的正义，市场收益正义并不必然导致市场分配正义，如果市场收益是正义的，又是按照市场要素来分配其收益，那么，其市场分配也是正义的。如果市场收益是正义的，但市场分配不是按照市场要素来分配，而是按照权力和地位等非市场要素来分配其收益，那其市场分配就是非正义的。如果市场交换和市场收益是非正义的，即使按照市场要素来分配其收益，这种市场分配也是非正义的。

市场分配是社会分配中的初次分配，市场分配强调效率，而不是强调公平，从而，市场分配会出现贫富差距甚至两极分化现象，这是市场分配正义所容许的，因为市场主体内部的合作者和合伙人所占有的市场要素和股权的份额不同，从而分配其利益也不相同，就会出现分配的差异甚至是比较大的差异，这是市场分配强调效率的结果。如果公平是指得其应该所得，那这也是公平的；如果公平强调的是均等和均衡，那这就有失公平，市场分配正义也就是有失公平的正义。

那么，是不是说所有的市场都是正义的？当然不是，市场正义主要是在成熟的市场表现得完整和典型，在现实市场中是很难达到的。这就是说，现实市场总是掺杂着人为干扰的因素。我们知道，供需关系和价值规律作用下的市场虽具有自发性，但又不是完全的自发过程，看不见的手的价值规律总是同看得见的手的国家宏观调控相互作用的过程，因此，市场运行和秩序仍然是有人参与其中的社会过程。

另外，如果市场收益的不均甚至两极分化不是由供需关系和价值规律作用的结果，而是由所有权的不同所致，这就需要把市场交易和市场分配置于生产—交换—分配—消费整个链条中进行考察，把市场交换和市场收益置于生产资料所有制、财产所有权的整个社会关系进行考察，由于资本和财产所有权的不同，市场的强弱也就判然有别，即使是遵循等价交换原则，强者往往会处于优势地位，从而获利的机会和额度远远大于弱者，这种情况下的收益不均和两极分化不能归结为市场本身，而应归结为社会所有制的不同，这已超出了市场正义的范围，而涉及社会正义了。马克思在《哥达纲领批判》中指出："消费资料的任何一种分配，都不过是生产条件本身分配的结果；而生产条件的分配，则表现生产方式本身的性质。"①虽然马克思在这里没有区分市场分配和社会分配，但马克思指明了分配的正义与否都是由所有制和生产方式所决定的。从中也可以分析得出，市场分配的不均和两极分化不是市场本身造成的，而是由市场之外的所有制和

---

① 《马克思恩格斯选集》第3卷，人民出版社1995年版，第306页。

生产方式决定的。

可见，在资本市场，如果是由供需关系和价值规律作用下的分配不均是符合市场正义的，体现了市场的分配正义。如果是人为的干预而导致市场分配的不均和两极分化，是不符合市场正义的，体现了市场分配的非正义性，这不是由市场的等价交换和价值规律造成的，而是由非市场因素造成的。如果是所有制和所有权的不同而导致市场分配的不公，则是市场以外的因素造成的，市场本身是解决不了这种市场分配不公问题，这就需要用社会分配来解决市场分配不公的问题，弥补市场分配的缺陷。

就市场本身来说，也存在价值规律失效或国家对市场失控而导致的市场失灵现象，进而导致市场分配不公问题。这就需要用矫正正义来校对、纠错市场的失序和失范，使市场重新回到正常有序的轨道上来。矫正正义思想来源于亚里士多德，亚里士多德在论述社会正义时，提出了两种正义思想即分配正义和矫正正义，分配正义是关于对权力、产品等社会资源在社会主体间进行正常配置的规则设计，它满足了主体生存的基本需要。矫正正义是针对资源分配过程中出现的动荡与矛盾而设计的救济性的措施，通过它的介入使分配过程得以正常进行，社会秩序才不至于失控。按照亚里士多德的理解，分配的正义强调各取所值，按照各自的价值进行分配，正义就是一种比例，由于人的社会地位和所占有的资源不同，从而人的需求也不相同，按照各自需求和比例的社会分配只能是不平等的分配正义。矫正正义强调的是均等，遵循的是一视同仁，在这里好人与坏人没有性质上的差别，因此，矫正正义是一种平等的分配正义。

矫正正义实质是国家对市场调控的一种有效手段，是一种程序正义。矫正正义是根据预先设计的正义原则，对市场事后出现的失序、失范等不正义的结果进行校正和纠错，矫正正义立足于当下市场失序和失范现象的矫正，使市场重新回到有序、规范的状态，因此，矫正正义不是预先的设计正义和预防正义，而主要是当下的纠错正义和补救正义。

矫正正义是市场有序运行的有力、有效保障，再健全的市场都有失灵的可能，市场一旦失灵，政府必须运用有效手段来纠错市场的失灵，使市场回到有序的轨道，因此，市场交换正义、收益正义和分配正义都离不开矫正正义，它们共同组成和表征着市场正义。

二　市场消费正义

一个完整的市场包括生产、交换、分配和消费四个环节，这四个环节既是相对独立的阶段，又是紧密相连的整体。与此相适应，市场正义也是由生产正义、交换正义、分配正义和消费正义四个环节或阶段组合而成的，它们既相互独立，又联为一体。

1. 生产、需求与消费

人的需求与消费是人的存在和发展的基本条件，也是社会发展的动力和目标之一，从而人的需求与消费随人类社会的产生而产生，随人类社会的发展而不断提高。马克思站在历史唯物主义的高度，从社会历史和社会关系出发，把人的需求分为三个层次："必要或自然需要"[①]、"社会需要"[②] 和全面发展个性需要[③]。马斯洛从存在主义心理学出发，把个人需求分为生理需要、安全需要、爱和归属的需要、尊重的需要和自我实现的需要五种[④]。综合社会与个人的维度或标准，人的需求大致可分为三大部分，即基本需求、高级需求和特殊需求，基本需求就是人为了生存和生活对必要的、基本的物质和文化产品的渴望；高级需求是人对于发展自身的各种潜能和个性特征的梦想和向往；特殊需求是特殊人群和人在不同的发展阶段对特殊产品和服务的要求。人的这三大需求就展现为人的真实、本真的需求发展规则即需求逻辑，满足人的真实需求的产品提供和消费就展现为人的消费逻辑即消费规则，消费是人们对生活资料或生活用品的使用，至于生产中原材料的投放和设备的磨损，最好叫消耗而不应叫消费。

人的客观、真实的需求总会被人认知、体验和表达，才能进入消费领域，这就是人的欲求，欲求是人意识到，并力求满足的需求，因此，欲求打上了主观的色彩，这样，人的欲求往往把客观真实的需求加以放大、蒸馏、偏离和走样，从而欲求逻辑和消费逻辑同需求逻辑会发生一定的背

[①]　《马克思恩格斯全集》第 46 卷（下册），人民出版社 1980 年版，第 20 页。
[②]　同上书，第 19 页。
[③]　《马克思恩格斯全集》第 46 卷（上册），人民出版社 1979 年版，第 287 页。
[④]　［美］马斯洛：《动机与人格》，华夏出版社 1987 年版。

离，中国是个爱讲面子的国度，中国人是十分爱面子的，在需求和消费中往往会出现这种现象，社会上流行一种产品，这产品自己不需要或不喜欢，但为了面子，为了不落伍，违心地购买这产品进行消费，这样的需求就不是本真的需求，而是虚假的需求，这样的消费不是主动自愿的消费，而是被动的和虚伪的消费。中国也是个重人情、讲关系的国度，中国人在人情和关系网中游刃有余，特别富有人生智慧，有些购买行为不是为了自己消费，当然也不是满足自己的需求，而是作为礼品馈赠朋友，以维护或加深同朋友的人情关系。至于为了拉关系而购买礼品馈赠有权势的人，或直接的行贿和权钱交易，这完全是出于利益交换的需要，这种交换需求完全是错位和赤裸的，就连面子和人情的虚伪因素也荡然无存。面子消费、人情消费和关系消费虽然也是人的需求的表现和满足，但这种表现与满足是虚假、虚伪和错位的，也是不正常的、不健康的和有害的，正如马克思指出的：不正当的、不合理的、野蛮的、病态的、消极的需求，则成为阻碍社会前进的因素，也成为人自身发展的障碍①。从而虚假、虚伪和错位的需求是不符合真实、本真的需求逻辑和消费逻辑的。

  生产和需求都同消费构成了重要的关系，马克思对这两种关系都作了论述，马克思持总体生产论观点即从整体的社会历史和生产—交换—分配—消费的整个过程来论说生产和消费的关系的②，马克思指出："生产是实际的起点，因而也是起支配作用的要素。消费，作为必需，作为需要，本身就是生产活动的一个内在要素。"③ 在马克思看来，生产决定消费，因为生产提供了消费品，没有生产就没有消费。同时，马克思站在历史唯物主义的高度论说了人的需要，从历史活动和社会关系来说明人的需要的，认为人的需要和社会关系是相互生成和相互促进的，不仅人的需要是人类社会关系的基础，④ 而且人的需要产生了真正的社会关系⑤，同时"他们的需要即他们的本性"⑥。从需求和消费的关系而言，马克思是从整

---

① 《马克思恩格斯全集》第42卷，人民出版社1979年版，第133—135页。
② 覃志红、李妍：《生产？消费？抑或符号？》，《北方论丛》2009年第6期。
③ 《马克思恩格斯全集》第46卷（上册），人民出版社1979年版，第31页。
④ 同上书，第195页。
⑤ 《马克思恩格斯选集》第1卷，人民出版社1995年版，第80页。
⑥ 《马克思恩格斯全集》第3卷，人民出版社1960年版，第514页。

体生产中看待需求和消费的，认为从生产到消费中的每一个环节都是由需求引起的，但马克思更强调生产对需求和消费的决定作用。

根据马克思的观点，人的需求和消费都是具体的、历史的，因为人的需求和消费只有在具体的社会历史条件中才能产生，也只有在具体的社会历史条件下才会得到满足，这是需求和消费所依赖的宏大的社会历史背景。但依托这宏大的社会历史背景来微观地考察具体的需求和消费，就会发现从需求和需求欲望的产生到满足需求的消费的出现，就展现为一个从模糊、抽象到明晰、具体的过程，当需求处于极度状态，只有一个要求就是满足其需求，只要是消费品就行，不会对消费品的品种和质量提出任何要求，人的这种对需求和消费的渴望就具有单纯性、唯一性和抽象性，但这种单纯性、唯一性和抽象性又是建立在宏大的具体社会历史条件基础上的。

生产和需求都决定消费，没有生产提供消费品就不可能有消费，因而，生产对消费具有基本的决定作用，但即使有消费品，如果没有需求或不是需求的消费品，也不可能有消费，有了需求就产生消费欲望，有了消费品就能满足消费需求和消费欲望，所以，需求是消费的内在的、直接的动因，而生产是消费的条件和保障。

2. 当代消费的特征

人类发展到当代市场经济社会，消费的地位越来越高，消费的作用越来越大，消费的范围也越来越广。同时，大众对消费的渴望越来越强烈，以至于形成了对消费的崇拜，"我花费故我在"就是生动的写照。可以说西方在20世纪60年代已进入消费社会这一新的历史发展阶段。从市场的维度看，消费社会实质就是当代的市场消费社会，当代市场消费同以往消费相比，显示其独特的性质：

（1）消费颠覆生产。在前消费社会，消费虽然对生产具有一定的导向作用，但在本质上是生产决定消费，生产什么就消费什么，并且，生产的规模、流通和产品的分配都是由政府主导和控制的。不但如此，生产在整个社会中处于至尊的地位，它决定着社会的各个方面，决定着社会的本质和发展。而当代消费社会则颠覆了生产在社会中的至尊地位，代之而起的是消费。生产虽然提供着消费产品和消费内容，但生产是根据消费而进行的，生产什么和怎样生产是由消费决定的。可以说，在消费社会，消费决定着生产计划、资源配置、产品包装和产品流通，不是生产引导消费，而是消费引导生产，消费处于优先和优越的地位。消费对生产的颠覆，对整个社会来说是这样，对个人来说也基本是这样。个人在当代社会的消费和休闲时间同以往相比越来越多，消费的产品也越来越丰富，在工作（劳作）和消费的关系上，消费显然处于主导地位，消费引导着工作，引导着怎样工作和以什么为工作。当然，就人的本性而言，人都倾向于喜欢消费而不愿意工作，因为消费总是同娱乐和休闲联系在一起，而工作总是同劳累和枯燥联系在一起，另外，工作要付出体力和脑力，而消费不但得到体力和脑力的恢复与休息，而且能满足人的各种需求，当代社会的工作在很大程度上还是迫于生活。在消费社会，由于社会的富有和工作效率的提高，消费的地位明显提高了，本来喜爱消费的个人很自然地投入更多的时间和财力用于消费，少量的工作能换来大量的消费，消费成为人生的最大兴趣和满足，也成为人生的目标，而工作只不过是消费中的手段和环节，不得已而为之。显然，在个人生活中，也体现了消费对生产（工作、劳作）的颠覆。

（2）消费引导需求。在消费社会，由于消费取代生产而处于至尊地位，这种消费也颠覆了传统的消费与需求的关系。在前消费社会，消费由需求决定，消费什么，怎样消费，都是根据人自己的意愿和需求而定，从而这种消费是自主消费和自愿消费，并同人的真实需求是一致的。但前消费社会受到经济短缺的制约，消费也是短缺和不足的，人对消费的欲望也是不充足的，从而在需求和消费上都存在欠缺和不足。消费社会则不同，由于生产过剩和经济充裕以及商品堆积，生产的发展依靠消费的拉动，因此，在需求与消费关系上，一改前消费社会的需求决定消费，而是在很大程度上消费决定需求，即消费不是完全出于本人的真实意愿，而很大程度上是在政府的倡导和媒体的鼓动下，不由自主和糊里糊涂购买和消费着商品，在具有一定虚假性甚至欺诈性媒体引导下的需求也具有一定的虚假性，由虚假需求驱使的消费也具有虚假性甚至是异化消费，西方马克思主义和生态学马克思主义对虚假需求和异化消费进行了理论分析和批判。其实，在需求和消费的关系上，需求决定消费，反过来，消费满足需求，其目的在于维持人的生存和生活并促进人的发展。消费本身始终处于手段的地位，可在消费社会，消费由手段变为了目的，不是消费为人的生存、生活和发展服务，而是消费支配和统治着人，并成为人崇拜的对象即"消费崇拜"或"消费拜物教"。

（3）符号胜过实用。消费社会的消费不再看重使用价值，而看重其符号价值和文化价值，购买商品时，不再把商品的质地看得很重，不再看商品的经久耐用，而主要看商品的式样和品牌，看商品是否吸引人的眼球。另外，看商品是否入流和时尚，如果商品款式陈旧、落后，早不时尚了，即使再好也会不屑一顾。相反，时尚的商品，质地再差，即使价格昂贵也会成为抢手货。这其中，商品的符号、意义和文化因素起了决定性的作用，在消费社会"消费者和物的关系因而出现了变化：他不会再从特别用途上去看这个物，而是从它的全部意义上去看全套的物。"① 因为人的消费行为是在社会关系中进行的，并表现出一定的社会关系，而社会关系又包含着人的地位、职业和阶层等多种文化因素。因此，购买和消费什么样的商品，就反映出你是什么阶层的人，你购买什么、消费什么，甚至扔掉什么，就知道你是谁。

在消费社会，对产品的消费不再以其使用价值为轴心，不再以其使用价值的终结而终结，而是以社会是否流行和时髦为标准，即使产品使用价值还没有消费完或者只消费一小部分，如果它不再流行和时髦，也会宣告对它消费的完成。因此，没有用完的商品甚至是刚购买的新商品就扔掉的现象比比皆是。另外，购买高档商品甚至是奢侈品不是为了消费，而纯粹是一种摆设，而这种摆设只是炫耀、显富和社会地位的确立，"如果我们承认消费物品的特点是一种功能的无用性（这才是我们所消费的，这与'用途'是完全不同的东西）的话，那么摆设恰恰就是物品在消费社会中的真相。在这一前提下，一切都可以变成摆设而且一切都可能摆设。"② 摆设的物品其符号和意义已完全脱离了其实用。

（4）形式高于内容。任何消费品（物质产品和文化产品）都是内容和形式的统一，内容是指消费品的使用价值，而形式只指消费品的包装和

---

① ［法］让·波德里亚：《消费社会》，刘成富、全志钢译，南京大学出版社2006年版，第3页。

② 同上书，第82页。

名称等。在消费社会，为了获取最大的利润，商家注重的是促销策略和手段，从而在商品的形式和包装上狠下功夫。如畅销书刊为了吸引更多的读者，过分讲究封面设计和编排艺术，不注重编排质量和书刊内容；服装重名牌与款式而轻质地与实用，从而出现假冒名牌和打假现象；家居过分讲究装修而更少考虑居室的人文和亲情氛围；饮食名称追求花里胡哨，有的甚至同食料不挨边。而对于消费者来说，也存在重形式轻内容的问题，购买和消费商品时，把商品的商标、品牌和款式和是否时尚作为第一标准，而把商品的质地和使用价值放在次要位置。购买同样的商品，在高级商场购买与在一般商场购买，其意义是不一样的；同样的餐饮在五星级酒店和三星级酒店消费，其文化内涵也是不一样的。整个消费行为是"物的形式礼拜仪式"①。可见，当代市场消费是重形式轻内容，形式高于内容的消费。

（5）感官优于心灵。消费社会对物质产品的消费是符号胜过实物，但这同对文化产品或精神产品的消费有所不同，它毕竟还是一个物质消费和满足生理需求的过程，只不过这一过程加重了符号和文化的比重，并在很大程度上以符号和文化作为消费的标准。就满足生理需求方面说，物质消费肯定是一个感性生理的过程，其中的符号和文化的内涵也注重的是感性和表象。对文化产品的消费则是一个满足精神需求的过程，但由于文化产品已经被产业化和资本化，从而对文化产品的消费也在于对人的感性的满足和感官的愉悦，也是以社会上流行和时髦为标准。在消费社会，不管是物质消费还是精神文化消费都注重感官和感性的愉悦，感性有时会变得盲从和疯狂，在这种情况下，人的理性就会降低其能力甚至会休眠，人不会思考为什么要消费，消费又是为了什么，从而就不会关心消费的深层涵义，不会思考消费对人的心灵和理性有什么启迪，对人的道德境界有何提升，对人的文明程度有何提高，对人的身心发展乃至全面发展有何裨益。消费中的感性优于理性也是商家所希望的，因为感性具有一定的盲目性，在快感的消费中，消费的档次越来越高，消费的品种也越来越多，这样，商家所获取的利润也就越多。如果是理性的消费，就会根据人的真实需求

---

① ［法］让·波德里亚：《消费社会》，刘成富、全志钢译，南京大学出版社2006年版，第1页。

来进行，就会思考消费能否保障人的身心健康和促进人的发展，从而就会选择适度消费、健康消费和绿色消费，这样的消费不会盲目追求高档次和多品种商品，从而也不会给商家带来更多的利润。

（6）媚俗强于高雅。消费社会中的文化消费，不管是物质消费中的文化消费还是纯粹的文化消费（对文化产品的消费）大多注重感官的愉悦，以社会上流行和时尚的文化产品为消费对象，是一种大众的和时髦的消费，这种文化消费在很大程度上不是为了提高自己的文化水平和文明素质，也不是为了提高自己的道德情操和心灵境界，而是为了炫耀自己，甚至是露富，使自己跟上社会潮流，步入所谓的上流社会，以便满足自己的虚荣心理。因此，消费社会的文化消费很大程度上是一种媚俗的、从众的、流行和时尚的消费，缺乏高雅的文化品位，缺乏个性特征和气质，更缺乏理性的深度。这种大众文化消费只吸引人的眼球，而缺乏想象空间，更缺乏催人向上和打动人心的艺术感染力和震撼力。因此，消费社会的文化消费往往是表层的、无根和无深度的文化现象。不但如此，由于利益的驱使，为了获取更多的甚至是最大的利润，有些商家已丧失社会责任感甚至良知，有意提供和推销黄赌毒的产品供人消费，这些消费品已不在媚俗之列，而属于危害社会和他人的"毒品"。在消费中，我们要远离黄赌毒，抵制庸俗，追求高雅。

（7）短暂重于长久。消费社会的消费无论是物质消费还是文化消费，既然是大众的、流行的、时尚的和媚俗的消费，追求的是短平快，那么，它肯定也是短暂和快捷的消费，从而也是一种短命的消费。因为缺乏深度的流行、无根的时尚总是来去匆匆的。时装是这样，快餐是这样，文化产业提供的文化产品也是这样。一次性餐具、一次性纸杯、一次性碳水笔等，用完就扔；时装的流行、影视剧的卖座率以及书籍的畅销等都是快速和短暂的；透支消费、月光族以及行色匆匆的人群等都是在进行着短暂的快餐消费；就连人生大事的婚姻和家庭也受到了快餐文化的冲击，闪婚族的出现和离婚率的急剧上升也是明证；快闪族出现，不管他们要反对什么或表达什么，都可以视为一种短暂的快餐文化活动。

人的精神需求既有形而下的，也有形而上的，形而下的精神需求是对感官愉悦的满足，具有易变性、短暂性和快餐性，而当今的消费文化就能满足人的这种形而下的精神需求。人的形而上的精神需求则需要终极关怀、生命体验和心灵净化，具有宁静性、相对稳定性和持久性，而消费文化是远远不能满足人的这种精神需求的，只有高雅文化和精英文化才能满足人的深度的、终极的和本根的、形而上的精神需求。

（8）资本渗透公益。消费社会的一个突出特点就是文化的产业化、资本化和商业化，当传统经济发展遭遇瓶颈，并造成资源枯竭和生态危机的今天，发展无须传统资源和不会直接或很少破坏生态环境的文化产业无疑具有战略意义，近年来发达国家的文化产业所占 GDP 的比重就足以说明这一点。在当今社会，产业文化明显胜过公益文化和精英文化的发展，并且不断向公益文化和精英文化渗透，当今把图书的出版发行叫图书的上市，并首要考虑的因素是图书的码洋和利润；把文化作品叫作文化产品，文艺创作叫作文化生产，欣赏文艺作品叫作文化消费，这说明了资本向文化领域的渗透，原属公益文化和精英文化的领域也日益被产业化，这种文化的发展是缺乏协调性和内在比例的。我们必须看到，文化产业或产业文化是商业和资本的运作过程，经济产值和盈利是它的首选目标，社会公益性则是它的附加值，在资本和公益的天平上，消费文化肯定是向资本和利润一边严重倾斜的，这是由文化资本的本性决定的。社会公益性只是装饰和点缀，甚至是作为获取更大资本和利润的工具。因此，一个社会的发展既要有产业文化的发展，也要有公益或公共文化和精英文化的发展，这不仅是由人的精神需求所决定的，也是由文化的整体发展所决定的。

3. 当代消费市场的无比丰盛

在市场和资本出现前，人的需求和消费并非都展现为本真的需求逻辑和消费逻辑，为了面子、人情和关系的需求与消费就不完全符合人本真的需求逻辑和消费逻辑，对本真的需求和消费多少有些放大和变相。但在市场和资本出现前，由于产品的不充足甚至有些匮乏，人本真的需求和消费都难以得到充分满足，就没有更多的高档、奢侈剩余产品来满足人的奇异和虚假的需求与消费了。

市场经济出现后，便产生了资本逻辑，资本逻辑是追求利益最大化和资本增值最大化的规则。在当代市场经济和消费社会，人的需求和消费在很大程度上是在市场中产生、满足和完成的，因此，需求逻辑、消费逻辑和资本逻辑在当代就形成了错综复杂的关系。

在当代消费社会，消费概念已分离出宏观和微观两大层面，宏观层面的消费即是指整个社会呈现出消费的特征，如消费拉动经济增长、消费引导甚至主导生产、消费范围的扩大、消费方式的变化、消费品的堆积、媒体对消费的诱导等，都体现了当代社会的消费特征，从而把当代社会称之为消费社会。另外，当代消费社会的各个方面和环节都是围绕资本逻辑运转的，是资本逻辑主宰着当代消费社会的运转。微观层面的消费也即传统的消费涵义仍指人们对生活资料或生活用品的使用，只不过在消费社会的大背景下，人们的消费观念、消费行为和消费方式都发生了重大变化，资本逻辑既然支配着整个消费社会的运转，理所当然地对人们的消费行为也产生重大影响，人们的消费行为是受消费逻辑支配的，但又无不受到资本逻辑的影响，有时甚至是决定性的影响，从而，在人们的消费行为中，存在着消费逻辑和资本逻辑的双重作用和影响，并且这两种逻辑在人们的消费行为中相互比肩和博弈。

消费逻辑是消费活动的产生、过程及效果的规则，它是人们需求逻辑的消费表征，具体说就是消费者希望购买物美价廉的商品用来消费，满足消费者的需求，使消费者过上幸福美好的生活，提升消费者的生活质量和品位，促进消费者身心素质的全面提高，消费逻辑实质就是消费者的生活逻辑[1]。而资本逻辑则是利润和价值最大化的逻辑，即生产和销售商品的最终目的就是利润的最大化和价值增值的最大化，满足消费者的需求只是实现利润最大化和价值增值的途径和手段。显然，在消费市场中，消费者和销售商追求的目标不是完全一致的，为了达到各自的目的，消费者要购买性价比高的商品，而销售商要销售性价比低的商品，两相相反，从而会发生摩擦和冲突，消费者的维权活动，旅游中游客和导游的对骂和动粗等，都是消费逻辑和资本逻辑冲突的表现。要维持消费市场的正常秩序，又必须使消费逻辑和资本逻辑的摩擦和冲突控制在一定范围内，使之处于波动的动态平衡。

在经济短缺和产品匮乏时代，人们的消费需求得不到完整（充分）的满足，人们到处寻找商品，这样也只能有限地满足消费需求，从而，其消费逻辑是不充分地展开的，消费逻辑的不充分性是由社会生产的乏力和

---

[1] 张艳涛：《资本逻辑与生活逻辑》，《重庆社会科学》2006年第6期。

人们的需求与消费的不充分性决定的。在那时，即使人们的消费水平不高，消费也不充分，但那时的消费逻辑并不受资本逻辑的支配，因为那时的消费品主要是政府计划分配供应，还没有形成具有资本性质的消费市场，从而各种消费纠纷和维权活动也很少发生。没有资本逻辑支配下的消费逻辑是不充足、不全面地反映和体现着人们的消费意愿，匮乏地满足着人们的消费需求，同时也是在不理想和不完全满意的状况下，达到了物质消费和文化消费，消费内容和消费形式，感官满足和心灵宁静，眼前消费和长远谋划的初级的、简单的、不充分的统一。

与经济短缺和产品匮乏时代不同，当今消费社会的经济特征就是生产过剩，商品堆积，正如波德里亚和波德所说的是"丰盛社会"[①]和"景观社会"[②]。在"丰盛社会"和"景观社会"，人们的消费是充足、丰盛、过度、过剩甚至是异化的。

在经济短缺和产品匮乏时代，只能勉强维持人们的基本消费，对于绝大多数人来说，高档消费简直是天方夜谭，就是物质消费也基本是满足人的生理需求即解决温饱问题，生产厂家无暇也无力在物质产品中意蕴和负载较多的文化内涵，从而人们的物质消费就是比较单一的，没有附加多少文化因素。在物质产品匮乏的年代，文化产品的匮乏更为严重，奢侈品就更是难觅踪影，而奢侈品同必需品相比，意蕴和负载着更多的文化元素，或者其本身就是某种文化、人的社会地位和社会身份的象征。因此，在经济短缺和产品匮乏的年代，人们的物质消费不充分，不能完全满足人们的温饱需求，又加之消费结构即物质消费和文化消费的失衡，使得那个时代的消费和消费逻辑不仅是初级和简单的，而且也是片面的。在这样的消费状况和消费逻辑下，即使消费水平不高，消费内容简单，消费结构失衡，但人们也总感觉到消费是基本满意的，人们的各种需求即物质和文化需求、感官和心理需求、眼前和长远需求都得到了基本的满足，人们的这种基本满足感源于他们需求本身的低品位、不充分和片面状况。

而在经济充分和产品过剩的消费社会，情况就大不相同了，人们的需

---

① [法]让·波德里亚：《消费社会》，刘成富、全志钢译，南京大学出版社2006年版，第140页。

② [法]居依·波德：《景观社会》，王昭风译，南京大学出版社2007年版。

求本身发生了变化,变得丰富多彩且品位高,文化消费提到了同物质消费同样的高度,在一定程度上甚至还要高于物质消费,人们不再满足于必需的基本消费,正在涉足高档消费,所有这一切都要归结于市场经济和资本逻辑的功劳。

在市场经济和资本逻辑的驱动下,当今社会的消费产品堆积如山,琳琅满目,应接不暇,在经济短缺时代,人们要去寻觅消费品,而现如今,大量的消费品主动找上门来,供你挑选,加之各种媒体尤其是网络的宣传和推销,使人置身无边无际的商品世界中,以至于难以脱身。物质产品是这样,文化产品也是这样,各种大众读物集声色光电于一体,融阅读、欣赏、休闲和娱乐于一身,消费文化产品激活着人的各种感官,是感官的盛宴和大餐。就是以往难以启齿的性爱、生育、女性保健和隐私也成为当今的消费对象,当事人为了博得更多的粉丝,为了一夜成名,没有隐私可言,什么东西都可以公开,什么东西都可以成为消费对象。当人们必需的基本消费解决后,向往的是高档消费和奢侈消费,在当今消费社会,奢侈品和高档消费已不再是权贵和富豪的专利,正在走入寻常百姓家,入住豪华酒店,出入高档会所,身穿名牌时装,披戴珠光宝气,居住豪华别墅,乘坐高级车船,游览世界名胜等再也不是老百姓的奢望。但高档消费只是它有形的物象外观,其文化象征、精神享受和精神满足则是它的实质,社会身份和社会地位的象征,财富资本、权力资本和舆论资本的掌控等,则是高档消费的本质。

在资本逻辑驱动的消费社会,一改经济短缺和产品匮乏时代人们消费不足,生活清贫和身心发展不健全的状况,而一跃成为经济富足,产品丰裕,人们消费充足。当今的消费逻辑得到了本真和充分的体现,人们对消费品的质地、外观和文化内涵都有新的要求,以前不敢想甚至是奢望的东西而成为当今现实的需求,所有这些都能在消费市场中找到,并能得到充分的满足。当今的消费逻辑指引着人们的消费观念,消费方式,消费行为,消费层次,消费范围的新变化,人们的消费需求得到了很大的满足,身心也得到了很大的释放和发展。

在当代,消费市场提供着丰盛的,甚至是超出人需求负载的商品,人的所有需求都可以在消费市场中得到满足,甚至是超负载的满足。可以说,当代生产和市场提供着人们丰盛的消费品,使人们告别了缺衣少食的时代，过上了丰衣足食的生活，从这一意义上说，当代的消费体现了正义原则，是一种市场消费正义。

在商品堆积和消费盛行的当代，人的各种需求包括基本的、中档的和高档的需求，包括现实的和潜在的需求都得到了充分的展现，人的各种需求得到满足和展示的同时，人的各种潜能、爱好、兴趣和天赋得到了表现，人的闲暇时间多了，可以做一些发展自己个性的事情，这样有利于人的自由个性的发展。所有这些，都体现了当代市场消费的正义原则。

但我们也要看到，当代的消费也出现了许多负面现象，呈现出许多消费忧患，这又体现了当代市场消费的非正义性。

4. 当代消费的忧虑

当今的消费社会，消费逻辑和资本逻辑的联手是极为成功的，资本逻辑借消费逻辑而获取了丰厚的利润，消费逻辑借资本逻辑也得到了淋漓尽致的表现。但消费逻辑和资本逻辑的成功联手却存在着深深的忧虑和隐患。

（1）虚假消费。当今，人们虽不再为衣食住行游而发愁，却为日常生活品的安全而担忧；不再为消费品的短缺而牵挂，却为消费精品而揪心；不再稀罕感官盛宴，但向往心灵鸡汤；不再推崇眼前的丰富，却操心未来的筹划。从而，当今消费社会的消费逻辑与资本逻辑的联手又凸显出许多新问题。

在经济短缺和产品匮乏时代，消费由需求决定，消费什么，怎样消费，都是根据人自己的意愿和需求而定，这种自主和自愿的消费，同人的真实需求是一致的。消费社会则不同，由于生产过剩、经济充裕和产品堆积，生产的发展依靠消费的拉动，因此，在需求与消费关系上，在很大程度上是消费决定需求，即消费不是完全出于本人的真实意愿，而在很大程度上是出于政府的倡导、媒体的鼓动和商家的推销，这样的消费具有一定的被动性，甚至具有虚假性和异化性。

在经济短缺和产品匮乏时代，文化消费是很贫乏的，在温饱难保的地区，其文化消费充其量只是乡土人情的教化和传承，这种文化消费既是感官的原始愉悦，又是初级的心灵满足。而消费社会的文化产品像物质商品一样的丰盛、过剩和爆满，但当今的文化消费大多注重感官的愉悦，是一种大众的和时髦的消费，这种文化消费在很大程度上不是为了提高自己的文化水平和文明素质，也不是为了提高自己的道德情操和心灵境界，而是为了炫耀自己，甚至是露富，使自己跟上社会潮流，步入所谓的上流社会，以便满足自己的虚荣心理。因此，消费社会的文化消费很大程度上是一种媚俗的、从众的、流行的和时尚的消费，缺乏高雅的文化品位，缺乏个性特征和气质，更缺乏理性的深度。这种大众文化消费只吸引人的眼球，而缺乏想象空间，更缺乏催人向上和打动人心的艺术感染力和震撼力。因此，消费社会的文化消费往往是表层的、无根的和无深度的。

在经济短缺和产品匮乏时代，人们总希望商品使用的时间长些，处处精打细算，衣服遵循新三年，旧三年，缝缝补补又三年的原则，对日常用品也特别爱惜和呵护，总希望延长它们的使用时间。而当今的消费是大众的、流行的、时尚的和媚俗的消费，追求的是短平快。那么，它肯定也是短暂和快捷的消费，从而也是一种短命的消费。因为缺乏深度的流行、无根的时尚总是来去匆匆的。

当今社会的消费，资本逻辑主宰和支配着消费逻辑，而消费逻辑又引导甚至误导着人们的消费需求和消费现实。人们本真的消费需求在于，首先满足人们的衣食住行及安全的基本需求，生活必需品的消费和基本需求的满足是人的生存的基本条件与保障。在满足人的生存、生活的基本需求后，会产生娱乐和休闲的需求，这主要是人的精神文化需求，人的基本精神文化需求相对其基本的物质生活需求来说是高一级的需求，即如果人的基本的精神文化需求得不到满足，也不会危及人的生存，但作为人的需求的全体和整体，又必须有基本的精神文化需求及其满足，否则人就是片面的，因此，一般的精神文化需求也属于人的基本生活需求。

另外，人的需求除了基本的物质生活和文化生活的基本需求外，还存在高级的需求，就是人的潜能的开发和个人爱好兴趣的发展。一是人的高级需求不同于人的基本的或初级需求就是这种需求是否得到满足不会危及人的生存，只影响人的发展特别是创造性的发展；二是人的高级需求的产生和满足不具有普遍性，即并不是人人都意识到，并有意激发其高级需求的产生及其满足，而只是部分或少数特殊人群产生着高级需求，并激发其潜能，充分发挥其爱好兴趣，促进其创造性的全面发展。

人的需求不管是基本的还是高级的都会随人的发展过程的变化而变

化，除基本的物质生活需求和精神文化需求贯穿人生的各个阶段外，人生的各个阶段又有其特殊的需求，求知、开发其潜能、发挥其个性特长是青少年的特殊需求，开创进取和追求成功是中年的特殊需求，身体健康、生活安逸是老年人的特殊需求。

人的基本需求、高级需求和特殊需求就展现为人的真实、本真的需求逻辑，满足人的这些真实需求的产品提供和消费就展现为真实的消费逻辑。本真的消费逻辑展现为商品既不匮乏，也不过剩，出于人的真实需求，消费安全、健康的物质产品，促进人的身体健康发展和延年益寿。文化消费则在于在感官愉悦中陶冶情操，净化心灵，提升境界。既有满足感官的快餐文化消费，也有打动心灵的细嚼慢咽和回味无穷的文化消费；既有付费的营利性文化消费，也有免费的公益性文化消费。而在资本逻辑的驱动下，人们的消费是片面的，不健全的，有的甚至是危害的。而消费逻辑本应是人们真实需求的再现和消费方式的积极引导者，而在资本逻辑的裹挟下，消费逻辑似乎背离和疏远着人们的真实消费需求，而日益亲近资本逻辑，有时甚至向资本逻辑缴械投降。

（2）面子消费。消费是满足物质需求和精神需求的过程，但消费过程又表征着特定的社会和文化意义，因此，消费既是消费商品的使用价值过程，也是消费者的社会身份表征过程，在特别重视人情关系的中国，消费的社会身份表征意义尤其突出，面子消费是中国人消费的重要方面，讲究脸面是中国人消费的重要涵义。

脸是人体的一部分，同人体的其他部分一样都是人体的组成部分，但脸的特殊位置，就赋予它不同于人的四肢和其他部位的特殊作用和意义。我们且不说人的绝大部分信息是靠五官接收的，单就脸的整体来说，其最大的意义就是人的区分和识别（当然这里讲的人是自然人），人的四肢能运动，却很难同其他人区别开来，人的高矮和胖瘦也很难个体地区别开来。只有人的脸能个体地识别和区分开来，可以说，世界上有同样高矮胖瘦的人，也有同样四肢长短粗细的人，但绝没有脸长得一模一样的人，尤其是人的眼睛及眼睛的传神绝对是独一无二的。又由于脸长在头上，露在外面（伊斯兰女性不露脸除外，不露脸也说明脸的重要性），人相遇时，往往只有见到对方的脸才能认出来，从人的背部、四肢以及高矮胖瘦等都很难识别和认出人来。婴儿的视觉识别最初就是从辨认出母亲的脸开始的。所以,脸是人相互识别的最直接和最直观的部位,也是人的特性的最直接和最直观的表征。当然人的指纹和DNA比人脸更精确,甚至是唯一能识别人和区别人的东西,正由于此公安机关就是靠指纹和DNA的识别来锁定罪犯,破获案件。但人的指纹和DNA需要借助精密仪器才能识别人,在日常生活中,人的识别和辨认不可能指望指纹和DNA,而只靠直观的人脸识别和辨认。

正由于脸是人相识别和辨认最重要的直观标准,也是人的特征的最典型和最集中的表现,所以,人的证件照不是全身照,而是大头的正面照,这同脸的特殊意义和作用不无关系。

所以,人把自己的脸看得很重要,人的外表形象主要是通过脸表现出来的,无怪乎,人的梳妆打扮主要在脸上下功夫,在脸上抹粉、化妆等,美容也主要在脸上。至于文身也是一种图案的装饰和赋予一定的美感,但文身主要是文化符号,是人群和社会阶层的认同和识别,同时也表现着文身者的愿望和追求。有些少数民族在脸上文身,虽然包含着美容的内涵,但更多的是性别、年龄和族群的识别,同一般的美容还是不一样的。

脸是人的身体特征的最集中表现,又蕴含着人格的内容,或者说脸是人格最集中表现的部位,是人格的晴雨表。当人做了善事,有了出息,其人格就上升一级,说他是给自己长了脸。当人做了坏事,其人格就降了一级,说他是不要脸,给自己脸上抹黑,丢了脸。正由于脸是人格最集中的外部表现,毁容不只是对脸部的毁坏,更是对人格的侮辱即毁誉,毁容相比对身体其他部位的同样伤害,其严重性大得多。所以,脸不仅体现人的身体的整体特征,也体现人格特征。

面子是个人的整体形象的符号和表征,但面子又不是靠个人可以确立的,而必须通过他人、群体甚至社会来认可和确立。所以,作为表征个人的社会和文化形象的面子必须在群体和社会中才能确认、确立和散播开来,是个人在群体和社会中的形象。面子体现了个人和群体、个人和社会的关系,离开任一方,都不可能树立个人形象,也就是不可能有个人面子的存在。而作为个人形象的面子所体现的个人和群体、个人和社会的关系不是具体的关系,而是总体的价值关系,这价值关系包含着经济、政治、文化和社会等各个方面。人的面子的群体效应和社会效应还在于自己家人做了出名的事情会给自己赢得面子，反之则会有失面子。

可以说，脸是面子的生理和个体基础，面子是脸的社会和文化的扩散和升迁，脸和面子具有对应性，面子实质是脸的社会放大，用面子来称谓人的整体形象而不用别的来称谓，就是面子实质是脸的另一面即人的社会和文化的一面。人的身体部位的脸能上升到社会和文化层次的面子，就在于脸本身包含有人格的内容，正是脸的人格内容的社会和文化扩散，建构了人在社会和人群中的形象和声誉，也即人的面子。

正由于此，人人都爱面子、讲面子和争面子的。在消费中，消费者也是爱面子讲面子和争面子的，这是消费中的文化内涵，什么样的人就消费什么，从消费品中可以识别人的社会身份和文化素养。消费中的面子内涵和符号本身不可非议。但过分地追求消费中的面子文化，甚至追求与自身社会身份不相称，背离的面子文化，那这种面子消费已失去了其原本的意义，具有虚假和虚伪性。

在消费特别是在奢侈消费方面，虚荣心和面子的作用是很大的。富人的奢侈消费是为了炫富，为了提高自己的社会地位和文化品位，也即是为了自己的形象和脸面。富人有足够的财富和经济实力，奢侈消费对于他们来说，是不成问题的。但奢侈消费不只是富人的专利和特权，有些不富裕的人，平时省吃俭用，一有机会也要奢侈一把，这就完全是为了面子和满足自己的虚荣心，把自己当作社会上流人士，当作富人。

过分张扬和不切实际的面子消费已失去了消费本真的正义内涵，具有非正义的性质。

（3）奢侈消费。在当代资本逻辑支配的消费市场，奢侈消费已成为消费时尚和追逐目标，这更成为当代消费的忧患甚至异化。

奢侈消费是相对于基本消费而言的，基本消费是对生活必需品的消费，这种消费是基本的和必不可少的，否则人就不能生存和生活，基本消费主要是满足生理需求的过程，它反映了社会生产的一般状态和人民生活的平均水平。

奢侈消费是对奢侈品即非生活必需品的消费，这种消费是超越了基本消费之外的消费，加入了人的欲望、文化和社会的内容，奢侈消费主要是满足人的欲望、文化和社会需求的过程，它反映了富裕阶层超出社会一般消费水平的奢侈的生活状况。奢侈消费是"在各种商品的生产和使用过程中超出必要程度的费用支出及生活方式的某些方面。"①

有学者认为，在原始社会比较富裕的状态中，已经存在并无使用价值的贵重物品，它们成为礼仪式馈赠和炫耀性消费的对象②。如果说，在原始社会晚期，充其量只有奢侈品及奢侈消费的萌芽，那么，人类进入文明社会后，奢侈品及奢侈消费才正式产生，人类社会经过数千年的发展，奢侈品及奢侈消费也随之不断发展变化，特别是到了当代消费社会，奢侈品及奢侈消费无论其质地，还是其内容和范围都同以往社会是不能同日而语的，可以说，奢侈品及奢侈消费不断渗透在人的衣食住行玩等各个方面，并且奢侈消费群体在不断扩大，它已不再局限于富裕阶层，中产阶级也加紧进入这一行列，其他阶层的人也在跃跃欲试，奢侈品及奢侈消费已成为当代社会的一道壮丽风景线。

作为生活方式和消费方式的奢侈，有人类一样漫长的历史，在这漫长的历史发展中，奢侈消费推动名牌产品的出现，促进了社会经济的发展，培育了富贵阶层的高雅的行为举止，但又过多地浪费了自然资源，造成了社会的贫富分化和阶级对立，滋生人的享受、懒惰的生活态度和生活方式。可以说，奢侈消费的社会效用和意义是双重的，即既有积极的一面，也有消极一面。正由于此，对奢侈消费持肯定和赞赏态度者大有人在，对奢侈消费持否定和批评态度者也大有人在。奢侈消费的矛盾二重性特征和效应，导致了人们既向往、赞赏奢侈消费，又嫉妒和鄙夷奢侈消费的矛盾心理和态度，奢侈品及奢侈消费的历史就是在这正反面矛盾中演化的，无怪乎，桑巴特在《奢侈与资本主义》一书中，从数量和质量上来分别定义奢侈品，认为"奢侈是任何超出必要开支的花费。""数量方面的奢侈与挥霍同义。"③ 但从"质量方面的奢侈"这一概念出发，我们可以得出"奢侈品"这一概念，它以"精致品"为典型④。桑巴特在该书的结尾总

---

① ［德］沃夫冈·拉茨勒：《奢侈带来富足》，刘风译，中信出版社2003年版，第10页。
② 符朋：《奢侈的符号逻辑与中产阶级想像的困境》，《中国图书评论》2012年第10期。
③ ［德］维尔纳·桑巴特：《奢侈与资本主义》，王燕平、侯小河译，刘北成校，世纪出版集团、上海人民出版社2005年版，第86页。
④ 同上书，第87页。

结道："奢侈，它本身是非法情爱的一个嫡出的孩子，是它生出了资本主义。"① 在这里，桑巴特充分肯定了奢侈品的生产和消费对于建立资本主义的历史贡献，同时也看到了奢侈的非法性和不正当性。

我们承认，从经济学意义上讲，奢侈在促进经济的发展中是起到了一定作用的，城市的出现和发展，资本社会的确立都同奢侈是密不可分的。正由于此，当代西方专门研究奢侈及奢侈品的学者，如德国的沃夫冈·拉茨勒、美国的克里斯托弗·贝里和凡勃伦等，都充分肯定了奢侈在促进社会经济和增加国家财富等方面的进步意义。

奢侈消费的积极意义是有条件的，也是有限的，而它的消极影响是主要的，特别是对于发展中国家和贫穷国家来说更是这样。

在汉语中，奢侈是个贬义词，它往往同挥霍和浪费联系在一起，我们姑且把奢侈的文化和社会内涵撇到一边，单就对奢侈品的使用和消费本身看，奢侈消费又是一种浪费和挥霍，浪费是指还没有用尽产品的使用价值就把它淘汰或扔掉，这是相对浪费，即这种浪费是有条件的和相对的，也即是只有在没有使用完消费品使用价值的情况下就丢弃该消费品，才算是浪费，如果把消费品的使用价值全部使用完毕，那就不存在相对浪费。相对浪费存在于基本消费和奢侈消费中，浪费生活必需品是基本消费的相对浪费，在富裕消费和贫困消费中都存在着这种相对浪费。浪费奢侈品是奢侈消费的相对浪费，奢侈消费中还存在着绝对浪费，这种浪费是指奢侈品相对必需品来说是多余的和没有必要的，多余和没有必要的就是一种浪费，那么，奢侈消费是超出基本消费之外、之上的多余的、没有必要的消费，与必要的基本消费相比，奢侈消费本身就是浪费，并且是一种绝对浪费，即奢侈消费本身不管是否使用完奢侈品的使用价值，相对基本消费来说都是一种浪费，即这种浪费是一定存在的，无条件的和绝对的，从而是一种绝对浪费。正是奢侈消费中存在相对浪费和绝对浪费，我们才把奢侈说成是浪费和挥霍。相对浪费和绝对浪费有时分别存在于奢侈消费中，如对奢侈品使用价值的完全消费，这只存在绝对浪费，而无相对浪费；相对浪费和绝对浪费有时同时存在于奢侈消费中，如还没有消费完奢侈品的使

---

① [德]维尔纳·桑巴特：《奢侈与资本主义》，王燕平、侯小河译，刘北成校，世纪出版集团、上海人民出版社2005年版，第233页。

用价值，就淘汰掉奢侈品，这既是绝对浪费又是相对浪费。

奢侈是一种奢华，但奢侈也是一种奢靡，它同享乐主义联系在一起，人是要享受和享乐生活的，但奢侈是对人生的极度享受和享乐，已达到及时行乐，玩物丧志，追逐声色，不思劳作，不思进取，意志消沉的地步，因此，奢侈消费败坏了社会风气，丧失了民族气节。

奢侈消费过多地消耗资源和社会财富，这实质上是对大多数人平均使用资源和社会财富的占有剥夺，是不道德的。而节俭是一种道德高尚的行为，因为节俭在使用资源和社会财富上要少于社会平均水平，这是对资源和社会财富的节约，这节省部分实质上留给了他人、社会和后代，从而节俭是一种美德。

奢侈消费是权贵和富豪的专利，但社会富裕阶层毕竟只是社会的少数，如果这部分人把自己积累的财富贡献给社会和他人，那是壮举和善行，如果用于自己的奢侈和挥霍，就走向了其反面。奢侈消费在使用资源和社会财富上远远超过社会的平均水平，这实质上使用了别人应该使用的资源和财富，这样就制造了社会的不公。另外，奢侈消费是只属于少数富裕者的权利，这样就拉大富裕阶层和其他阶层的距离，扩大了贫富分化，加剧了社会的贫富矛盾和其他社会矛盾，不利于社会的和谐发展。

社会的良序与国家的兴旺是需要有好的政党和政府的善治，好的政党和政府是作风硬、能力强和效率高的，而这些同政党和政府的清廉紧密相关。如果奢侈之风渗透到政党和政府的肌体里，不仅削弱政党和政府的意志力，降低工作效率和执政能力，甚至会亡党亡国。因此，在党和政府内部，必须反对享乐主义和奢靡之风，大讲勤俭节约，大兴清正、廉洁、亲民之风，只有这样，才使政党和政府作风正派，充满活力，执政高效，才能达到国家的善治，社会的良序与民族的兴旺。

我们既要批判和反对奢侈消费，又要不断提高人民群众的生活水平，这看似矛盾实则一致，人民群众的生活是全面的，既包括物质生活又包括精神文化生活；人民群众的生活是全民的生活而不是特定阶层的生活；提高人民群众的生活水平体现了社会的进步和发展，体现了人民群众生活质量的提高和生活条件的优越。这同奢侈消费根本是两码事。同时，只有在发展生产的同时，反对和批判奢侈消费，厉行勤俭节约，才能不断提高人民群众的生活水平。

奢侈消费实质上是人的本真需求的扭曲和异化，从而引发了消费的扭曲和异化，而人的本真需求和消费的扭曲又同当代的资本逻辑脱不了干系，这都反映出当代市场经济中消费的非正义。

要破解人们的需求逻辑、消费逻辑和资本逻辑的不一致甚至冲突的迷局，关键在于要以人们的需求逻辑为基础和轴心，消费逻辑和资本逻辑服从、服务于需求逻辑，使人得到身心健康发展和愉悦的体验，促进人的素质的全面发展与提高。

具体说来，资本逻辑在提供丰富的产品和繁荣消费市场的同时，一定要有社会责任的担当，要遵守国家的有关生产和销售法规，要确保商品的质量、安全、无公害。要按照价值规律公平地销售商品，资本逻辑为了利润的最大化，这本身没有错，错就错在违背等价交换原则，坑蒙拐骗消费者，赚黑心钱。要让资本逻辑回归和复位，既不能改变资本逻辑追求利润最大化的本性，又要使它承担起社会责任，把消费者的权益放在首位，使这两者和谐相处。

至于消费逻辑不应充当资本逻辑的工具和助手，而应既呈现和表征人们的需求逻辑，又应引导、纠偏和促进需求逻辑的合理、健康发展，以达到社会和人的全面发展。

人的需求逻辑是本位的存在，但在消费社会强大的资本逻辑的包围和裹挟下，也会发生乖离，不健康的需求与消费，片面消费和异化消费就是其具体表现。所以，人们要复位和培育积极、健康的消费观、消费行为和消费方式，在合理的消费逻辑和资本逻辑的助推下，力图在消费市场和消费领域达到需求逻辑、消费逻辑和资本逻辑的均衡与和谐发展。

第八章　市场的溢出性正义

市场的内生性正义本质上是经济正义，但它又必定会溢出财富、资本、市场等经济本身，对人的思想观念和行为方式产生重要影响，并进而影响、辐射到全社会，这就是市场的溢出性正义。

一　溢出性正义概述

市场的溢出性正义是直接以市场为基础，从而也是直接受市场影响的，但又不同于市场本身内生的经济、财富、资本和利润的正义，而具有一般社会正义的性质和涵义，但又不完全等同于社会正义，而一般的社会正义是由社会治理者运用自身所掌握的公权力和威望、声誉在全社会所倡导和执行的社会公序良俗，它以社会的经济为基础，但同市场经济没有直接和必然的联系，而市场的溢出性正义则同市场经济有直接的必然联系。因此，可以说，市场的溢出性正义是处于市场的内生性正义和一般的社会正义的中介和过渡。市场的溢出性正义主要表现为市场能构建和培育平等、开放、竞争、创新、信任、法治等社会秩序、人的行为规范和思想意识等。

市场经济是建立在等价交换的价值规律基础上的，而等价交换的价值规律是对封建等级制的否定和颠覆，秉承人人平等的理念和原则，因此，市场经济对于平等观念的形成和平等原则的产生也起到了积极作用，马克思指出："商品是天生的平等派和昔尼克派，它随时准备不仅用自己的灵魂而且用自己的肉体去同任何别的商品交换，哪怕这个商品生得比马立托奈斯还丑。"① 马克思在《1857—1858年经济学手稿》中，从生产力与人

---

① 《资本论》第1卷，人民出版社1975年版，第103页。

的发展的关系角度，把世界历史划分为依次演进的三大阶段：即"人的依赖关系（起初完全是自然发生的），是最初的社会形式"；"以物的依赖性为基础的人的独立性，是第二大形式"；"建立在个人全面发展和他们共同的、社会的生产能力成为从属于他们的社会财富这一基础上的自由个性，是第三个阶段。"①从人的发展角度，我们把它概括为"人的依赖关系"阶段、"物的依赖关系"阶段和"人全面发展"三个阶段。从社会的发展角度，我们可以把它概括为"人的依赖性社会"、"物的依赖性社会"和"自由个性社会"三个阶段。"人的依赖关系"或"人的依赖性社会"阶段是指经济短缺和财富匮乏的自然经济社会；"物的依赖关系"或"物的依赖性社会"阶段是指生产力高度发达和物质相对丰富的资本主义市场经济社会；"人的全面发展"或"自由个性社会"是指生产力极大发展的产品经济社会即共产主义社会。

马克思所指出的人类社会发展的第二大阶段即"以物的依赖性为基础的人独立性"就充分展现了市场经济的财富效应，也就是市场正义，同时还体现了市场主体在交易中的独立性和平等性，因为在这一社会发展阶段，市场主体虽然依赖于物即依赖于商品和资本，但在商品交换中，买卖双方是建立在价值规律基础上的等价交换，买卖双方是独立的和平等的，否则商品交换无法进行和完成。马克思虽然全面而深刻地批判了资本主义的剥削本质，但又从人类社会发展的整个过程，把资本主义社会定位为"物的依赖关系"或"物的依赖性社会"，这一人类社会的第二大阶段或第二大形态，同第三大阶段或第三大形态相比，这一阶段虽然还有许多缺陷和不足，但同第一大阶段或第一大形态相比，却是巨大的历史进步。就是在资本主义社会，这种社会进步也是应该肯定和颂扬的，这就是因为在这一社会阶段，第一次比较充分体现了市场经济的财富、效率、效益和平等。

市场经济不断拓展市场，形成了世界历史和世界公民。市场经济促进世界各民族、各国家的往来和交流，民族历史真正进入世界史，公民也成为世界公民，从而各民族的生产真正具有世界意义。马克思恩格斯指出："不断扩大产品销路的需要，驱使资产阶级奔走于全球各地。它必须到处落户，到处开发，到处建立联系。资产阶级，由于开拓了世界市场，使一

---

① 《马克思恩格斯全集》第30卷，人民出版社1995年版，第107—108页。

切国家的生产和消费都成为世界性的了。"① "物质的生产是如此,精神的生产也是如此。各民族的精神产品成了公共的财产。民族的片面性和局限性日益成为不可能,于是由许多种民族的和地方的文学形成了一种世界的文学。"②

市场经济推动了社会经济的发展,创造了社会财富,减少了人的必要劳动时间,提供了更多的自由时间,为人的全面发展创造了条件。市场经济为社会文化的发展提供了物质保障,也为文化发展拓展了市场空间,从而有力地推动了社会文化的发展。

市场经济培养了人的竞争意识和创新精神,市场是十分复杂和变幻莫测的,从而市场是充满风险,难以预测和控制的,这就要求市场主体有抵御各种市场风险的能力,这能力不仅只有足够的资金作保障,更要有随之调整策略的应变能力,预测市场未来走势能力等,而这些能力的具备又是在不断的市场竞争和创新中获得的,只有这样,才有可能在市场竞争中处于主动和优胜地位,否则会被市场所击败和淘汰。

市场经济是信任经济和法治经济,市场交换是建立在等价交换的价值规律基础上的,等价交换既是一种信誉、信任,也是一种契约和法治,健康的市场肯定是诚信和法治的市场,它对社会的信誉和法治建设,对公民的诚信和法治意识的培养也起到了重要作用。

总之,市场经济推动了人类文明的进步。马克思指出:"只有资本才创造出资产阶级社会,并创造出社会成员对自然界和社会联系本身的普遍占有。由此产生了资本的伟大的文明作用;它创造了这样一个社会阶段,与这个社会阶段相比,一切以前的社会阶段都只表现为人类的地方性发展和对自然的崇拜。"③ 这些都可视为市场经济的正义效应,或者直接就是市场正义的具体表现。

市场的溢出性正义来源和奠基于市场的内生性正义,但又超越了市场的经济、财富的内生性正义本身,促进着市场主体乃至全社会正义行为和正义观念的产生。市场的溢出性正义可分为市场内部的溢出性和市场外部

---

① 《马克思恩格斯选集》第 1 卷,人民出版社 1995 年版,第 276 页。
② 同上。
③ 《马克思恩格斯全集》第 30 卷,人民出版社 1995 年版,第 390 页。

的溢出性两个层面，市场内部的溢出性正义是指市场正义能溢出市场内部的经济和财富范围，培育出市场主体超经济、超财富的社会性正义行为和正义观念。市场内部的溢出性正义又可分为同源性溢出和同步性溢出两种情形：同源性溢出是指市场主体的超经济、超财富的社会性正义行为和正义观念同经济、财富正义行为和正义观念是同时产生，同根同源的；同步性溢出是指市场主体的超经济、超财富的社会性正义行为和正义观念同经济、财富正义行为和正义观念是同步发展，齐头并进的。市场外部的溢出性正义是指市场正义能溢出到市场外部的整个社会，促进全社会正义思想的形成和正义秩序构建。市场外部的溢出性正义又可分为上升性溢出和弥漫性溢出两种情形：上升性溢出是指市场正义能直接影响到国家上层建筑和政府权力结构，对社会正义秩序的构建起到积极的作用；弥漫性溢出是指市场正义能润泽到全社会，对社会大众的正义行为和正义观念产生积极的影响。

由于资本主义社会私有制和阶级剥削的本质，资本主义市场的溢出性正义并没有覆盖全社会，只是存在于资产阶级内部，即平等、竞争、法治和世界视野等只是资产阶级内部的事情，对于广大工人阶级来说，只是受资本家的剥削和压迫。另外，资本主义市场溢出性正义还受到其市场内生性非正义的制约，更加显现其狭隘、阶级对立的本性。

由于社会主义社会公有制和无剥削阶级的本质，社会主义市场的溢出性正义覆盖全社会，并且，社会主义市场的溢出性正义同内生性正义的一致性，使溢出性正义不仅全面，而且深刻。

在全球化的现时代，市场和资本已突破各民族国家的界限，已联为一个整体。资本全球化的推进和在世界各地的布散，资本的运行和扩张当然是遵循资本逻辑而进行的，否则，资本就不可能全球化，或者不是资本的全球化。因此，资本逻辑在市场和资本全球化中起到了巨大的作用，资本逻辑既是资本全球化的动力，又是资本全球化所遵循的基本规则。

当今的资本市场已成为世界市场，当今的资本逻辑已成为世界市场的普遍规则，那么，资本主义剩余价值的生产也不局限于本国，而是扩大到全球，从而，资本增值和利润增长的速度和规模远远超过传统资本主义社会。在全球化条件下，当代资本主义依靠互联网技术和虚拟资本来完成资本市场和资本逻辑的全球布散。既然这样，当代资本主义社会的剥削关系和社会基本矛盾也突破了资本主义本国的范围，而成为全球和世界性的矛盾，资本逻辑也具有全球和世界的意义。

20世纪60年代以来，以亨利·列斐伏尔、戴维·哈维和爱德华·苏贾等为代表的新马克思主义城市学者密切关注着当代资本全球积累和扩张，并从地理空间上来说明资本逻辑的全球扩张。

新马克思主义者认为，资本生产和资本积累都离不开一定的空间，是空间中的生产和再生产，空间不仅是资本的产物，它受控和屈服于资本，而且也是资本的生产和再生产者，控制和制约着资本的生产和再生产。资本的本性在于追求利润和价值的最大化，因此，在空间不变的情况下，尽量扩大生产规模，获取更多的利润。另外，在空间的生产不变情况下，扩大空间生产即扩大空间面积和范围，也能获取更多的利润，这都是在资本逻辑的驱使下完成的。用列斐伏尔的话说，这是"从空间中的物的生产转向实际的空间的生产"[1]。哈维也认为"在资本主义条件下，城市建构环境的生产和创建过程是资本控制和作用下的结果，是资本本身的发展需要创建一种适应其生产目的的人文物质景观的后果"[2]。列斐伏尔和哈维还把工业资本的生产称为"第一循环"，资本对城市建构环境的投资称之为"第二循环"。

新马克思主义者所说的当代资本积累的空间生产和"第二循环"实质指的资本的对外扩张甚至是全球扩张，资本的全球扩张既受资本逻辑的驱使，又是资本逻辑的结果，只不过，资本逻辑作用的范围由以往的本国扩展到他国甚至全世界。

在新马克思主义者看来，资本生产、资本积累和资本逻辑的全球扩张虽然已成为现实，但也遇到了许多空间矛盾甚至是空间危机。首先是资本扩张的全球同一性和地方异质性的矛盾，受资本逻辑的驱使，资本在全球的布散和投放，既是资本过剩积累的释放过程，也是资本进一步积累和资本最大增值过程，就资本逻辑的本性来说，资本的空间转移和扩张都是为

---

[1] Henri Lefebvre. The Production of Space, Translated by Donald Nicholson - Smith. Oxford Blackwell Publishing Ltd. 1991, pp. 36 - 37. 转引自张凤涛《资本逻辑与空间化秩序》，载《马克思主义研究》2010年第1期。

[2] David Harvey. The Urbanization of Capital Oxford Basil Blackwell Ltd, 1985, pp. 15 - 16. 转引自张凤涛《资本逻辑与空间化秩序》，载《马克思主义研究》2010年第1期。

了利润的最大化，都是为了资本的增值，资本全球扩张的目的是同一的，但各地方的经济、技术、劳动力以及政治和文化的差异，资本的空间扩张要解决这些地方性差异问题，有时还会遇到地方性的抵制。要解决这一问题，必须使资本空间处于流动和变化中，资本空间的不断转移、建构、重组和解构，在一定程度上能消除资本扩张和资本逻辑的同一性和地方性的矛盾。

总之，资本市场的不断扩展乃至全球扩展，打破了地方的封闭性和孤立性，使各国各民族的联系越来越紧密，也越来越频繁，促进了人类文化的交流，推动了人类文明的进步。马克思指出："只有资本才创造出资产阶级社会，并创造出社会成员对自然界和社会联系本身的普遍占有。由此产生了资本的伟大的文明作用；它创造了这样一个社会阶段，与这个社会阶段相比，一切以前的社会阶段都只表现为人类的地方性发展和对自然的崇拜。"[①]

二 市场交换中的公平与诚信

在市场交换中，根据供需矛盾的价值规律进行等价交换，是交换正义的本质内容，而等价交换就体现了平等原则，从而平等原则是市场交换中的根本原则，在市场分配中，按生产要素分配和按劳分配，也体现了平等的分配原则，平等原则也是市场内生性正义的重要内容。而市场毕竟存在于社会之中，市场交换和分配的平等原则必定会溢出市场，对社会产生深远的影响，从而对社会的公平正义起着积极的作用。

公正是公平和正义的合称，就总体而言，公平和正义是不可分割地联系在一起的，离开正义无所谓公平，离开公平无所谓正义，只有建立在公平基础上的正义才是真正的正义，只有达到正义的公平也才是真正的公平，而平等则是公平正义的基础，没有平等不可能有公平正义，可以说，公正是平等的更广泛的社会提升和扩充。但根据当代美国政治哲学家罗尔斯的观点，公平和正义有时也会分离，也会产生矛盾和冲突，正义并非总是基于公平，为了解决公平和正义之间的矛盾，罗尔斯提出了"作为公

---

① 《马克思恩格斯全集》第30卷，人民出版社1995年版，第390页。

平的正义"的观点，用公平来限制正义，从而把公平和正义更紧密地结合在一起。

公正观就是关于公平正义的观点和理念。从政治哲学的角度说，公正就是社会公共政策的制定、执行和效果（也即起点、程序和结果）对所有民众都是平等、公开和透明的。从伦理学角度说，公正是指人们在处理人与人及人与社会的关系上做到不偏不倚、公道、正直和正派。作为社会主义核心价值观的公正观主要取其政治哲学的涵义。

公正是一个古老而常新的话题，是人类永恒追求的生存状况和理想境界，之所以这样，是因为公正不仅是理论上的难题，更是实践上的难题，人类社会的每一次进步，都是向公正迈出了坚实的一大步，但最公正的理想社会至今还未出现，或许也永远不会出现，正由于此，公正成为人类不懈追求的生存状态和永恒的话题。

在中国漫长的封建社会，儒家思想成为占统治地位的意识形态，成为统治人们、教化人们的主流思想和文化，儒家思想经几代先人的传承而有所演化和发展，但其精神实质则是一以贯之的，这就是长幼有序、亲疏有别的宗法等级观。并且，中国封建社会是"家国同构"或"家国一体"的社会结构，社会是放大的家庭，家庭是缩小的社会，君君、臣臣、父父、子子的社会等级结构则是家庭结构的放大，也是一种纲常名教的宗法等级观。质言之，中国封建社会是等级森严、缺乏公平正义的社会。

但在儒家学说中，也不乏公正思想的火花，如孔孟儒家的公私之辨、义利之辨及仁爱思想，孟子的"养浩然之气"、儒家的"天下为公，选贤与能"[①]的理想等都包含或折射出一定的公平、正义的思想火花。

即使在等级森严的封建社会，追求公正仍然是人们的希望和理想，在中国社会的历次农民起义中，总是以"等贵贱，均贫富"等为口号和旗帜，并以此发动农民揭竿而起。农民起义的口号和旗帜虽然打上了平均主义的小农思想的烙印，但却包含着一定的公正内容，并向往着理想的公平社会。宋代包公办案的铁面无私至今传为佳话，至少说明在当时社会还是存在着公正的事实的，公平正义是人们所追求的理想。

较系统和典型的公正思想应该说是文艺复兴和启蒙运动时期的早期资

---

① 《礼记·礼运》。

产阶级提出的,他们从人性和人权出发,提出"人生而平等",并以自由、平等、博爱为思想旗帜,发动了资产阶级革命。当资产阶级取得统治地位,建立了资产阶级政权后,把自由、平等、博爱意识形态化和法律化,并写入宪章。但在资本主义私有制条件下,很难实现真正的自由、平等、博爱,从而使自由、平等、博爱形式化,并成为资产阶级发家致富的伪装和幌子。其实,早在古希腊柏拉图和亚里士多德就提出过公平正义的思想,但他们只是赋予公平正义以伦理学和政治学涵义,不可能把公平正义上升到法律和意识形态的高度。近代资产阶级首次把公平、正义、自由、平等、民主上升到宪政和意识形态的高度,这是历史的巨大进步。

约翰·罗尔斯认为,公正就是平等地分配公民的权利和义务,并且他提出了两个正义原则:政治平等自由原则和机会的公正平等原则和差异原则。政治平等自由原则是指"公民的基本自由有政治上的自由(选举和被选举担任公职的权利)及言论和集会自由;良心的自由和思想的自由;个人的自由和保障个人财产的权利;依法不受任意逮捕和剥夺财产的自由"[①];机会的公正平等原则和差异原则主要"适用于收入和财富的分配,以及对那些利用权力、责任方面的不相等或权力链条上的差距的组织机构的设计"[②]。在罗尔斯看来,第一个原则优先于第二个原则,第二个原则中的机会的公正平等原则又优先于差异原则,而差异原则被严格限定在只给最少受惠者带来补偿利益的不平等分配,否则就破坏了机会的公正平等原则。

公平正义是马克思主义的应有之义,马克思主义激烈抨击资本主义,代替资本主义的共产主义社会是公平、正义、民主和自由的社会,是"每个人的自由发展是一切人的自由发展的条件"[③]的社会,是"人终于成为自己的社会结合的主人,从而也就成为自然的主人,成为自身的主人——自由的人"[④]的社会。

马克思主义的公正观是建立在消灭了私有制,消灭了阶级和剥削的基

---

① [美]约翰·罗尔斯:《正义论》,何怀宏、何包钢、廖申白译,中国社会科学出版社1988年版,第57页。
② 同上。
③ 《马克思恩格斯选集》第1卷,人民出版社1995年版,第294页。
④ 《马克思恩格斯选集》第3卷,人民出版社1995年版,第760页。

础上的，从而马克思主义的公正观是形式和内容、理想和现实、理论和实践的有机统一，从而是真正的公正观。

作为社会主义核心价值观的公正观是马克思主义公正观在社会主义现代化建设实践中的运用和发展，又吸收了中西方公正观的合理成分，形成了社会主义的公正观。社会主义公正观的第一要义就是在宪法和法律上确立公正的合理性和合法性。党的十七大报告指出："加强宪法和法律实施，公民在法律面前一律平等，维护社会公平正义，维护社会主义法律的统一、尊严、权威。"① 然后，社会主义公正观以宪法和法律为基础向整个社会公共政策延伸，公共政策的内容要体现社会公正，公共政策的功能要维护社会公正。

首先，公共政策的设计和制定的起点公正。公共政策是公共制度的具体化，是政府部门设计、制定的解决公民关心的公共问题、分配公共利益的程序和办法。公共政策是适应于全体公民的，具有社会的普遍性。公共政策是关于公民利益分配的政策，而公民的具体情况和条件是非常复杂的，不是处于同一条件和情况下的，公共政策的设计和制定要做到起点公正，就不能以部分公民的条件和情况作为根据，而应把所有公民的不同条件和情况都统统抹去和隐藏起来，或者取其所有公民条件和情况的平均数值，在这种罗尔斯所称的"原初状态"或"无知之幕"中来设计和制定公共政策，就能做到起点公正。

其次，公共政策执行中的程序公正。要做到公共政策执行过程中的程序公正，就必须要落实有力，执行坚决，使公共政策不走样、不变样，不增减其程序的步骤，不受外来因素的干预，使公共政策顺畅地执行。程序公正是公共政策公正的关键，因为它是体现公正的实质因素和阶段，不公正因素也往往出现在这一阶段。这主要在于程序公正是公共政策同每一个公民的兑现，是每一个公民利益的获取和实现，而每一公民的具体情况又是千差万别的，同一公共政策要在公民中的具体落实，有一个灵活运用和不同方法的解决问题，只有秉着以人为本的原则，把人当目的，又不违背公共政策的精神来解决具体问题，才能做到程序的公正。罗尔斯正是看到

---

① 胡锦涛：《高举中国特色社会主义伟大旗帜 为夺取全面建设小康社会新胜利而奋斗——在中国共产党第十七次全国代表大会上的报告》，人民出版社 2007 年版，第 31 页。

了程序正义的复杂性，他区分了完善的程序正义和不完善的程序正义两种情况：完善的程序正义是指有一种确定的有关结果公正的标准，并有保证达到这一结果的程序；不完善的程序正义是"当有一种判断正确结果的独立标准时，却没有可以保证达到它的程序。"① 最后，公共政策执行的结果公正。所谓结果公正是指每一公民根据自身的条件和情况获取相应的利益份额和取得同自身相称的结果。一般说来，公共政策设计的起点公正和执行的程序公正，其结果也是公正的，需要注意的是，结果公正并不意味着结果的平均，而只是平等，即同自身情况相称的结果，结果的平均主义决不是公正，反而是不公正。社会主义的按劳分配原则就体现了公共政策执行的结果公正。

要做到公共政策的起点、程序和结果公正，必须要有公民的参与、监督和评估，因为，公共政策的设计、执行和结果不是自发地进行的，而是由人支配和操作的，而人的理性总是有限的，人性也有不善之处，所以，公共政策的设计和执行的整个过程，必须有公民的参与、监督和评估，以增加公正的成分。所以，公正和民主又是不可分的，没有民主，是不可能做到公正的，民主是促进公正的重要力量。

在市场生产、交换、分配和消费中，信誉、信任是其重要的市场伦理规范和法则，在经济活动中，信誉和信任主要是指经济体之间、人与人之间的守信和履约。因此，信誉、信任也是市场内生性正义的重要内容，但又会溢出市场本身，影响全社会，对诚信社会的构建起着积极的推动作用。

诚信是诚实和信任的组合，诚实有两层涵义：一是指人的言行和思想一致；二是指人的言行和思想同客观实际情况一致，也就是说话和办事都要实事求是，从客观实际出发，同客观实际相符合，否则就是虚伪，说一套做一套，这是不诚实、不靠谱的人，是品行有问题的人，会遭到他人的鄙夷和蔑视的人。在书面和日常理解中，我们往往注意诚实的第一层涵义，而忽视第二层涵义，只有从这两层涵义理解诚实才是全面的。信任通常是指以自己的诚实、诚恳、忠厚而博得他人对自己的信赖、信用和尊重，从而也赢得好的信誉和名声。

---

① ［美］约翰·罗尔斯：《正义论》，何怀宏、何包钢、廖申白译，中国社会科学出版社1988年版，第82页。

诚信实质上涉及自我以及自我与他人关系的诚实问题，而只有自我的诚实，才能取得他人对自己的信赖，信任主要是在人与人的交往的守信和遵守诺言，因此，个人或自我的诚实处于更基础的地位，诚信就是由个人的诚实和人际关系中的守信组合而成的。

在中国传统文化尤其是儒家文化中，诚和信是其重要的内容，也是其道德哲学的核心范畴，儒家文化中的诚和信主要是指个人的品行和修养，虽然它被笼罩在封建的等级秩序中，并具有浓厚的愚忠封建色彩，但在个人的道德修养和品行实践中却起到了重要作用，对于维护社会稳定和秩序具有重要意义。

儒家文化的诚信思想，去掉其封建等级和愚忠的落后内容，是可以吸收到社会主义核心价值体系建设中来的。在当代中国，要建设社会主义核心价值体系，要践行社会主义核心价值观，诚信建设是其重要方面，是个人价值准则的重要内容。

当然，我们要结合当代现实，在改革开放和国际化的社会背景下进行诚信建设。要把诚信当作个人的价值准则和行为规范，首先就要进行个人的道德修养，做一个诚实、踏实、忠诚的人，做一个言行一致，不弄虚作假的人。在人际交往中，要做到说话算数，一言九鼎，君子一言，驷马难追，做一个守信誉的人。这样，才是一个有道德，有品行，有修养的人。

诚信虽然主要是个人的价值准则和道德规范，但同时也是全社会要树立和倡导的社会风尚和精神风貌。社会是由无数个人组成的，个人都守诚信，讲信任，这会在全社会形成合力和强大的软实力，形成良好的社会风气和精神风范。

在当代社会，诚信是个人道德品质的重要表现和社会良好精神风貌的体现，但诚信的意义和作用不只在于道德文化领域，还延伸到广泛的经济、政治领域。

当今社会是市场经济社会，虽然资本的增值和赢利是市场的本质和运作方式，但市场经济是法治经济和信誉经济，不守法、不规范和不守信不但不是市场经济的特征，反而会扰乱市场经济的秩序，只有守法和守信才能赢得资本的增值，也才能在市场经济的大潮中立于不败之地。因此，建设社会主义的市场经济客观上要求各经济主体讲信守信，使社会主义市场经济在法治和诚信的轨道上运行，这样才能取得经济建设的成果。

在当今社会的政治领域，诚信也是非常重要的。就国内政治而言，治理者和管理者不仅只要求广大民众有诚信，而且治理者和管理者对广大民众要讲诚信，要取信于民，只有这样，民众才能信任政府，政令才能畅通，国家才能兴旺发达。

就国际政治而言，在对外关系上，要秉着平等、互利和诚信的原则同他国进行政治、经济和文化的往来，国际关系同人际关系是相似的，一个守信的国家才会在对外关系中讲信任，这样就会赢得他国的信赖和尊重，从而也赢得国际的声誉和提高了本国的软实力。反之，一个无赖的国家是无诚信可言的，在对外关系上也就会失信于他国，从而也就失去了在国际舞台的地位，对本国的发展是极为不利的。

在建设中国特色社会主义的实践中，加强个人和社会的诚信建设不只是道德文化建设和践行社会主义核心价值观的问题，而是涉及经济建设、政治建设等全社会建设重要的问题，我们一定要把中国的诚信建设好。

国家层面的价值目标注重的是国家制度上的价值理想和价值目标，具有强大的国家形态和制度保障性；社会层面的价值取向注重的是全社会民众的价值愿望和渴求，它虽然也是价值理想和目标，但是近期的价值理想和目标，即是就在眼前的，能做得到，能得到满足的价值渴望，具有广泛的社会性、民众性、可操作性和可实现性；公民个人层面的价值准则注重的是微观个人的道德规范和行为准则，这种道德规范和行为准则虽然同民众现行的道德规范和行为准则还有些差距，但它是基本的底线规范和准则，即是广大民众都应该做的，也都能够做的规范和准则，具有个体性和现实性，应然性和实然性。

社会主义核心价值观虽然包含着不同的层面、不同的要求和不同的理性层次，但社会主义核心价值观是一个有机整体，成为社会主义核心价值体系的支点和内核。

社会主义核心价值观既立足于中国本土和现实，又继承了中国传统和面向世界，是中国和世界、本土和域外、当代和传统的有机统一体。

市场经济是信任经济和法治经济，市场交换是建立在等价交换的价值规律基础上的，等价交换既是一种信誉、信任，也是一种契约和法治，健康的市场肯定是诚信和法治的市场，它对社会的信誉和法治建设，对公民的诚信和法治意识的培养也起到了重要作用。

第九章　市场正义的特征与局限

市场经济实质上是其作为经济手段而存在的，从这一意义上，马克思充分肯定了市场经济的社会历史作用，市场经济促进了社会生产力的快速发展，马克思恩格斯指出："资产阶级在它的不到一百年的阶级统治中所创造的生产力，比过去一切世代创造的全部生产力还要多，还要大。"①这实质从财富和效率上肯定了市场经济是善的，是正义的。邓小平也指出："问题是用什么方法才能更有力地发展社会生产力。我们过去一直搞计划经济，但多年的实践证明，在某种意义上说，只搞计划经济会束缚生产力的发展。把计划经济和市场经济结合起来，就更能解放生产力，加速经济发展。"②以穆勒和边沁为代表的功利主义正义论就把正义与情感、法权、利益和功利联系在一起，这实质上也指出了正义中的效率和效益因素。

一　市场正义是效率和财富正义

市场调动了经济主体的积极性，创造了社会财富，创造了就业机会，为社会分配打下了财富基础，市场为人们提供了丰盛的消费品。因此，市场正义是一种财富正义、效率和效益正义。

如果说，资本主义市场正义的财富、效率和效益内涵是建立在资本主义私有制、阶级剥削的基础上，或者是资本主义市场经济所带来的社会财富、效率和效益最终被资产阶级所瓜分或被资本家所占有，从而体现了资

---

①《马克思恩格斯选集》第1卷，人民出版社1995年版，第277页。
②《邓小平文选》第3卷，人民出版社1993年版，第148—149页。

本主义市场正义的缺陷和社会的非正义。那么，社会主义的市场正义从根本上消除了资本主义社会的私有制和剥削本质，更体现了市场正义和社会正义，社会主义不仅鼓励让一部分人先富起来，而且更强调和努力实现共同富裕，社会主义的共同富裕观就充分体现了社会主义市场正义，也体现了社会主义市场正义的财富、效率和效益内涵和特征。

共同富裕是社会主义本质特征的重要体现，也是中国特色社会主义建设的目标追求。邓小平指出："我们的政策是让一部分人、一部分地区先富起来，以带动和帮助落后的地区，先进地区帮助落后地区是一个义务。我们坚持走社会主义道路，根本目标是实现共同富裕。"[①]

共同富裕是指社会主义国家的富强和人民的富裕同步发展与提高，社会主义建设的目的就是为了人民的富裕和共同富裕，严防和反对分配的严重不公和贫富两极分化，在此基础上形成的富裕观念就是社会主义的共同富裕观。

人民富裕不是指少部分人或特殊阶层的富裕，而是指人民的共同富裕，即所有阶层、所有地区的共同富裕。

共同富裕不是一蹴而就的，而是经过先富后富的长期发展和转化才能达到的。社会一旦出现先富后富的分化，后富会想方设法追赶先富，后富赶上先富后，先富会更富，后富又要追赶先富。再者，先富和后富也不是固定不变的，后富赶上先富后，有可能成为下一阶段的先富，而先富被后富赶上后，有可能成为下一阶段的后富，先富和后富正是在这种相互作用、相互影响和相互替换中，都得到了富裕的提高，推动了整个社会的发展。

共同富裕有一个历史发展过程，即有初级共同富裕、中级共同富裕和高级共同富裕的发展过程。目前，我国社会已基本达到小康，我们所要达到的共同富裕还只是初级共同富裕，初级共同富裕是物资充分，人民解决温饱后所达到的富裕生活，但贫富差距比较大，中级共同富裕是指达到发达国家的生活水平，中级共同富裕就是全面小康社会的到来，它不只是物质生活的富裕，也包括精神生活的充实和愉快，还包括生活质量、居住环境和自然条件优越等。显然，中级共同富裕比初级共同富裕不仅富裕程度

---

① 《邓小平文选》第3卷，人民出版社1993年版，第155页。

有了提高，而且富裕的范围有了扩大。高级共同富裕只有到社会主义的高级阶段或共产主义社会才能达到，是物质生活、精神生活和交往生活的极大丰富，生活质量和生活环境的极大适人性和怡人性，是人与自然、人与社会、人与人的高度统一与和谐。

社会主义国家的繁荣富强与人民的富裕是一致的和同步发展的。社会主义国家的富强是人民富裕的根本保障和坚实基础，没有国家的繁荣昌盛，就不可能有人民的富裕，更没有人民的共同富裕，因为人民的共同富裕是依靠社会生产力高度和快速发展来达到的，另外，人民的共同富裕需要社会制度的调控，没有社会生产力的快速发展和社会制度的合理调节，人民不可能达到共同富裕。同样，人民的共同富裕即是社会主义国家繁荣富强的体现，在一个人民贫困的国度里，其国家肯定也是贫穷落后的，根本谈不上人民的共同富裕。所以，人民的共同富裕离不开国家的富强，国家的富强也离不开人民的共同富裕。国家的富强和人民的共同富裕是同步发展和提高的，是统一和一致的。

在达到共同富裕的漫长过程中，会出现先富后富的不同步性和多富少富的不均等性，甚至还会出现贫富分化的现象。这主要是因为社会主义实行的是社会主义市场经济体制，资本市场是社会主义经济的主要运作模式，从而资本市场的根本规则和本质特征仍是社会主义资本市场所固有的，在资本市场中，主要是按要素分配，贫富不均和贫富分化是资本市场获取利润和财富的带有规律性的现象。因此，在社会主义的资本市场领域，先富后富，多富少富，贫富不均，贫富分化，甚至一夜暴富和一夜赤贫也是常有的现象，这是符合资本逻辑和市场法则的。在资本市场领域，只要是依据供需关系和国家法律进行的公平交易，都是合理合法的，是符合市场公平和正义的。在我国，先富人群的崛起一般是在20世纪90年代以后的事情，我国的改革开放正处于实质性阶段，即在由计划经济体制向市场经济体制的转型过程中，经济转型是一场深刻的社会变革，从生产资料所有制结构到分配制度、从生产关系到上层建筑、从人们的日常伦理到价值观念都发生了深刻的变化，在社会变革过程中，存在着许多机遇，有小部分嗅觉灵敏的人捷足先登，抓住了经济发展和致富的机遇，经过20多年的顽强拼搏和翻爬滚打，成为老总、老板和大亨，并拥有数千万甚至数亿元资产和身价，成为先富者或先富群体。我们要充分肯定先富者对社会的贡献，对后富者的示范效应。

但我们也应看到，先富者或先富阶层富裕的速度是快了些，显然快于社会发展的速度，有些甚至是暴富起来的，如果富裕阶层致富的速度远远快于社会的发展，远远快于大部分人的致富速度，并且先富群体只有很少部分，只占全国人口的百分之几甚至零点几，而占有全国人口所有财富的半数以上，那么，这样的先富多少存在些不合理性。

在社会主义社会，存在着资本市场，也存在着非资本市场的公共领域，在社会主义的公共领域，由于个人的能力有大有小，创造的社会财富有多有少，从而从社会获取的报酬就有多有寡，这是符合按劳分配原则的，也符合社会主义的公平原则。就不同地区来说，由于自然资源和自然环境的不同，社会发展的基础各异，各地区的发展是不平衡的，从而发达地区先富起来，欠发达地区后富起来，这也是符合社会发展规律的。问题在于先富要符合社会的规章制度，通过辛勤劳动先富起来。至于通过钻国家政策的空子、权力寻租和垄断稀有资源一夜暴富的人，我们要坚决反对，这种不是通过正常途径的暴富不利于社会的发展，违背社会的公平正义。

要缩小贫富差距，消除两极分化，达到共同富裕，发展社会生产为第一要务。因为，劳动创造财富，只有大力发展社会生产力，才能创造更多的财富，也才能更快地积累财富，为共同富裕打下坚实的基础。如果不发展社会生产力，没有基本的或足够的物质财富和精神财富，再先进的社会制度也不可能带来和保障人民的共同富裕。所以，在社会主义社会，大力发展生产力和解放生产力，既是社会主义的本质规定和本质要求，也是实现人民共同富裕的根本动力。改革开放40多年来，党和国家的工作重点转移到以经济建设为中心，发展社会生产力成为社会主义建设的首要和根本的任务，从此，社会的物质财富和精神财富不断丰富，能满足人民基本的甚至是不断发展的物质需要和精神文化需要，人民的生活水平有了显著的改善，总体过上了小康生活，虽然离高级阶段的共同富裕还有相当的距离，但人民的共同富裕程度得到了很大提高，这要归功于改革开放以来，社会主义建设的伟大成就，归根于生产力的快速发展。将来，要达到高级阶段的共同富裕，也同样依靠社会主义现代化建设的成就和生产力的大力发展以及社会主义制度的建设和完善。

另外，进一步发展和完善资本市场，成熟和完善的资本市场为实体经济的发展创造充足的资金环境和广阔有序的营销市场，有力地推动着社会主义生产力的发展。资本市场成为当今世界经济发展的主导力量，经济发达的国家都有其成熟和完善的资本市场作后盾。因此，发展社会主义市场经济，必须完善资本市场，这样才能使社会主义市场经济融入全球经济和世界资本市场中，加速社会主义经济的发展，为早日达到共同富裕创造更有利的条件。

社会主义制度建设也是达到共同富裕的根本保障。先富帮后富，达到共同富裕，这是先富群体的社会责任和担当，先富群体应以捐助、赞助、慈善、无偿援助的形式帮助、扶持困难群体，使困难群体尽快脱贫致富。

但先富帮后富仅有道德情怀和志愿行动是远远不够的，更应有社会制度作其保障。国家更应出台强有力的政策，让先富群体通过高税收和所得税的形式把部分资产归还社会和人民，帮助后富群体脱贫致富成为他们的法律义务。

国家要制定先富帮后富的政策，并有效贯彻执行。先富人群有法律义务帮助后富人群富裕起来，这种帮助不只是输血式的，更是造血式的，即是对后富人群传递生产技能、生产经验、科技技能、致富观念以及资金的投入和扶持，尽快使后富人群摆脱贫困状态，进入富裕的行列。另一重要方面，国家要完善和严格税收政策，使高收入人群和富裕人群依法纳税，纳足税，纳好税，国家把税收财政进行二次分配，并向贫困地区和贫困人群倾斜，尽最大可能缩小贫富差距，促进共同富裕。

要达到共同富裕，要切实实行分配正义原则，在制度设计和制定上，适当关照后富群体和贫困群体，制度设计的差异性也是符合分配正义的，因为这种差异性从历史和全社会整体看，是互补和协调的，总体上整合成平等原则和公平正义原则。

加强社会保障体系建设，健全和完善再分配与转移支付政策法规，使无劳动能力的人群平等地享受社会的发展成果，保障他们的生存和生计，使社会福祉惠及全体民众。

提供更多更好的公共服务产品，让全体民众不出家门就能享受到公共服务，使其物质需求和精神文化需求达到最大限度的满足，真正做到学有所教，劳有所获，住有所居，老有所养，人人拥有一定的财富，过上幸福美好的生活。

总之，资本市场的不断扩展乃至全球扩展，打破了地方的封闭性和孤立性，使各国各民族的联系越来越紧密，也越来越频繁，促进了人类文化的交流，推动了人类文明的进步。

市场正义是在私利的驱使下对利润和价值增值的无限追求中表现出来的，由于各市场主体的既得利益、能力、天赋等方面的差异，尤其是承担风险能力的不同和面对市场机会应变能力的差异等，即使基于供求关系和价值规律之上的交易是公平合理的，也不意味着市场主体的资本增值和获取利润的均等，因为机会在市场交易中决定着利润的大小，从而收益的差异甚至两极分化是常见现象，这种现象不是由市场交易规则决定的，而是由市场机会决定的，市场本身永远是正确的，它不偏袒任何人，对任何人都是公平公正的。由于市场机会难以预见和掌控，抓住了机会等于就抓住财富，失去了机会等于就失去了财富，从而市场极具风险性和赌注性，它既是冒险家的乐园，也是胆小鬼的禁地，既是暴富者的福池，也是赤贫者的深渊，市场交易即使有这样的冒险性、惊险性和两极性，也是符合市场正义的。可以说，在资本运作的市场中，交易的公平和收益的差异是矛盾的，正是这种矛盾体现着市场的风险和冒险本质，也支撑着市场的有序运转。市场正义是整个社会正义的一部分，因此，同社会正义相比，市场正义是一种有限的、局部的正义。市场具有风险性和难以预测性，收益的差异和两极分化是市场的常态，从而，市场正义是一种包容差异和不均等的正义。

另外，市场正义具有一定自发性和间接性，这就是说，主体参与市场不是直接为他人和社会提供财富，也不是直接实行社会的公平正义，而是直接为自己财富的增长并且是最大化的增长，主体参与市场的动机是自私自利的，正如日本学者山口重克所说："市场当然无法实现社会公正，它所能实现的不过是市场的公正而已。"[①] 但市场的客观结果不仅增加了市场主体的财富，也增加了社会整体财富，并为社会提供各种产品和服务打下了财富基础。因此，市场正义不完全是市场主体自觉、有意而为的，而

---

① [日]山口重克主编：《市场经济：历史·思想·现在》，张季风等译，社会科学文献出版社2007年版，第49页。

在一定意义上是市场客观的自发结果，从而市场正义具有一定的自发性、盲目性和间接性。

资本的贪欲和追求无限的增值，是市场的先天本性，它不仅导致市场收益的贫富分化，还会滋生和助长拜金主义，如果让市场放任发展，不加以国家的干预和市场的宏观调控，那么往往会导致经济危机。

市场正义的有限性、局部性和差异性，市场正义的自发性和间接性特征，既是市场正义的特点，也可看作市场正义的不足和缺陷。而市场正义的不足和缺陷来源于市场和资本的本性，即自私和贪欲是市场和资本的先天弱点和本性，追求利润和价值增值的最大化是市场和资本的永恒目标和不竭动力。市场和资本自私与贪欲的弱点，实质上来源于人性的自私和贪欲，是人性自私和贪欲的投射和物化。在市场经济条件下，由于多种所有制并存，多种产权并存，市场和资本实质表现为各种产权主体对财富、利润和价值的追求，也就是对自身利益的追求，在追求自身价值和利益最大化过程中，当然会表现出人的欲求甚至贪婪的本性，不过，在看不见的手和看得见的手的双重束缚下，人的这种自私自利本性会限定在一定范围内，不会变为破坏性的恶，从而，市场和资本的贪欲本性不会变得肆无忌惮。

市场和资本的贪欲本性还在于为了追求无限的利润和价值，总想超越市场的限度和边界，僭越到国家公权力、公共文化等非市场领域，一旦具备了条件，市场和资本的这种僭越就会成为现实。市场和资本一旦僭越到公权力，就会出现权力腐败和寻租。市场和资本一旦僭越到公共文化领域，会影响甚至剥夺民众的基本文化需求，影响民众正常健康的文化生活。

二 市场正义的局限

市场正义主要是在成熟的市场经济表现得较完整和典型，在现实市场中是很难完整、典型地表现出市场正义的。这就是说，现实市场总是掺杂着人为干扰的因素。我们知道，供需关系和价值规律作用下的市场不是自然而然的自发过程，看不见的手的价值规律总是通过看得见的市场现象表现出来，仍然是有人参与其中的社会规律。

市场往往导致输赢和贫富的两极结局，市场具有一定的自发性和盲目性，容易滋生利己主义和拜金主义观念，这些可被视为市场正义的局限性。另外，市场的自发性和盲目性容易导致经济危机。

生产和市场的盲目性在资本主义社会，特别是在资本主义自由竞争时期表现得异常突出。市场经济本身就是一种效率、财富和趋利经济，追求利润的最大化是市场经济的本质特征。在资本主义私有制条件下，市场经济的这种趋利本质表现得最为典型，也表现得淋漓尽致。市场经济的趋利本质必定会导致各市场主体的竞争，只有竞争并在竞争中取胜，才能获取更多的利润，从而市场经济也是一种竞争经济。在资本主义社会，生产和市场的竞争表现得异常尖锐和复杂，用弱肉强食的"丛林法则"来比喻资本主义生产和市场的尖锐竞争一点不过分。

为了获得更多的利润和剩余价值，个别企业的生产是有组织性和计划性的，它们能根据市场的供需矛盾，能有目的、有计划地生产什么，生产多少，产品出售后能获得多少毛利润，除开成本和工人的工资，资本家自己能获得多少纯利润，资本家是算得清清楚楚的。同时，为了达到这一目的，资本家会合理地配置生产要素，加强管理，并给工人一些小恩小惠来调动工人生产的积极性。况且，资本家的这些做法又往往是成功的，也就是说，个别企业的生产是有组织和有计划的，并且这一计划在很大程度上是能够实现的，即资本家能获得利润和剩余价值，并且是获得丰厚的利润和剩余价值。

个别企业生产是有组织性和计划性的，由于资本主义的生产社会化同资本主义生产资料私有制之间的矛盾，必定会导致整个社会生产和市场的无计划性和盲目性。也就是马克思所揭露的资本主义社会个别生产的有组织性和整个社会生产的无政府状态的矛盾，也就是个别企业生产的计划性和整个社会生产的无计划性和盲目性的矛盾，这正如美国当代经济学家萨缪尔森所说的合成谬误。合成谬误（Fallacy of Composition）是这样一种谬误，对局部说来是对的东西，仅仅由于它对局部而言是对的，便说它对总体而言也必然是对的。这就是说，个别和局部的某些正确，如果整体都是这样，整体肯定是不正确的，反之亦然。在经济学领域中，十分肯定的是：微观上而言是对的东西，在宏观上并不总是对的；反之，在宏观上是对的东西，在微观上可能是十分错误的。合成谬误是缺乏创造性和缺乏开拓性的表现，它会造成重复生产、资源浪费、供求单一，但合成谬误也是市场自我调节的一种表现，平衡着供求和价格的关系。

用合同谬误理论来分析资本主义生产就会发现，个别企业有计划地生产某种产品，获得了利润，于是许多企业甚至全社会都生产这种产品，最后导致产品过剩，卖不出去，不仅没有利润，就连成本也亏了，从而导致整个社会生产的盲目和无计划性，资本主义的基本矛盾又具体表现为消费上的生产无限扩大的趋势与劳动人民购买力相对缩小的矛盾，表现在阶级关系上就是资产阶级和无产阶级的尖锐矛盾。资本主义基本矛盾的不断激化就会爆发经济危机。

我们知道，资本主义生产时追求单一的利润，只要什么产品有利可图，就会跟风似的去生产相同的产品，在这种生产中，只要有利可图可以不惜采取各种手段，甚至可以置竞争对手于死地。虽然个别资本家生产的有计划性和组织性，能够合理地配置生产要素，调动工人的生产积极性，的确能提高生产效率，获得较大的利润和剩余价值。但由于资本主义社会的私有制，缺乏整个社会的宏观调控和管理，缺乏全社会的产业布局，致使全社会的生产处于无序的恶性竞争中，进而处于无组织、无计划的盲目状态中。资本主义的私有制本身无法解决个别资本家生产的有组织性和整个社会生产的无政府状态的矛盾，这一矛盾发展到一定程度就必然爆发经济危机。

资本的贪欲和追求无限的增值，是市场的先天不足和缺陷，它不仅导致市场收益的贫富分化，而且也会导致经济危机。

自然经济和计划经济时代是不会出现经济危机的，因为这两种经济形态存在于生产力还相对落后的社会，如自然经济主要存在于封建社会，封建社会是农耕社会，农业占国民经济的主导地位，又没有实现农业现代化，农业生产力比较落后，其农业远没有社会化大生产的水平，农产品不仅没有极大的丰富，反而相对不足和匮乏。虽然封建社会是建立在土地地主私有制基础上，但社会矛盾主要表现为地主和农民的阶级矛盾，而生产的矛盾并不十分突出，所以一般不会爆发经济危机，因为经济危机是生产相对过剩的危机，而封建社会的自然经济条件下，是自给自足的经济形态，不存在生产的相对过剩，反而是生产的相对不足和匮乏，从而就不会爆发经济危机。

第九章 市场正义的特征与局限

计划经济主要存在于社会主义国家建立的初期，十月革命胜利后的苏联所实行的新经济政策和新中国成立后的前30年的经济政策是典型的计划经济体制。计划经济是特定历史时代的产物和过渡经济形式，计划经济（Command economy），或计划经济体制，又称指令型经济，是一种经济体系，而这种体系下，国家在生产、资源分配以及产品消费各方面，都是由政府或财团事先进行计划。由于几乎所有计划经济体制都依赖政府的指令性计划，因此计划经济也被称为"指令性经济"。从计划经济存在的具体社会来看，社会主义国家建立初期，生产力水平低，国际国内矛盾十分复杂和尖锐，从生产资料所有制看，这一时期正在对资本主义私有制进行改造，社会主义公有制在建立过程中，也就是正处于从私有制到公有制的过渡时期，国家正处于百废待兴，建设任务重。恢复和发展生产是第一要务，只有依靠国家的力量才能尽快完成这一重任，所以实行计划经济政策是具有历史必然性和可行性的。

在计划经济体制下，也不会爆发经济危机，因为不具备爆发经济危机的条件，首先，生产力没有达到社会化、机械化的水平，产品相对短缺，而不是过剩；其次，在所有制上，虽然处于公有制的建立过程中，但其主要成分是公有制，而不是私有制；再次，整个社会的生产不是无计划和无政府状态，而是高度计划和组织的政府指令性的，所以不存在爆发经济危机的生产的社会化和生产资料私有制之间的基本矛盾，不存在个别生产的有组织性和整个社会生产的无政府状态的基本矛盾。而只存在落后的生产力和人们日益增长的物质文化需求之间的矛盾，这一矛盾会不断激励社会生产的发展，生产更多的物质文化产品来满足人民的需求，不存在产品过剩的情况，从而也就不会爆发经济危机。另外，计划经济是在严格的计划下的生产，严格控制供需关系，也不会出现产能过剩和产品剩余，只能出现生产和供给不足，一般也不会出现经济危机。只有在商品生产和市场经济条件下才会出现经济危机。因为经济危机是生产相对过剩的危机，即产能过剩、商品堆积、物价飞涨、购买力下降，是供需矛盾的尖锐表现。市场经济具有自发性和盲目性，市场主体只顾自己的生产，并且为了追求资本的无限增值而盲目扩大生产，这样就会导致整个社会生产的无政府状态，如果政府不能及时调节或调节不到位，就会引起生产过剩和通货膨胀，进而导致经济危机。

经济危机早在简单商品生产中就已经存在，1825年英国第一次爆发普遍的经济危机，随后发生危机的年份是1836年、1847年、1857年、1866年、1873年、1882年、1890年和1900年。在资本主义自由竞争阶段以及向垄断资本主义阶段过渡时期，差不多每隔十年左右就要发生一次经济危机。进入20世纪，在1900年危机之后，迄第二次世界大战以前，又发生了1907年、1914年、1921年、1929—1933年、1937—1938年的经济危机，差不多每隔七八年就发生一次危机。最严重的一次是一战前1929—1933年的大危机，这次危机震撼了整个世界，波及所有的殖民地、半殖民地国家，被称为"三十年代的大危机"。它的影响非常大，甚至使德意日走上了法西斯道路，成为"二战"策源地，是"二战"爆发的原因。它是在第一次世界大战和俄国十月革命后帝国主义时期世界体系各种矛盾激化的条件下发生的。危机长达4年之久，生产下降和失业增长都达到了空前猛烈的程度。世界工业生产几乎下降了44%，比1913年的水平还低16%，倒退到1908年至1909年的水平，失业人数达到5000万人左右，一些国家的失业率竟高达30%—50%。世界对外贸易总额下降了66%，倒退到1913年的水平以下。就美国来说，工业生产下降了56.6%，其中生铁产量减少了79.4%，钢产量减少了75.8%，汽车产量减少了74.4%，整个加工工业工人人数减少42.7%，支付工资总额降低57.7%，全失业人数达1200多万人。危机使资本主义世界的各种矛盾进一步激化，德、意、日三国法西斯乘机上台，它们相继发动了侵略战争，直至1939年爆发第二次世界大战。1929—1933年的危机过去以后，转入了一个长时间的"特种萧条"阶段。以后在生产还没有发展到明显的新高涨的情况下，又爆发了1937—1938年的经济危机，至1939年为第二次世界大战所打断。1929—1933年的大危机是在国家干预还不够发展、市场的自动调节还占主导地位的情况下发生的。它充分证明了市场的局限性，传统"自由放任"在这种历史条件下已不适用。于是以这次大危机为转折点，特别是第二次世界大战以后，国家干预获得了重大发展。由于20年代中期世界经济的发展包含着局限性和不稳固性，盲目扩大的生产同容量相对稳定的国际国内市场发生尖锐的矛盾，导致了1929年经济危机的爆发。危机以美国纽约股票价格狂跌开始，很快波及全美国，并迅速席卷整个世界。危机发生后，各国采取了以邻为壑的短视政策，致命危机具有长期性、普遍性和空前的破坏性。危机对全世界影响巨大,并给世界经济发展留下深刻的教训。

经济危机给世界以沉重打击,使社会矛盾空前激化,结束了20年代出现的虚假繁荣局面。危机给各国人民带来了巨大灾难,激起了人民对社会制度的不满,使反对社会制度的情绪高涨。罢工运动、群众示威和农民运动高涨起来。发展中国家人民也掀起了反对外国转嫁危机的斗争。法西斯主义在一些国家内迅速蔓延,法西斯组织相继出现。各国统治阶级面临内忧外患的困境,在经济和政治上普遍加强了国家干预和专横统治,日本开始实行武力扩张,德国则建立了法西斯统治。

由于西方国家加强了国家对市场的调节和监管,第二次世界大战后,世界性的实体经济危机在减少,但由虚拟资本所引发的金融矛盾、冲突时有发生,偶尔也会出现金融危机。由于美国近三十年来加速推行的新自由主义经济政策,金融监管制度的缺失,加之华尔街投机者钻制度的空子,弄虚作假,欺骗大众导致了次贷危机。美国次贷危机(subprime crisis)又称次级房贷危机,也译为次债危机。它是指一场发生在美国,因次级抵押贷款机构破产、投资基金被迫关闭、股市剧烈震荡引起的金融风暴。它致使全球主要金融市场出现流动性不足危机。美国"次贷危机"是从2006年(丙戌年)春季开始逐步显现的。2007年8月开始席卷美国、欧盟和日本等世界主要金融市场。

当然,资本主义发展到现代,为了缓和个别企业生产的有组织性和整个社会生产的无政府状态的矛盾,资本主义国家也作了多种尝试,如加强国家宏观调控,加强整个社会生产的计划性和组织性等,这些措施也起到了一定的作用,近几十年来没有爆发大的经济危机。但这只是临时的措施,治标不治本,最根本的办法在于废除资本主义的私有制,从根本上解决资本主义的基本矛盾,但资本主义又不可能这样做,这样做了等于是自掘坟墓。所以,不废除资本主义私有制,资本主义生产和市场的无政府状态和盲目性是不可克服和消除的。

不管是在资本主义还是社会主义,作为经济手段的市场经济都有它的盲目性特征,只不过在资本主义私有制条件下,市场经济的盲目性表现得更为突出和尖锐,并且容易引发经济危机。

在社会主义的计划经济时代,生产力水平不高,其生产远未达到社会化大生产程度，19世纪的社会化大生产是指生产的自动化和机械化，而20世纪中叶至今的社会化大生产除机械化，更是智能化、信息化和全球化。因此，社会主义经济时代一般不会爆发经济危机。

随着社会主义的发展，特别是改革开放以来的发展，由计划经济体制转变为市场经济体制，生产力有了突飞猛进的发展，其生产不仅实现了自动化和机械化，而且实现了智能化和信息化，并参与到了全球化进程，是名副其实的社会化大生产，同资本主义的生产力水平的差距在越来越缩小。因此，就资本主义经济危机的社会化大生产的经济条件说，社会主义也具备。但资本主义经济危机爆发的根本原因是其私有制，私有制同资本主义的社会化大生产的尖锐矛盾导致了经济危机的爆发。但社会主义是以公有制为主体的多种所有制共同发展，不存在社会化大生产同私有制矛盾这一爆发经济危机的根本条件，因此，从根本上说，社会主义不会爆发像资本主义那样的经济危机。

但社会主义市场经济也存在盲目性和无政府状态的情况，受资本主义经济危机的影响，在一定范围和程度上也有发生轻微经济危机的可能。这主要在于当今的社会主义已实现了社会化的大生产，甚至是智能化和信息化的社会化大生产，这就为产品的过剩提供了条件和可能，当今的产品丰富、库存和剩余已成为现实。另外，社会主义公有制从根本上能预防和消除经济危机，但社会主义实现的是以公有制为主体的多种所有制形式共同发展所有制体系，其中就包括私有制、股份制和混合所有制等多种形式。所有制形式的多样性，特别是个体所有制和私有制的存在，在社会主义条件下，这些非公有制形式同社会化大生产从根本上是相适应的，但也存在不相适应的一面，甚至会同社会化大生产相矛盾的一面，这就有可能导致生产的无计划、无组织的无政府状态的可能，从而可能爆发经济危机。

还有重要原因就是当今世界经济是一体的，是全球互联的，一国经济的动荡会引起全球经济的风波，如果资本主义国家发生经济危机必定会波及社会主义，1908年美国的次贷金融危机就波及了全世界许多国家，其中就包括社会主义的中国。因此，在当今时代，社会主义经济完全孤立于资本主义已是不可能，完全不受资本主义经济危机影响也已是不可能。

但是，即使社会主义受资本主义经济危机的影响或是发生局部的和轻微的经济危机，在范围和程度上也不同于资本主义的经济危机。这主要是因为社会主义的社会化大生产毕竟没有发达资本主义国家那么高，更为根本的是社会主义实现是以公有制为主体经济体制，这同社会化大生产是根本一致的，不会发生对抗和尖锐的矛盾，还有社会主义强大的国家调控体制，对社会主义的生产特别是市场经济生产的保驾护航，这就为避免社会主义发生严重的经济危机提供了根本的保障。

社会主义生产毕竟是社会化大生产，社会主义经济毕竟是市场经济，市场经济的盲目性、自发性和竞争性也是社会主义市场经济内在具有的，各市场主体的生产首先是从各自的利润，并且是利润的最大化出发，由于各市场主体趋利的同一性和同质性，免不了非理性竞争的发生，最后导致同一产品的过剩，从而出现局部甚至全社会产品的挤压和库存，这也是社会主义市场经济盲目性的表现，甚至也会出现个别生产的有计划性同整个社会生产无政府状态的矛盾，但这一矛盾不像资本主义社会表现得那样尖锐和对抗，在公有制和国家宏观政策指导下，这一矛盾往往表现得比较温和，当然有时也可能发展到比较尖锐的程度，这时可以通过社会主义经济制度自我完善和发展，可以把这一矛盾的尖锐性和冲突性降低到缓和的程度，从而使社会主义市场经济始终在正常和有秩序的轨道上运行。

在社会主义公有制为主的条件下，市场经济的盲目性受到很大的约束和克服，因为社会主义的市场经济更多受到国家宏观政策的调控，看不见的手时刻受看得见的手的指导和指挥，全国各生产部门，总的社会生产和消费都有全面的布局和规划，从而市场经济的盲目性就能大为降低。

我们既肯定市场正义的合理性和积极性的一面，也要看到市场正义的差异性、不均等性、有限性和自发性的一面，我们要发挥市场正义优势，也要克服、抑制市场正义的不足，这就需要用社会正义来补充、纠正、规范市场正义的缺点与不足。

市场正义的不足和缺陷还在于存在市场失灵现象。所谓市场失灵，意指维持合乎需要的活动或停止不合需要的活动，其价格——市场制度偏离理想化状态，致使市场对资源的配置出现低效率[1]。早在崇尚市场机制的古典经济学家西斯蒙第、马尔萨斯、约翰·穆勒等在分析市场作用的优点时，也看到了市场的一些不完美之处，并提出了质疑，如分配不公、

---

[1] 胡代光、周安军：《当代国外学者论市场经济》，商务印书馆1996年版，第16页。

贫富不均或者生产过剩。他们主要从现象上看到市场运行结果与一般伦理判断之间的冲突，他们的观点零星的和表层的，还没有构成市场失灵理论。

真正的市场失灵理论的产生，不可回避的有两个阶段：一是19纪末期杰文斯、门格尔、瓦尔拉斯的边际革命，他们运用边际效用价值论和一般均衡等构建出的微观经济学基础，把市场现象归结为个人选择的结果，并着重解释了在资源稀缺和技术约束条件下，市场如何趋同于协调和均衡。而张伯伦、罗宾逊夫人正是在这个微观经济学的基础之上，考察了垄断和垄断竞争条件下的生产者行为，将垄断现象置于市场内生的地位来考虑，从而使垄断成为研究市场失灵的第一个着眼点。二是福利经济学的产生。旧福利经济学对市场失灵理论的最大贡献在于，它在新古典传统的框架内为市场评价寻找着具体的标准，而这个标准，就是社会的福利的标准。新福利经济学则在批判和吸收庇古旧福利经济学的基础上，以帕累托最优为研究的核心，从社会福利的角度来考察市场经济制度的优点和缺点，并把市场缺陷作为重要的研究领域。①

当代美国经济学家、1970年第一个获得诺贝尔经济学奖萨缪尔森于20世纪50年代发表了《公共支出的纯理论》一文，标志着市场失灵理论的正式诞生，经过几十年的发展，市场失灵理论逐步走向成熟。市场失灵理论的研究大致分为两类：一类市场失灵理论研究包括三个主要内容，即垄断、外部性和公共品；另一类市场失灵理论研究室外部性和公共品。20世纪70年代以来，由于垄断理论有了进一步的发展，于是市场失灵理论的研究更集中在外部性和公共品，泰勒·科恩（Tylor Cowen）所编著的《市场失灵理论》一书中，干脆就认为市场失灵的两个特征就是外部性和公共品。所谓外部性，意指一个人或一个厂商的活动对其他人或其他厂商的外部影响，或称溢出效应，这种效应是在有关各方不发生交换的意义上，价格体系受到的影响是外来的，存在没有经济报偿的"交易"。② 所谓公共品，意指一个人对某些物品或劳务的消费并未减少其他人同样消费或

---

① 刘辉：《市场失灵理论及其发展》，《当代经济研究》1999年第8期。
② 胡代光、周安军：《当代国外学者论市场经济》，商务印书馆1996年版，第17页。

享受利益，如国防、路灯、无线电广播等等①。公共品具有不可分割性、非竞争性和非排他性。

"外部性"（externalities）最初是马歇尔（A. Marshall）针对同一产业部门内企业之间在技术上的相互影响而引入的概念，后来其涵义扩展到多个经济主体之间并非由价格关系而产生的经济影响，其中，某一主体不通过市场而使其他主体收益的情况被称为"外部经济"（externlaconomies），相反，给其他主体带来损失的情况则称为"外部不经济"（externladisconomies）。后者典型的例子是公害或环境污染等②。所谓外部性或溢出性就是说经济效益和社会效益的产出不在交易本身，而是在交易后的较长的时期，而市场强调的是交易本身的直接的、暂时的经济效益，至于外部性产品和项目，市场是不感兴趣的，也是不会与之作交易的。因此，市场对于外部性和溢出性产品、事项和事业是失灵的。

而公共品和外部不是密切相关的，公共品就是公共产品，它具有外部性、不可分割性、非市场性和非排他性。公共品的不可分割性是指公共品对所有消费者来说是在量和质上是均等的，没有彼此的差异和区分，消费者在公共品面前是相互联系的一个整体，是不可分割的。公共品的非市场性是指不存在市场的私人性，不以赢利为目的，不存在市场的竞争。公共品的非排他性是指有人消费公共品时，不排除其他人也同样消费这公共品，人人共享着公共品的消费。而市场同公共品的这些特性是相反的，从而市场不能提供公共品，在公共品面前是失灵的。

市场经济助长了人的私欲和拜金主义观念，这也可被视为市场正义的一个缺陷。我们知道，人的自私与私欲是随着私有制的产生而产生，并随着私有制的发展而发展的。人类行为有利我和自我保护的本能，这种本能是先天遗传的，这是整个动物的生存法则，不管是人类个体还是族群都有自我保护的本能，在觅食上，首先是满足自己和家族成员的需求，在争斗中，本能地保护自己及家族成员。人类进入文明社会后，人类便带着这种利我和自我保护的动物本性进入文明社会，只不过人类的这种动物本性被

---

① 胡代光、周安军：《当代国外学者论市场经济》，商务印书馆1996年版，第16页。
② [日]山口重克主编：《市场经济：历史·思想·现在》，张季风等译，社会科学文献出版社2007年版，第103页。

文明习俗和规范约束着。在私有制社会中，人的利我本性既被约束着，又提供了制度的保障，即合理的私人占有是可以的，是受法律保护和制度保障的。但如果人把合理的利我无限扩大，霸占或侵占他人的合法利益，则这种合理的利我就变成了不合理的私欲了。

人类商品经济的产生和发展，直接催生了货币的产生，货币是所有商品的衡量者，是商品的等价交换物，对货币的占有也就意味着对商品和财富的占有，人对物的占有可以变换为对货币的占有。商品的生产和交换就是为了获得商品的价值，获得货币，并且是为了获得不断增值的价值和货币。商品经济提供了产生人的私欲和拜金主义的土壤，如果不对商品经济加以市场规则的规范和引导，不加强法治的约束，不对商人加以利他、善良、爱国、义务、责任、大爱、互利、共赢等的教育和引导，商人很容易会把合理的利己变为自私、贪欲和拜金主义，并且会不断膨胀。如果这样，整个社会就会变为自私和贪欲相互厮杀的战场，社会就失去了正常的规则和秩序，至于人类之爱，社会的同情性，怜悯心会荡然无存。

可以说，资本主义市场经济是商品经济发展的顶峰，也是商品经济的完善和极致的表现形态。资本主义市场经济建立在私有制基础上，生产的社会化和资本主义私有制矛盾的尖锐化导致了资本主义的经济危机。从一定程度上说，资本家的无限贪欲、贪婪和拜金主义推动了资本主义生产的高度社会化，同时也是资本主义经济危机的人性和思想根源。资本家的自私、贪婪和对金钱的崇拜已经发展到无以复加的地步，当生产过剩，产品卖不出时，资本家宁可把商品倒进大海或是烧掉，也绝不会降价出售，更绝不会救济穷人，这是因为这样做，垄断了商品的价格，不会减少剩余价值，对于这一点，马克思在《资本论》中对资本家的自私、贪婪、贪欲，唯利是图和拜金主义进行了无情的揭露和批判。

市场经济的确同人的自私、贪欲、贪婪和拜金主义联系在一起，这是市场经济的天性，也是市场正义的缺陷与不足。但在不同的社会制度和所有制中，其表现的程度是不一样的。在私有制特别是在资本主义私有制下，市场经济的自私、贪欲和拜金主义表现得最为突出和典型，这主要是因为资本主义私有制本身就是鼓励对财富、金钱的片面追求，从而导致了资本主义社会拜金主义盛行，许多人为了极端地追求、掠夺金钱和财富不惜铤而走险，最后沦为阶下囚。

社会主义市场经济是建立在以公有制为主体多种所有制共同发展的基础上，公有制基础上的财富观是共同富裕观，这同资本主义的个人财富观和拜金主义是有本质区别的。公有制从根本上铲除了拜金主义的土壤，它要求个人树立合理的物质观和金钱观，反对自私自利和拜金主义，反对个人私欲的膨胀和贪腐。但社会主义又是市场经济的社会，市场的先天缺陷与不足，市场对利润和价值的追求仍然是社会主义市场经济所具有的，因此，在局部和非本质上，人的贪婪和拜金主义仍然存在，有时还相当突出。尤其是法治还有待完善和提高的今天，各种腐败现象还相当惊人，特别是有些领导干部，手中握有权力和资源，就把这些公共产品当作私有财产，并且参与市场交易和市场寻租，从中非法获取巨大的财富，而这种巨贪背后的是世界观、人生观和价值观的扭曲，而最为根本的是拜金主义和贪欲思想作祟。

从社会风气来说，金钱至上，财富至上成为社会的不良风气，媒体对明星、富豪的追捧，财富与权力标志着人的社会地位，社会分层及层级的固化等等，都同金钱有关，其背后的思想观念就是拜金主义。

因此，社会主义的市场经济，贪欲、贪婪和拜金主义仍有很大的市场，这同社会主义的思想文化和道德风尚是不相容的。我们要加强法治建设，对权力加以制度的约束，抑制市场经济的负面影响，弘扬市场正义和社会正义。

有些事物的优势和劣势共存于事物的本质之中，只不过有的优势大于劣势，有的则是劣势大于优势，也有的优劣势相当。在实践中，人们总是想方设法充分利用优势，消除劣势，以达到自己的目的。但消除事物的劣势要具体情况具体分析和具体解决，对于某些事物内在所固有的劣势，不能通过其优势来消除其劣势，因为优劣势就像硬币的两面，它们只能共存而不能独处，如果优势消灭了劣势，优势也就不复存在，从而该事物也将消亡。所以，要保存某一事物，该事物内部的优势和劣势只能同时存在并相得益彰地发挥作用。但事物内部的劣势又必须消除或抑制，又不能依靠事物内部的力量来消除和抑制其劣势，该怎么办呢？那只有通过事物外部的力量或因素来弥补该事物内部劣势所造成的消极后果，以保持事物的总体平衡。市场正义的先天不足和缺陷就属于这种事物。

市场正义的不足与缺陷来源于市场的不足和缺陷。市场的竞争、风险和机遇必定导致市场收益的贫富分化,这是市场内在本质所固有的,而不是外在附加的。因此,如果说这是市场的不足和缺陷,那就是市场内在、本质和先天性的不足和缺陷,这就是说,市场的内在不足与缺陷同市场的内在优势是本质相连的,消除了市场的内在不足和缺陷也就消除了市场的内在优势,反之亦然。如果市场存在管理上的问题而导致市场失范,这不是市场本身内在所固有的,而是外在的,只要解决管理上的问题,市场就会恢复正常的秩序。而市场的竞争、风险和机遇所导致市场收益的两极分化则不同,这是市场本身内在所固有的,它不可能通过消除市场的竞争、风险和机遇来解决,如果消除了这些市场要素,市场也就消亡了。因此,要化解市场收益的贫富分化,避免市场所带来的社会风险和冲突,只能在市场之外的社会、国家、政府和非市场组织,在近现代社会发展中,特别是市场经济较为发达的国家,往往是通过社会福利制度和社会保障制度来弥补市场所带来的贫富分化和社会动荡的先天不足,以维护社会的秩序和公平正义。

第十章　社会正义概述

广义地说，社会正义是存在于人类社会中的所有正义，市场正义属于社会正义的重要内容，即是市场中特别是市场交易中的正义规则，市场、资本在创造社会财富，推动社会快速发展中起到了很重要的作用。因此，市场正义是财富正义和效率正义，同时，市场正义也是整个社会正义的基础。但市场正义是有缺陷的正义，它造成了社会的分化甚至是两极分化，这不利于社会的稳定，会造成社会的动荡和冲突。因此，我们一方面要充分发挥市场正义的积极作用，又要弥补市场正义的缺陷与不足，通过社会的其他途径来消除或缩小社会的贫富分化，避免或减少社会动荡和冲突，使社会在和谐、稳定中发展。这就是说，必须运用市场以外的社会正义来补救市场正义所留下的社会缺陷。

社会正义表现在社会的经济、正义、文化和社会生活的各个方面，作为对市场正义不足弥补的社会正义主要是就经济正义和分配正义而言的，因为市场正义本质上的经济正义和分配正义。社会正义的经济和分配内容只是其基础和有形的部分，即是能看得见、摸得着，大众能亲身感受到的正义，并且社会分配正义主要是政府的行为，具有法定性、权威性和规模性。但作为正道和道义的社会正义主要存在于广大民众的日常生活中，主要表现为民众的日常行为和道德心理，而这方面的社会正义具有历史传统性、深刻性和持久性，这才是社会正义的灵魂和社会的内在构件。

一　社会正义的涵义

作为维持社会公平、公正和平等的正义原则，自人类进入文明时代以来，对它的理论探索和行为实践就从未间断和停歇过。西方古代的道德正义论、近代的法权正义论、现代的体制正义论,当代的经济正义论、法律正义论、教育正义论、环境正义论等诸多正义论的子菜单。需要注意的,这诸多部门的正义论主要是就其研究的专门领域而命名的,如教育正义论研究的是教育中的正义问题,这同古代的道德正义论和近代的法权正义论不同,道德正义论和法权正义论不局限于伦理和法权领域,而是把道德和人的自由、平等和权利当作整个社会的基础,也是达到正义的途径。因此,古代的道德正义论和近代的法权正义论实质上是整体的社会正义论。而罗尔斯的制度正义论既是社会正义论,也是政治正义论,还是分配正义论,因为罗尔斯所说的制度是国家设计和制定的,它无疑具有政治属性,同时这制度主要是分配制度,涉及人的物质利益的分配,它当然也是分配正义论,罗尔斯的正义论所要解决的是社会的平等问题,最终要达到的是社会正义,它无疑也是社会正义论。

社会正义是指市场之外的公共领域的正义,是国家凭借其公权力,通过制度设计和安排,在全体国民中平等地分配社会财富、权利、机会和资源等。平等是分配正义的本质内涵,公权力、公共制度和社会财富等是分配正义实施的条件。社会正义体现的是国家或政府同公民的关系,"不是人与人之间的直接关系,而是从外部赋予他们的意义。"① 当然,社会正义也体现了公民之间的平等关系,这就是平等地拥有和享受一定的经济利益,但这种平等关系是通过国家和政府的公权力以及制度设计和安排而实现的。这里所说的社会正义主要是指分配正义即在全社会成员中平等地分配收入和财富。

可以说,迄今为止罗尔斯的正义论是最为完整和具有典型意义的,从而在受到许多肯定和赞许的同时,也受到不少的责难和指责。罗尔斯虽然是个自由主义者,但他更看重平等,平等是他正义论中的核心和关键词。罗尔斯从假设的原始状态出发,用无知之幕遮蔽着每个人在社会中的地位、阶级出身、天生资质、自然能力、理智和力量的不同和差异,使每个人和各方在原始和零的状态下,依靠各自的理性和智慧契约或设计出正义原则。据此,罗尔斯提出了两个著名的正义原则,简称为"平等的自由

---

① [加拿大] 欧内斯特·J. 温里布:《私法的理念》,徐爱国译,北京大学出版社 2007 年版,第 223 页。

原则"和"差别原则"（最少受惠者的最大利益原则）。认为前者确保平等的自由，而后者确保平等的分配，对于第一个正义原则，平等地分配自由和权利是可以做到的，但对于第二个正义原则，平等地分配机会和权力、收入和财富是无法做到的，那么怎样才能使不平等的分配是正义的呢？为了使不平等的分配符合正义原则，罗尔斯在差别原则的基础上提出了补偿原则，即"为了平等地对待所有人，提供真正的同等的机会，社会必须更多地注意那些天赋较低和出身较不利的社会地位的人们。这个观念就是要按平等的方向补偿由偶然因素造成的倾斜。"①

罗尔斯所设想的作为制定正义原则条件的"原始状态"和"无知之幕"在现实社会中是难以具备和达到的，但其中的意蕴即正义原则要注重全社会所有人的利益、收入和财产却是积极的，尤其是建立在差别原则基础上的补偿原则是达到社会公平的有效手段，虽然现实社会中要实现罗尔斯的正义原则还有不少难度，但这毕竟指明了社会朝公平正义发展的方向。正由于此，在罗尔斯以前的不少政治学家如马歇尔和罗纳德·德沃金就主张社会分配应改善下层民众的生活，给予不利地位的群体和个人以更多的保护。即使崇拜市场自由主义和人性自私论的斯密也认为，社会分配要有利于下层阶级，改善他们的生活状况，这是符合社会公平正义的②。可见，罗尔斯建立在差别原则基础上的补偿原则表达了社会正义论的共同愿望。

罗尔斯设计出的社会正义的平等原则和差别原则，这实质上也就是分配正义的两大原则。西方多元文化主义实质也主张社会公平正义中也应包含差异的，加拿大当代政治学家金里卡指出："社会正义不仅是公平对待个人；它还具有一个以群体为基础的重要元素。正义的社会应该是这样一个社会，其中一切主要群体都在各个领域按照大致的人数比例被代表。"③

我们认为，罗尔斯所说的差别原则和补偿原则，即对社会的弱者和获利少者给予更多的关照与多一些分配，并没有破坏分配正义的平等原则，

---

① ［美］罗尔斯：《正义论》，何怀宏、何包钢、廖申白译，中国社会科学出版社1988年版，第95—96页。
② 参见孙春晨：《市场经济与分配正义》，载《学习与探索》2006年第3期。
③ 转引自［英］戴维·米勒《政治哲学与幸福根基》，李里峰译，译林出版社2008年版，第97页。

正是符合平等原则。这要从社会总体和历史发展两方面看,具体的分配是有差异的,是不平等的,但整个社会的分配则是正义的,是达到社会平等的重要原则。再从社会历史发展来看,获利多者可能是前代多分配造成的,获利少者也可能是前代少分配造成的,而当今的分配适当多给予一点获利少者,是完全符合历史平等原则的。正由于此,诺齐克用历史主义正义三原则(获取的正义、转让的正义和矫正的正义)来反对罗尔斯的设计主义和现实主义正义观,其实,罗尔斯现实设计的正义原则与诺齐克的历史主义正义原则,不是相互矛盾的,而是互补的,现实和历史的结合正好是分配正义的完整内容。

哈耶克主张的分配是市场的自由化和个性化的分配,因为市场分配是在供需关系和价值规律作用下市场投入的回报,同国家和社会分配相比,它具有不确定性和不可控性,哈耶克的正义论是基于市场分配的即市场正义论。而罗尔斯主张的分配是全社会的分配,从而罗尔斯的正义论是基于全社会分配的社会正义论。

社会正义对市场正义的补救主要是解决财富分配的公平问题,市场分配是社会首次分配,它强调效率,但有失公平,社会必须通过再分配来弥补市场分配公平的缺失,这样,社会才不至于出现危及社会稳定、和谐发展的分化、矛盾、冲突和动荡。

具体说,社会必须建立社会保障体系来应对社会的各种风险,维护社会的公平正义。社会保障体系包含许多内容,其中,社会福利制度、社会养老保险、社会救济以及社会的应急措施等,都是用来应对社会各种风险和不测的,都是维护社会的稳定、和谐。其中就包含着社会公平正义内容,也在一定程度上弥补着市场正义的缺陷。

二 公道和正直

从社会规则层面说,正义是构建、维持和巩固良好、合理和公平社会秩序的原则和规则,这就是正义原则和公平规则。从社会秩序本身来说,正义就是社会的公序良俗,就是社会的公正的秩序。而社会的正义原则和社会的公正秩序又是内在统一和一致的,正义原则的有效实行就能构建社会的公序良俗和公正秩序,如果正义原则不能有效实行,就不可能带来社会的公序良俗和公正秩序，这时，正义原则和社会的公正秩序是不一致的，甚至是矛盾和冲突的，我们当然不希望看到这种情况的发生。另外，在特定的历史时期，在暴君和专制统治下，既没有正义原则，更没有社会的公正秩序，这显然是不公和暴政的社会。

　　社会的公序良俗和公正秩序实质就是社会的公道和正道。道就是规律、规则和秩序，规律、规则和秩序只有兼顾社会的方方面面和各群体的利益，并把社会各要素和各群体利益整合在一个秩序和张力的平台上，从而显现出社会规律、规则和秩序。因此，社会规律、规则和秩序不是某人或某群体任意杜撰出来的，也不是只代表某人或某群体的理念和利益，而是全社会的整体和集体表达，体现了全社会的张力和发展趋势。从这一意义上说，真实的社会规律、规则和秩序就是社会的公平正义，就是社会的公平和正道。

　　中国古代哲学尤其是老子哲学本质上就是道的哲学，在老子道的哲学里，道不仅是天地之本、之源，"道生一、一生二、二生三、三生万物"。从实质说，老子的道主要是社会之道，人生之道，于是老子大谈对道的守护和坚持，大谈德与道的关系，上德和下德与道的关系是有差异的，上德完全同道一致，可以等同于道，而下得本质上同道一致，只不过下德同社会人事结合在一起，但同下德结合和统一的社会人事不具有恶性，却都具有善性，否则就不能称之为德。在老子看来，天地有道，人性和行为有上德和下德，就是维护社会的公序良俗和秩序，就是让社会是一个符合道，同道保持一致的社会，这样有道有德的社会，没有战争，没有偷盗和欺诈，人民能安居乐业，其乐融融。这样的社会和人民的生活都是道法自然的。

　　老子心目中的道虽然具有超越世俗生活的乌托邦意蕴，但道肯定是公平正义的，是天地合社会的规律规则和秩序，同时也是人的行为准则和规范，否则，道就不成其为道。这样的道实质上就是正道，是天地间的正道，社会的正道。不过，老子对道的期望和赋予的内涵更高、更丰富，就是道不只是维护社会秩序的力量和规则，更具有自然无为、理想主义和浪漫主义的仙境之道。

　　如果说老庄的道是一种无为而治、理想主义和浪漫主义的仙人之道，那么宋明理学的理则是社会和人的现实之道，并具有浓厚的道德修养和教化色彩。在宋明理学看来，理就是社会的道德天理和纲常伦理，是封建社会的等级和统治秩序，也就是封建社会的天理、天道。理学的理虽然具有一定的抽象性和形上性，但没有道家的道那样具有乌托邦特点，更多具有现实性。理学虽然提出"理一分殊"，只是用来区分一般的理和特殊的理，只是区分社会规则和社会秩序的层次性，强调实现道德天理和纲常伦理的具体途径。

如果说，道家的道只是泛泛地指认社会的规则和秩序，那么理学的理则现实化为封建的纲常名教和等级秩序。在道家看来，道就是天地的规律，社会的法则和秩序，也就是社会的正道，是社会公平正义的象征和表现。同样，在理学家看来，理就是社会的道德法则和等级秩序，也就是社会的正道，也是社会公平正义的象征和表现。

理学所认为的封建道德法则和等级秩序是正道和正义的，在今天看来，确是有失公道和正道的，因为封建的等级制是一种不平等、不公正的制度，但在封建社会，人们反认为是正道和正义的，这是由社会的具体状况和历史条件所决定的。而道家的道主要是一种一般的天地和人伦秩序，相对可能更显示出它的社会正道的特性来。

如果说，道家的道和理学的理，主要是社会的规则和秩序，相对于个人来说，是外在的规律，但这种外在的社会规则和秩序是通过人的行为构建起来的，因此，外在的道德规则和秩序必须要教化人，转化为人的内在觉悟和心性，成为人的善端和良知。心性之学、道德修养的工夫论是中国儒学的重要内容，工夫论实质上就是关于外在的社会道德规则如何转化为个人内在的修养、品性和良知过程的学说，如果说外在的社会道德规范是本体论的话，那么个人内在的品行修养就是修养论和良知论。中国儒学是一个庞大的道德体系，而工夫论是其重要的组成部分，同道德的本体论相比，工夫论尤为重要。孟子的养浩然之气，王阳明的格物致知，朱熹的养天地之性和气质之性，儒家的内圣外王的内圣修行等都是讲的工夫论。

如果说早期的儒学道德本体论和心性工夫论还没有明显分开的话，那么到了宋明的和陆王心学程朱理学则有了明显的划分，陆王心学是从人的内心的格物致知出发，也就是从工夫出发去构建社会的道德体系和道德规范，而程朱理学则是从外在的道德规范出发来构建人内心的心性道德。心学和理学路径相反，但殊途同归。

在儒家看来，社会的道德规范就是社会的秩序，代表了社会的正道和正义，而个人内心修养和品性就是社会道德规范的内在化和养成，是个人内心的正道、正义和正直的品格，而社会的道德规范和个人的道德品质是一一对应和互为一体的，缺一不可，如果只有社会的道德规范而没有个人的道德修养，社会的道德规范就会失去根基，最终会倒塌，而如果只有个人的道德修养而没有社会的道德规范，社会就会失去应有的秩序。所以从社会的正道和正义来理解社会道德体系，外的道德规范和个人内在的道德修养是不可分离的。

如果说，社会的道德规范体现了社会的正道，而个人的道德修养就体现了人的正直。当然，儒学的社会正道和个人正直单指道德的，显然具有片面性，社会的正道和个人的正直涉及政治、经济、文化、道德、社会交往和日常生活等各个方面。

"天下为公"这是中国古代统治者的座右铭，"公"不仅同"私"相对，而且更是公平、公正、正道、正义的意思，就是说，统治者的所作所为都是为了国家和百姓，秉公执法、秉公办事，不徇私枉法，办事按同一标准，待人一律平等，宋代包公的铁面无私已是典范，并传为佳话。当然，历史上昏君把自己当作公的化身，朕即国家，朕即天下，"普天之下莫非王土，率土之滨莫非王臣"只是打着"天下为公"的旗号进行专制统治，这是另一回事。"天下为公"的本意就是社会的公道和公平。

在中国封建社会，许多起义者如农民起义者打着"替天行道"的旗帜来召集起义队伍和笼络人心，并且效果很好。这主要是"替天行道"的"道"是天道、公道和正道，是社会的公平正义，所以才能赢得人心，并能取得胜利。

社会的正道就是社会的公平正义，就是社会的合理秩序。而社会的正道内化于人心，就是个人的正直。正直既是人的品质，也是人的行为。

如果说社会的正道实质就是社会的正义，那么作为同社会正道相对应的个人的正直则代表个人的正义。正直不仅是人的性格，而且是人的思想、意识和行为标准和准则。从人的性格特征看，正直是指人的坦率、坦诚、刚直，说话直来直去，心直口快，不转弯抹角，言行一致，没有小心眼，没有小弯子，这是指正直的人的说话和做事的方式特点。但有些正直的人说话做事很注意技巧和方法，尽量考虑到对方的接受程度，说到问题处点到为止，不碰到对方的痛处，使对方明白就行了。做事也不那样风风火火，大手大脚，而是和风细雨，有时还是润物无声，反正把事情做好就行。这样的说话和行事方式只要坚持正义的立场，不徇私舞弊，也是正直的表现。

人的正直不只是性格问题，更主要的是人的思想意识问题，世界观、价值观和情感问题，而这又是联系在一起的。正直的人具有公平正义的世界观和价值观，也是具有正义感的人，具有正义感的人当然不是圣人，但却是君子。就是说，正直的人会平等公正地对待自己和他人，他不会因个人的私利而破坏公共规则，去损害他人的利益。也就是正直的人会坚持原则，坚守公道，并且不会因为个人的利益而牺牲公共规则，我们经常说的一身正气就是指这个意思，一身正气既指秉公办事，从不徇私，即行为的正义，也指思想感情的正义即正义感。

同君子相对的是小人。君子是正道、正义之人，而小人就专指见风使舵，不讲原则，不守规矩，忘恩负义，一切为个人的利益而转移。小人人生格言就是一切围绕自己的私利而转移，什么公共规则、规矩、公德、友情都见鬼去吧。

小人是言行不一的人。说的是一套，做的又是一套，因为小人的言行都是为个人的私利转移的，个人的私利变化了，转移了，那么其言行也同样变化和转移。

小人是不守信的人。言行不一当然就是不守信，对别人的诺言是不兑现的，所以，在别人眼里，小人是不可信之人，从而是不可交往和不能委任的人。

小人是见利忘义的人，利是指个人的私利和小利，小利也就是小便宜，也就是小人既占大便宜，也不放过小便宜。忘义就是把正义、正道和正直抛到九霄云外去了。小人既然见利就上，见好处就占，当然就要违背公意和破坏公共规则，也就是违背正道和正义。

小人是善变的人。变是客观事物的一大特性，自然现象在变，社会现象在变，人也在变，但客观事物的变化是有规律的，在变的总趋势中，有相对的静止即不变，也就是说，该变的时候就变，不该变的时候就不变。但小人的善变则不一样，他的变不是客观规律进行，而是根据自己的私利进行，哪里有利可图就朝哪里变，善变是以他个人利益为轴心的。

小人是没有是非观的人。这里的是非观是指建立在正道、公道上的是非观,是达成共识的是非观,从而就是一种公共意识和公共精神。小人是没有这种是非观的,但小人也有他个人的是非观,就是能给他带来好处的就是正确,不能给他带来好处的就是错误的,小人的个人是非观同公共的是非观往往是背道而驰的。

所以,小人是不正义、非正直之人,就在于他没有公共意识和公共精神,不遵守公共规则,个人利益至上,是典型的个人主义者和利己主义者。如果一个社会由小人来统治和管理,或者一个社会大多数人为小人,那这个社会肯定不是正道的社会,这样的社会秩序肯定是乱套的。只有君子来统治和管理的社会,并且社会大多数人是君子,这样的社会才是正道、正义的社会,这样的社会也才是公序良俗的社会。

第十一章 社会再分配是社会正义的本质体现

社会首次分配即是市场分配，市场分配强调效率，但要兼顾公平，市场分配是市场正义的重要表现。由于市场主体的先天和后天的种种原因，资本的多寡和市场占有份额有很大差异，又由于市场的诸多风险和不确定因素的存在，市场主体驾驭市场风险能力的大小等，导致了市场分配不是均等的分配，而是有差异的甚至是两极分化的分配结局。因此，市场分配存在许多缺陷，它虽然符合正义原则，但有失公平。不但如此，只凭市场分配，社会会产生贫富分化现象，这样会威胁社会的稳定、有序及有效的运转。这在客观要求必须通过二次、三次分配来弥补一次分配的不足和造成的不良后果，使社会更趋公平正义。社会保障体系和慈善机构的建立在很大程度上能弥补市场分配的不足，更能提供全体公民的基本生活条件，保障公民的基本权利。

到目前为止，在世界普遍建立的社会保障体系包括社会保险、社会福利、社会优抚和社会救助等。

一 社会保险

社会保险制度是近代西方工业化的产物，其目的是提供工人基本生活条件，满足工人基本生活需求的社会制度。往后得到推广，并在推广中不断完善和不断扩大人群范围。可以说，社会保险制度是社会保障制度发挥作用最大的组成部分，从而也是社会保障的核心部分。

根据1953年维尔纳国际社会文献的表述："社会保险是以法律保证一种基本社会权利，其职能主要是以劳动为生的人，在暂时（生育、疾病、伤害、失业）或永久（残疾、老年、死亡）丧失劳动能力时，能够利用这种权利来维持劳动者及其家属的生活。"①

从社会保险的这一定义可以看出，社会保险的对象是劳动者，如果不是劳动者，就不在社会保险范围内，社会保险的目的就在于劳动者在丧失劳动能力时凭借参保的机会和权利能维持本人及其家属的基本生活。劳动者因疾病、伤害、失业、残疾而丧失劳动能力只是一种可能，而因老年而丧失劳动能力则是一种必然，所以，丧失劳动能力对于一个劳动者来说是一种必然，因为劳动者最终都会老去。因为，劳动者在有劳动能力时，就要为自己和家属多承担一些义务和责任，拿出生活费用来投保和参保，以预备暂时或永久丧失劳动能力时能维持自己和家属的基本生活。

同时，从社会保险的涵义也可看出，社会保险有这样几个特点：一是法定性。社会保险的法定性是指国家法律的规定，投保和参保不只是劳动者自愿的义务和责任，更是是法定的、必须的义务和责任。二是权利与义务的对等性。即享受社会保险权利的人在享受前必须履行责任和义务，也就是已拿出自己一定数额的劳动收入进行了投保和参保，否则，不可能享受社会保险的权利，这就是社会保险的对等性。三是分担性和共享性。分担性是指社会保险的责任不是由劳动者一方全部承担，而是由劳动者、劳动者所在的工作单位和国家按一定的比例共同承担，三方各自分担相应的部分，这样就充分体现出社会保险的保障性和福利性，否则就不是社会保障，而是劳动者预先支付。社会保险的共享性是指劳动者支付的保险费用大多数劳动者不能全部享受这种权利，只有少数丧失劳动能力的人才能全部享受这种权利，并且享受的权利远远大于自己曾履行的义务，也就是说，丧失劳动能力的人所享受生活保障和待遇要远远大于自己曾缴纳的社会保险费用，而这大于的部分则是工作单位、国家和他人缴纳的社会保险费用，这就体现了共享原则和一人有难众人帮的精神。四是覆盖面广。全社会的广大职工及直系亲属都被纳入到社会保险的范围。

当今的保险种类繁多，如除社会保险外，还有商业保险。商业保险是以赢利为目的的保险，它不具有法定性、福利性和社会全覆盖性，它同社会保险是有很大区别的。

社会保险是社会保障体系中的核心部分，即社会保障体系主要是靠社

---

① 转引自马斌主编《社会保障学》，科学出版社2015年版，第67页。

会保险建立起来的，可以说，没有社会保险，也就没有社会保障体系。但社会保障体系除了社会保险外，还存在着社会福利、社会优抚和社会救助等内容。

福利（welfare）的英文涵义是使身心健康、生活舒适、工作顺利的一些条件。福利的中文涵义主要是指生活当中的利益。联合国社会开发研究所将福利定义为在人类基本的物质需求和文化需求获得满足的基础上，追求满足更高层次需求的过程。中国内地学术界对社会福利有广义和狭义两种不同的理解：广义的社会福利是指国家和社会为改善国民的物质和文化生活条件，提高生活质量，向全体国民提供的超出必要生活条件的各种津贴、补助、实物、设施和服务等。广义的社会福利相当于社会保障。狭义的社会福利是指国家为社会中有特殊需要的少数弱势群体提供的各种津贴、补助、实物、设施和服务。狭义的社会福利是整个社会保障中的一部分。西方一般用广义的社会福利代替社会保障，而中国则是在狭义的社会福利意义上指称是社会保障的一部分[①]。

二　社会福利和社会保障

广义地说，社会福利和社会保险有许多相似之处：社会福利和社会保险都具有法定性和普遍性。社会福利很大部分是由国家提供的，国家提供的福利具有法定性，这同社会保险具有相同的性质。社会福利不是提供给部分人，也不是提供给少数弱势群体，而是提供给全体国民，社会福利的普遍性同社会保险也是相同的。但社会福利同社会保险又有不同之处：一是社会福利的享受者不是社会福利项目的提供者，并且只有社会福利的提供和享受的非对等性和非同一性，才能真正显示出社会福利的性质。这就是说，社会福利不像社会保险那样需要参保人缴纳一定的费用才能享有社会保险的权利，社会福利的享用者是无需缴纳任何费用就能享受社会福利待遇，福利待遇全部由国家或社会提供。二是社会福利提供给国民的生活保障和生活待遇要高于社会保险，社会保险只提供劳动者甚至只提供丧失劳动能力者必要的、基本的生活条件，解决的是基本的民生问题。而社会

---

① 张剑、赵宝爱主编：《社会福利思想》，山东人民出版社2014年版，第1—2页。

福利提供给国民的生活待遇是基于基本的民生之上的生活的舒适、幸福和享受的物质和文化条件，因此，社会福利是国民生活幸福指数的标准，而社会保险只是劳动者基本生活条件和保障的指标。从而，社会福利要高于社会保险，是社会保障的最高层。狭义地说，社会福利同社会保险、社会优抚、社会救助并列，都是社会保障体系中的一部分。

社会优抚是国家以法定形式，通过政府行为对社会有特殊贡献者及其家属实行的具有抚恤性质的社会保障措施。一般是指政府对军烈属、伤残军人的抚恤，军人及其家属是社会优抚的重点对象[①]。

社会救助是政府通过法定形式对没有生活来源，或突发灾难而造成生活暂时困难或低于国家所规定的最低生活水平的贫困群体提供一定的物质帮助和服务。

社会优抚和救助也像社会保险和社会福利一样都是法定的政府行为，并且，社会优抚和社会救助对象的权利和义务是非对等的，就是说，社会优抚和救助对象无须先缴纳一定的费用，才享受社会优抚和救助的权利和待遇，而是政府单向直接给予优抚和救助对象的物质帮助和服务。另外，社会优抚的对象是特指军人本人或军烈属，而不涉及一般的人及其家属。社会救助虽然覆盖全社会，具有普遍性，但也指救助社会中因种种原因生活在国家规定的最低生活水平以下的特殊人群。因此，社会优抚和社会救助的对象都只是社会的少数，是特殊人群。

社会保障除了其法定性外，还具有全社会性和长久性。社会保障的全社会性是指保障的范围覆盖全社会，对象是全体国民。社会保险和社会福利是惠及全体国民的，而社会优抚和救助的具体对象是特定的少数人群，但在全体公民内，只要谁符合优抚和救助条件就都在具体的优抚与救助之列，这也可以看出，优抚和救助范围也具有全社会性。社会保障的长久性是指只要公民享受社会保障权利之日起，就一直伴随一生，法定的社会保险和社会福利是这样，社会优抚和社会救助也是这样。因为社会保险中的老年保险和医疗卫生保险是伴随人的生老病死的，社会福利是从摇篮到墓地的。而社会优抚和社会救助也是终身优抚和救助的，因为被优抚和救助者不可能恢复被优抚和被救助之前的状况，只能是未出现状况直到人生的

[①] 马斌主编：《社会保障学》，科学出版社2015年版，第223页。

完结,所以社会优抚和社会救助是长久的和稳定的。

社会保障在西方发达国家一般用社会福利来代替,而中国往往直接用社会福利或保障来指代社会再分配或二次分配。因此,还有必要从整体上叙述西方发达国家的福利制度和中国的社会保障制度。

严格意义上的福利制度是同资本主义社会的建立联系在一起的,按照沃勒斯坦的看法,"历史资本主义是一个物质至上的文明","从物质上看,不仅冲在前面的人得到高额报偿,而且,顶部和底层之间物质报偿的差异很大,并在整个世界体系发展过程中日益扩大","历史资本主义创造了空前的物质产品,同时也创造了空前的报酬两极化"[①]。18世纪的英国产业革命和法国政治革命后,农民失去土地,成为流浪者和贫困者,社会陷入贫富分化,社会矛盾激化,社会动荡,正是在这样的社会历史背景下,把社会福利制度推向了西方历史的前台。

西方社会福利制度往往要溯源至英国的《济贫法》(1601)这项社会保障措施。16世纪下半期,在伊丽莎白女王统治下的英国,大批农民因失去土地和家园而破产和流浪,导致了城市贫民和流民的激增,酿成了十分严峻的社会问题。1572年,英国都铎政府通过了强制征收济贫税的条例。1601年,伊丽莎白女王政府颁布《济贫法》,试图通过行政救济和收容措施来缓解贫困、失业等社会问题。1723年,英国议会通过立法规定各教区可设立"济贫院"。一般认为,《济贫法》规定了国家以税收转移支付的方式实施社会救助,在西方社会福利发展史上有着重要地位[②]。

19世纪80年代的德国,面对经济衰退、社会主义思想传播、工人运动兴起,俾斯麦政府以国家立法的形式通过了社会保障的三部法律——《疾病保险法》(1883)、《工人赔偿法》(1884)和《伤残、死亡和养老保险法》(1889)。这三部法律被视为西方社会保障制度体系建立的标志性文献。继德国之后,欧美各国也先后推出了有关社会保障制度的各种法律。如法国的《工伤保险法》(1898)、《养老保险法》(1910),意大利的工伤保险及老年和残废保险的法案(1898),荷兰的《工伤保险法》(1901)和《疾病保险法》(1913),挪威的《疾病保险法》(1890)、《养

---

① 伊曼努尔·沃勒斯坦:《历史资本主义》,社会科学文献出版社1999年版,第25页。
② 刘燕生:《社会保障的起源、发展和道路选择》,法律出版社2001年版,第91—99页。

老保险法》(1892)和《工伤保险法》(1894),丹麦的《疾病保险法》(1892)、《工伤保险法》(1898)及《失业保险法》(1907),瑞典的《养老和残疾保险法》(1913)、《职业损伤保险法》和《年金法》(1916)。也是在19世纪末到20世纪初的这一时期,英国政府也采取了与欧洲各国相似的措施,通过了《济贫法》的修正法案,即新《济贫法》(1834)。至1929年,英国《济贫法》中止,为现代社会福利政策所替代。

1811年11月7日,经宰相俾斯麦倡议,威廉一世颁布了有关困难工人保障、救济和补贴的皇帝诏书。这一诏书被视为德国社会保障的"大宪章"。在此后的1883年,德国颁布了《疾病社会保险法》、1884年颁布了《工伤事故保险法》和1889年颁布的《老年和残障社会保险法》。这三部法令的颁布,标志着世界上第一个最完整的社会保险体系的建立,从而,德国也成为世界上第一个实现社会保险制度的国家。美国、澳大利亚等国也颁布了社会保险和保障的相关法律。20世纪30年代,西方社会保障制度基本确立[①]。

1929年至1933年,处在两次世界大战之间的西方资本主义社会遭遇了历史上罕见的"经济大萧条",史称资本主义世界发生过的一次最全面、最深刻、最持久的周期性经济危机。这次人类历史上撼动级数最强烈的经济大地震,几乎"把资本主义带到一个万劫不复的危险境地"。通货膨胀、股市崩溃、企业倒闭、失业率、农产品价格暴跌、农户破产都创下了"史无前例"的纪录。在危机最严重的时期(1932—1933),欧洲一些国家的失业率达到了30%甚至40%以上[②]。

在1929—1933年危机过后,西方国家曾经普遍出现过特种萧条时期。在大危机、大萧条期间,大批工人被解雇,抛向街头,成为产业后备军。英国工人失业人数曾接近300万,占劳动力总数的22%以上;德国失业人数竟一度达到700万至800万,约占全国劳动力的一半;法国失业者也曾达到半数[③]。

失去生活保障的劳工阶层面对着最为艰难的时世,与此相关的各种社

[①] 汪华:《论"福利国家"产生的实践传统与理论渊源》,《改革与战略》2008年第12期。
[②] 杨敏、郑杭生:《西方福利制度的演变与启示》,《华中师范大学学报》(人文社会科学版)2013年第6期。
[③] 黄素庵:《西欧福利国家面面观》,世界知识出版社1985年版,第2页。

会问题成了国家和政府的心头大患。然而即使在英国,这个失业保险最普遍的国家,投保的劳工人口也不到60%,德国的失业参保率在40%以上;欧洲其他地区失业保险的人数多则不过四分之一,最少有低到零的①。

大量的失业人群带来的负面结果,对欧美工业国家的政局造成了最为严重的打击——资本主义世界这次似乎是在劫难逃了。然而,出乎意料的是,社会崩溃却并未发生。有学者认为"主因在各国鉴于惨痛教训,大萧条之后纷纷设立了社会福利制度。"②

经济学家贝弗里奇爵士受英国政府委托,对战后重建社会保障计划进行构思设计,于1942年提出了社会福利和社会保障的具体方案和建议,称为《贝弗里奇报告》(全称是《贝弗里奇报告——社会保险和相关服务》),——被视为这项制度的奠基性文献。报告涉及了全方位的社会福利问题,着力形成一个完整的福利体系,设计了一整套"从摇篮到坟墓"的社会福利制度,其中许多新的福利项目是福利制度发展过程的根本性突破。英国政府基本接受了贝弗里奇报告的建议,于1944年发布了社会保险白皮书,并制定了一系列相关法律。1948年,英国首相艾德礼宣布英国第一个建成了福利国家,贝弗里奇也因此获得了"福利国家之父"的称号。此后,社会福利成为英国的一项国家制度和社会政策,开启了欧洲各国建设福利国家的制度发展里程③。

1945年至20世纪70年代,在《贝弗里奇报告》的影响下,西方世界开始进入全民高福利阶段。1948年,英国宣布建成了"福利国家",从此"福利国家"风靡整个西方世界,欧美主要发达国家进入"福利国家阶段",成为社会保障发展的鼎盛时期。

西方国家的福利制度对于解决贫困问题,缩小贫富分化,缓解社会矛盾,稳定资本主义政治经济秩序起到了很大的作用。另外,西方国家的福利制度对于保障当时生产的活力和市场繁荣也起到了不可磨灭的历史作用。这些都可视为社会正义的重要方面和表现,也可视为社会正义对市

---

① 艾瑞克·霍布斯鲍姆:《资本的年代:1848—1875〈导言〉》,江苏人民出版社1999年版,第133—134页。
② 同上书,第137页。
③ 杨敏、郑杭生:《西方福利制度的演变与启示》,《华中师范大学学报》(人文社会科学版)2013年第6期。

正义的缺陷所带来的社会危机的重要纠偏和补救。不难想象，如果西方国家不及时制定和实施社会福利和保障政策，其社会危机和动荡会是什么样子。

到了20世纪中期特别是70年代以后，西方国家出现了经济衰退，贫富分化，社会风险化等等趋势，曾经由福利制度带来的社会繁荣和社会公正在渐渐消减。福利作为人的权利是存在的，但救济却经常跟不上，从而，所享的福利权利在很大程度上成为难以兑现的形式化的社会权利，因为，福利权利的实质性兑现是很有限的，并且越来越难以为继。

特别是20世纪最后的20年中，西方国家饱受福利危机的折磨：高水平的福利开支越来越难以为继，已有的"福利共识"出现了瓦解，不管是学术界还是实业界对原来福利制度的社会认同和共享价值观都出现了动摇，社会因此再次面对新的冲突和动荡。

面对福利制度带来的新问题，出现了左派、右派和中间派的不同主张，左派主张限制资本和市场，国家的干预，宁可牺牲一定的效率而达到社会的公平；右派则强调更应充分发挥市场和资本的作用，较少或是取消国家的干预，只有创造更多的社会财富，才能真正实现福利社会；中间派也称第三条道路主张创造更多的就业机会，让不同阶级和阶层的人都能发挥出更大的作用，以此来解决贫困人群和社会不公问题。达到生活机会的平等，限制权力，使权利与责任挂钩。

面对福利制度所带来的新问题，西方福利国家，甚至最好的福利国家（如北欧诸国）也不得不进行改革。筛选福利目标群体，收缩福利支出，降低财政压力，进而缓解福利国家的危机，这已成为西方国家改革福利制度的基本内容。

特别是20世纪90年代以来，福利国家的改革措施更为严厉，削减给付水平，缩短给付时间，严格限制给付条件，等等。对于城市与农村中等收入及中等收入以上人群，更多地还要以缴费性的社会保险项目为主导。

中国福利思想自古有之，春秋战国时期各家各派的思想家们都提出了自己的福利主张：如周公提出的"敬德保民"，孔子提出的"大同"理想，孟子提出的"仁爱"，墨子提出的"兼爱"，法家提出的"政之所兴，在顺民心"等思想都包含有社会福利和社会保障的成分。中国古代社会福利思想的理论基础是民本主义，福利思想的实施依靠的是"德政"和

"仁政",福利思想的实现大多寄托于理想社会①。

可见,中国古代福利思想是存在于伦理道德思想中的,其实行也是通过德行的方式进行,并没有成为相对独立的社会福利思想和社会保障制度,更没有认识到社会福利是人的权利的重要内容。从而,中国古代福利思想在很大程度上只是有空想,不具有现实性。

中国近代一百多年的历史饱受帝国主义的侵略,同时,西方的福利思想也开始传入中国,清朝一些开明的外交人员赞成并传播西方的福利思想和制度,西方一些传教士也以社会福利为载体和平台来传播基督教教义。康有为所设计并提出的"供养""公教"和"公恤"的理想社会福利模式和福利制度虽然带有空想的性质,但反映了近代中国对美好社会生活的向往和追求。孙中山的福利思想建立在现代发达社会生产力的基础上,更强调社会福利的国家责任。南京国民政府时期,确立了社会福利的国家责任和人民的社会福利权利,国民党政府主张一切国民的一切生活都在保障的范围内,院内救济、社会保险、贫民住宅、医疗福利保障、失业介绍等成为这一时期福利制度的主要内容②。

民国时期的福利制度同以往相比,虽存在着一定的实施难度,但不再是理想化的,而是立足于社会现实,并具有现代性和系统性。另外,这一时期的社会福利政策制度基本接轨于西方资本主义社会,从国家责任和法律层面及国民的权利上赋予社会福利制度的涵义,制定和实施,同以往相比是一种社会进步。

中华人民共和国成立初期,社会福利建设的主要任务是在城市集中对旧社会福利机构的接收和改造,初步建立了城市职工以单位为主的福利体系。在农村则初步建立了"五保"制度即由农村生产合作社对缺乏劳动能力或完全丧失劳动能力的社员、生活没有依靠的老弱孤残社员在生产和生活上进行照顾,为他们提供保吃、保穿、保住、保医、保葬这五项保证,简称"五保","五保"的家庭称为"五保户"。

我国计划经济时期社会福利制度直接受优先发展重工业战略和户籍制度的直接影响,形成了城乡二元制社会结构,福利制度也无不形成了城乡

---

① 张剑、赵宝爱主编:《社会福利思想》,山东人民出版社2014年版,第11页。
② 同上。

之间的鸿沟。中国民政部门实施的社会福利是一种主要针对社会弱势群体的"剩余性"社会福利，在广大农村继续坚持并完善着"五保"制度。在城市主要表现为兴办各类社会福利机构和社会福利企业，为城市职工提供三大方面的福利内容和服务：一是为职工建立集体生活福利设施和文化福利设施，并提供相应的服务；二是为困难职工发放各种困难补贴，包括制度性补贴和非制度性补贴；三是职工的福利住房制度①。

可以看出，中国计划经济时期的福利制度有三大特点：一是城乡二元制社会结构，形成了社会的不平等；二是社会福利主要是覆盖弱势群众，也就是"剩余性"社会福利，并没有覆盖所有公民，存在人与人之间不平等现象；三是受社会生产力的制约，社会福利的科目和内容还处于基本生存层面，没有达到西方社会福利制度的享受和幸福的层次。

改革开放以来，中国对计划经济时期的福利制度进行了改革，改革的方向主要是朝社会化和市场化迈进。

计划经济时期，社会福利任务主要由本单位承担，形成了企业办社会，单位办社会的结局，这样不仅加重了企事业单位的负担，而且造成了企事业单位办事效率低下。改革开放以来打破了这一局面，把企事业的福利事项大部分交给社会来办，这样，不但减轻了企事业单位的负担，提高了工作效率，而且福利事业也办得更加专业和有成效。另外，中央和国营单位职工的实物分房改革为货币购房，实质上已取消了福利分房，使职工住房的分配走向了市场化，这对于逐步缩小城乡二元制结构起到了很大作用。

中国福利制度的社会化改革从四个方面进行：一是投资主体的多元化。采取国家、集体和个人等多种方式推进社会福利社会化发展；二是服务对象公众化。在农村普遍实行养老保险和医疗保险；三是服务方式多样化；四是服务队伍专业化②。

中国福利制度的改革更加彰显了社会公平正义，在覆盖面上重点放在广大农村，城乡二元制社会结构被逐渐打破。福利的事项在不断增加，福利的质量也在不断提高。另外，福利的人性化也得到了提高，如由原来的

---

① 张剑、赵宝爱主编：《社会福利思想》，山东人民出版社2014年版，第13页。
② 同上书，第14—15页。

收容站改为救助站。但由于中国人口多，又是最大的发展中国家，其福利制度还是对弱势群体基本生活的保障，还没有上升到对全体国民幸福享用的层面。同发达国家的福利制度相比，中国的福利制度和福利现状还有待大幅度提高。

当前，我国社会福利和保障制度存在的主要问题包括：社会保障立法滞后，法制建设不规范；社会保障管理体制不顺，管理水平低；社会保障覆盖面窄，城乡差别大；社会保障统筹层次低，属地原则明显；社会保障资金筹措困难，监管不到位[①]。

我国福利现状存在的问题集中一点是政府投入不够，相关研究显示，在2005年全国各项社会福利费用中，政府财政支付的部分与企业和个人负担的部分，占全国GDP比例不足9%，其中政府支出部分占GDP的比例仅为5%。而且，政府负担的社会福利费用占财政支出的比例虽然已达到27%，但是与其他国家相比，仍属于一个较低的比例。从几个主要OECD国家（法国、英国、瑞典、德国等）的社会支出占GDP的比重来看，自20世纪80年代以来，这些国家的社会支出比重不断增加，到了2003年，几个主要OECD国家的社会支出占GDP的比重都超过了15%，即使是一贯强调个人主义的美国，社会支出占GDP的比重仍大大高于中国。一些发展中国家，如捷克、匈牙利等也分别达到19.6%与16.4%[②]。

政府投入不够不只是立法和管理滞后，更在于经济社会的发展水平。2010年，中国成为全球第二大经济体，仅次于美国；对世界经济增长的贡献超过美国和日本，领先全球。但是，对于此时的中国，淡定是最为珍贵的姿态。我们的经济发展方式仍然处于初级阶段，农业尚未脱离"靠天吃饭"，农业科技进步贡献率只有51%，比发达国家低了约20个百分点；服务业增加值占国内生产总值的比重仅为40%，低于世界平均水平约30个百分点；单位国内生产总值能耗是世界平均水平的2.78倍，劳动者报酬占国内生产总值的比重不到40%，比世界平均水平低了10%—15%；自主创新能力不强，缺乏核心技术，缺少知名品牌，中国产品的增

---

① 马斌主编：《社会保障学》，科学出版社2015年版，第14—16页。
② 安东尼·吉登斯：《第三条道路——社会民主主义的复兴》，北京大学出版社2000年版，第104页。

加值率只有日本的 4.37%、美国的 4.38%、德国的 5.56%。中国的人均国内生产总值仍然非常低，约为 3800 美元，远低于世界平均的 9000 美元，在世界上排位百名之后，仅为日本的 1/10；西部内陆最不发达地区的人均国内生产总值只有沿海地区的 1/10 左右。中国至今仍有相当数量的贫困人口，如果按照国际通用的贫困标准，中国城乡贫困人口约 2 亿左右，但这些数字正在迅速减少，2020 年要完成全面脱贫攻坚任务，建成全面小康社会。同时，中国正在快速步入老龄化社会，"未富先老"对经济增长潜力、社会保障体系以及家庭结构都带来了巨大的压力。有关专家认为，对 21 世纪而言，面临的挑战在于人们没有经历过在如此短的时间内，社会上出现如此多的老人[①]。

因此，要提高中国的福利水准，不仅要在立法、管理和投入上下功夫，最为关键的是发展社会生产力，转变经济增长方式，加快服务业等第三产业的发展。只有这样，才能更彰显社会的公平正义，更能补救市场对社会正义的冲击和所造成的社会分化和分层，维护社会的正常运行秩序。

财政转移支付也属于社会的二次分配，对于维护社会稳定、和谐，缩小地区、行业间财政不平衡，缩小贫富分化，纠正市场失灵和带来的不良后果，维护社会的公平正义也起到了重要作用。财政转移支付同社会保障体系息息相关，有时相互渗透和相互重叠。

财政转移支付主要是指各级政府之间通过一定的形式和途径为解决财政失衡而转移财政资金的活动，是用以补充公共物品而提供的一种无偿支出，是政府财政资金的单方面的无偿转移，体现的是非市场性的分配关系。

财政转移支付主要包括政府的转移支付、企业的转移支付和政府间的转移支付三种形式。政府的转移支付实际上是把国家的财政收入还给个人，如社会保险福利津贴、抚恤金、养老金、失业补助、救济金以及各种补助费等，这些转移支付具有福利支出的性质；农产品价格补贴也是政府的转移支付。所以有的经济学家称财政转移支付为负税收。企业的转移支付通常是指企业对非营利组织的赠款或捐款，以及非企业雇员的人身伤害

---

① 《专家建言中国如何从经济大国转变为经济强国》，新华网，2010—09—21，http://news.xinhuanet.com/fortune/2010—09/27/c_ 12610314.htm。

赔偿等等。转移支付在客观上缩小了收入差距，对保持总需求水平稳定，减轻总需求摆动的幅度和强度，稳定社会经济有积极的作用。政府间的转移支付一般是上一级政府对下级政府的补助。确定转移支付的数额，一般是根据一些社会经济指标，如人口、面积等，以及一些由政府承担的社会经济活动，如教育、治安等的统一单位开支标准计算的。政府间的转移支付主要是为了平衡各地区由于地理环境不同或经济发展水平不同而产生的政府收入的差距，以保证各地区的政府能够有效地按照国家统一的标准为社会提供服务。

如果说，社会的一次分配即市场分配主要是根据效率或效益进行的，那么社会的二次分配要兼顾效益和公平，并且要适当向公平一边倾斜。

社会的二次分配对于化解社会矛盾、缩小贫富分化、缩小地区间、行业间和人群间的财富不平衡，维护国民的基本权利、稳定社会秩序等方面起到了重要作用。在当代市场经济条件下，社会的第二次分配是社会稳定的"安全网"，是社会可持续发展的"调节器"和"加速器"，是社会发展的"减震器"，是社会公平正义的"平衡器"①。因此，社会的第二次分配是现代社会文明和进步的重要标志，也是弥补市场分配不足和不公的重要手段。社会的二次分配是社会正义的重要表现，是纠正和消弭市场正义不足的重要途径。

我们知道，市场正义是一种效率和效益的正义，在公平上则有缺陷，这缺陷就是市场分配是不均等的，往往会造成贫富两极分化，引发社会矛盾和冲突，进而影响社会稳定和秩序。所以，政府必须通过社会保障和转移支付等二次分配手段来消弭市场分配造成的分化、不公，来预防和消除社会矛盾和冲突，维护社会和谐、稳定秩序。社会的二次分配主要是照顾社会的弱势群体，为他们提供基本的生活条件，满足他们基本的生活需求，保障他们的基本权利。社会的弱势群体或者是市场竞争中的失败者，进而成为需要社会保障的弱势群体，或者是先天的不足而不能直接参与市场竞争，前弱势群体是市场竞争和市场分配直接造成的，后弱势群体不管在什么经济形态下都是弱势群体，只不过市场经济把他们远远抛在外面而成为弱势群体，他们直接是社会的产物，而不是市场经济的产物，但同市

---

① 李春根主编：《社会保障理论与政策》，经济科学出版社2009年版，导言。

场经济有关联。

任何社会和经济形态下都存在着弱势群体，都需要通过社会的二次分配来保障弱势群体的基本生活。但只有到了工业社会和市场经济以后，社会竞争越来越激烈，社会分化也越来越严重，贫富差距和分化也越来越加剧，从而弱势群体也更加弱势，这主要是市场加剧了这一趋势。因此，在工业社会和市场经济社会，更需要社会的二次分配来保障弱势群体的基本生活和权利，来维持社会的和谐稳定，维护社会的公平正义。

社会的二次分配更体现了社会的公平正义，经济分配是社会的基本正义和底层正义，如果经济分配是非正义的，那么，社会的政治正义等其他正义就无从谈起，或者即使有，也是无用的空谈。社会的二次分配主要是照顾社会的弱势群体，这符合罗尔斯分配的差异原则的，也即是多关照社会的弱势群体，从而使社会更趋向公平正义。

作为社会的二次分配的社会保障同社会的首次分配即市场分配相比，更包含着人文关怀和博爱的精神内容。市场分配是按效率来分配，而市场效率主要由价值来决定，市场竞争是残酷无情的，市场是追求资本的无限增值，市场对财富和资本的追求是不顾人情、道德和良知的，资本增值本身就是最大的人情、道德和良知。因此，市场分配是单一、纯粹的物质财富分配，较少包含有人文和博爱因素。而社会二次分配的社会保障除了提供基本的生活保障和服务外，同时也体现了政府对保障对象的关心、关爱和关切的博爱情怀，因此，社会保障中除了基本的生活物质条件保障，还包含的人文精神的因素，这一点是同市场分配有所不同的，同时也可看出，社会二次分配的社会保障更全面地体现了社会的公平正义。

社会正义既是一种社会制度和规则，更是社会现实，因为制定社会正义原则和规则的目的就在于实施这些原则和规则，成为社会的现实，建设正义的社会。

从分配层面说，正义社会绝不是金字塔结构的社会，而是橄榄球结构的社会，因为金字塔结构的社会是处在塔顶的富人是少数，处在塔底的穷人占大多数，这样的社会肯定不是公平正义社会。并且，金字塔结构的社会是岌岌可危的，它因分配的不公甚至分配的贫富分化加剧了社会的矛盾和冲突，破坏了社会的正常秩序，容易引发社会冲突，最终可能瓦解社会。金字塔结构的社会是容易冲突和瓦解的社会，因为它不是公平正义的社会。

橄榄球结构的社会是贫富只占社会的少数，大多数人是处在社会的中层或中产，而中产阶级是维护社会秩序和稳定的重要力量，因为中产阶级满足于他们的经济地位和社会地位，他们不是社会的分裂者，而是社会秩序的维护者。对于少数的穷人通过社会的二次分配解决他们的生活问题，这样，橄榄球结构的贫富差异不大也不突出，从而社会就比较合理、稳定，也比较公平正义。

社会正义还可以从更高的层次即善的层次来理解，简单地说，正义就是善，就是好，人们追求正义社会，就是追求善和好的社会。善和好的社会就是社会分化不突出，社会矛盾不尖锐，社会稳定和谐，人民安居乐业，幸福美好。社会的市场分配虽提供较为丰厚的物质条件，但会出现分配不公，甚至出现贫富分化现象。因此，只依靠社会的一次分配即市场分配还不能使社会进入完整的善和好的社会，也就是不能进入完整的正义社会。只有在社会的一次分配后，再进行社会的二次分配，才能形成橄榄球结构的社会，也才能较为完整的形成善的和好的社会，形成公平正义的社会。

社会保障和社会福利制度的设计和实现一定要遵循公平正义原则，做到起点正义、程序正义和结果正义，是全体国民都应得到基本的生活和医疗卫生保障，特别是对于生活无依靠的老弱病残弱势群体，国家要给予特殊的照顾，保障他们的基本生活权利和需求得到满足。看一个社会是否是公平正义，固然有多方面的，但全体国民是否平等地享受国家的福利保障，人与人之间的差距不很明显则是其基本的方面，也是最基础的方面。

但我们也要看到问题的另一面，即西方那些高福利国家出现创新动力不足，许多人变得懒散和不思进取，这对于一个国家的发展和社会进步带来了威胁，因此，西方一些高福利国家也在着手对福利制度进行改革，使之更能促进社会的进步和国家繁荣富强。

中国随着改革开放的不断深入，一些深层次的矛盾和问题浮出水面，如城乡二元制结构既是改革的深水区，又反映出城乡社会的不平等。近几年，国家实行种粮补贴、取消交公粮外，又实行了新型农村医疗保障制度，农民看病像城市居民一样有报销，这对于打破城乡二元制结构，实现社会公平正义具有深远意义，使城乡社会的差距越来越小，城乡居民的国民待遇越来越平等。另外，农民的思想意识没有得到相应的提高，只伸手向国家索取，而不替国家排忧解难。如在洪涝灾害面前，只想着国家的救灾款，不积极抢险救灾，把抢险救灾当作是政府的事情。这种思想意识不是把自己当作国家的主人，而是当作旁观者，这同社会的平等和正义是格格不入的，所以，社会的公平正义不只是制度上的，也是思想意识和文化上的。

三 社会慈善

社会保障在很大程度上具有社会的全覆盖性，其中社会优抚具有社会群体的特殊性，而社会救助则是针对少数弱势和困难群体的。社会保障对弱势群体的救助是法定的国家和政府行为，这既是政府的责任，也是弱势群体的权利。但社会对弱势群体的救助也只是基本的生活保障，而对于由于遭受天灾和重大疾病的弱势群体，不仅面临基本生活的威胁，而且还面临死亡的威胁，他们是弱势群体中的弱势群体或弱势群体的底层，对于这部分人群来说，政府的救助只能解决部分生存问题，仍受着生命和基本生活条件的威胁，因此，他们还需要更大更强的救助力量来解决他们的生活生存问题，这就要依靠社会民间组织的慈善和捐赠来解决，社会和民间的慈善和捐赠既不属于社会的一次分配，也不属于社会的二次分配，而是属于社会的三次分配。因为捐赠基本属于慈善，所以只论述作为社会的三次分配的慈善怎样对市场分配不足的弥补，怎样体现出社会公平正义的。

在中文古籍中，慈善一词最初是分开使用的，"慈"是长辈对晚辈的爱心，如父慈子孝，"善"的本意为吉祥、美好，后来引申为和善、亲善、友好的高尚品行。"慈善"二字合并起来使用的最早记载是中国南北朝时期，形容人的慈心和善举。西汉末年佛教传入中国后，佛教的慈悲观对"慈善"涵义的影响很大，即对"慈善"加入了"悲"的涵义，佛教的悲包括悲心和悲行，悲心是希望他人解除痛苦，悲行是帮助他人解除痛苦。总的说来"慈善"包含慈心和善举两个方面的涵义，即他人特别是弱势群体的同情心、仁慈心和仁爱心以及对他们的善行①。在日常生活中甚至可以更简单地说，慈善就是指怜悯、同情和帮助弱势群体②。弱势群体就是正处于痛苦和困苦中，需要怜悯、同情和帮助的人群。

慈善一词翻译成英文为"Philanthropy"，源于古希腊语，本意为"人的爱"，大约从公元18世纪开始使用。还有一词"Charity"也是慈善的意思，该词出现的历史较为久远，可以追溯到公元前，其本意为"爱"的意思。

善举就是慈善活动，根据中华人民共和国第十二届全国人民代表大会第四次会议于2016年3月16日通过《中华人民共和国慈善法》的规定：慈善活动是指自然人、法人和其他组织以捐赠财产或者提供服务等方式，自愿开展的扶贫、济困；扶老、救孤、恤病、助残、优抚；救助自然灾害、事故灾难和公共卫生事件等突发事件造成的损害；促进教育、科学、文化、卫生、体育等事业的发展；防治污染和其他公害，保护和改善生态环境等公益活动③。可见开展慈善的可以是个人和社会组织或社会机构，开展慈善活动的社会组织就叫作慈善组织或慈善机构，慈善组织是指依法成立、符合《慈善法》的规定，以面向社会开展慈善活动为宗旨的非营利组织。慈善组织可以采取基金会、社会团体、社会服务机构等组织形式④。个人和慈善组织长期开展的慈善活动就构成了慈善事业，慈善活动是慈善事业的具体表现，而慈善事业是慈善活动相对稳定和长时段的一项工作任务。

从慈善活动的具体内容和服务对象可以看出，有些弱势群体既是慈善的对象，也是社会保障的对象，这就说明作为再分配的社会保障和慈善的目标是一致的，都是对弱势群体的照顾和关爱，都是维护和发展社会的公平正义原则，同时也说明，有些弱势群体需要社会保障和慈善的多方式救济和帮助。

作为关爱他人的慈善事业并不是今天才出现的，人类文明的早期就出现了慈善事业，因为文明社会和阶级、阶层是一同出现的，社会一旦出现

---

① 邓国胜主编：《公益慈善概论》，山东人民出版社2015年版，第2页。
② 周秋光、曾桂林：《中国慈善简史》，人民出版社2006年版，第1—3页。
③ 见《中华人民共和国慈善法》，第一章总则第三条。
④ 见《中华人民共和国慈善法》，第二章第八、九条。

阶级和分层就有贫富分化,就会出现需要关爱和帮助的弱势群体,从而就会出现慈善事业。可以说,慈善事业的出现是人类文明和社会进步的重要标志,也是社会正义的客观要求。

中国的慈善事业有着悠久的传统。早在先秦时期,就出现了由官方主办的赈济灾民、养疾惠政、恤老慈幼的慈善措施。汉晋南北朝时期的慈善事业是官方主导,佛教助推。隋唐时期的慈善是官办为主,官督民办。到两宋时期,慈善事业的官办体系趋于完备,民间慈善推陈出新。明清时期慈善事业的官办体系得到了延续,民间慈善兴旺发达[1]。

到了晚清,清政府采取了"教养兼施","教养并重"的救助理念和措施,代替了"重养轻教"的传统做法,教会在华兴办慈善事业,地方自治和公益慈善事业都得到了发展,这些在一定程度上反映了传统慈善事业向近代社会公益发展的趋势。民国时期,官方构建了慈善的管理体系与制度,同时也制定了民间慈善团体体系管理办法[2]。

新中国成立初期,中央政府主要是对全国就有的慈善事业进行取缔、改造、改组和接收。20世纪60—70年代,由于受"左"的思潮影响,把慈善当作资产阶级腐朽的东西进行批判和否定,从而慈善事业走向停滞和衰败。

中国改革开放以来,多元化的慈善组织、慈善机构不断涌现,如中华慈善总会、中国残疾人联合会、中国青少年基金会、中国扶贫基金、中国扶贫基金等大都是在改革开放后成立的。与相适应,慈善事业的内容不断丰富,慈善事业的地位不断提高,2016年3月16日通过《中华人民共和国慈善法》就是为了发展慈善事业,弘扬慈善文化,规范慈善活动,保护慈善组织、捐赠人、志愿者、受益人等慈善活动参与者的合法权益,促进社会进步,共享发展成果[3]。

改革开放以来,还涌现出一批批社会贤达、名流、企业家、离退休干部为水灾、为贫困大中小学生、为艾滋病、白内障的贫困患者,默默从事的慈善救助,这也标志着中国慈善事业的蓬勃发展。

---

[1] 邓国胜主编:《公益慈善概论》,山东人民出版社2015年版,第20—25页。
[2] 同上书,第26—28页。
[3] 《中华人民共和国慈善法》,第一章总则第一条。

在国外,从公元元年前后至 15 世纪,是英国慈善的初始期,慈善主要是一种民间行为,并且慈善行为仅限于向穷人和过路人提供必要的衣食,照料伤病人员和帮助孤寡老人等。18 世纪和 19 世纪的英国工业革命时期,慈善事业得到了普及,在这一时期,出现了一批大型的慈善机构,有识之士开始探索慈善救助的最佳途径,政府成立了慈善委员会。20 世纪英国的慈善事业获得了空前的发展。并出现了一些新特征:参加各种慈善组织的志愿服务活动成为一种公共责任和时尚,慈善事业跨出国门,走向世界,政府加大了对慈善事业管理的力度。20 世纪后期至今,英国慈善事业的国际化和全球化不断提高,政府通过立法进一步明确了慈善的内涵和特征,进一步明确了作为政府监管机构的慈善委员会的组成和责任[1]。

美国独立战争后慈善事业空前兴盛,如组织美国反奴协会,提供纽约劳工受教育的机会,创立儿童救助协会,成立全美收容所、医院、文化组织等。大约在 19 世纪中晚期,就整体而言,美国的慈善事业基本上完成了从分散的个体善举到能够提升公民素质的非营利性机构慈善的转变。从此,慈善越来越成为美国人的一种精神需求和专业化职业。美国的工业化时期(19 世纪后期至 20 世纪前半期)的慈善事业发生了三个变化:大众慈善蓬勃兴起;新型财富观和私立基金会的出现。美国钢铁工业巨头卡耐基对待财富的态度就代表了一种新型财富观,卡耐基认为,富人仅仅是财富的受托保管人,他们在道义上有责任把财富分发给社会,使自己掌管的财富能够增进大众的福利和幸福。第三个变化是联邦政府通过法律鼓励慈善捐赠。"二战"后,美国的慈善法制进一步完善,政府和非营利部门建立协作关系,出现了一大批国际性慈善组织[2]。个人捐赠免税入法,富豪纷纷热心于慈善事业,如洛克菲勒家族四代连续捐款超 10 亿美元。

"冷战"结束后,联邦政府大力支持和鼓励志愿服务工作,并不断完善其制度。当今,美国慈善事业的一个突出特点就是超级慈善基金会的诞生,并出现规模空前的慈善捐赠和紧急救援。比尔·盖茨和沃伦·巴菲特的巨额捐款就是明证。

---

[1] 邓国胜主编:《公益慈善概论》,山东人民出版社 2015 年版,第 32—38 页。
[2] 同上书,第 38—43 页。

慈善就是对弱势群体提供特殊的帮助和服务，爱心和善举是慈善的两大本质，也是慈善相互依存的两大方面，有爱心才有善举，而善举是要有物质条件和基础的，如果没有一定的物质条件，也就不能有善举，只有爱心而没有善举不能叫慈善，当然，有爱心比没有爱心好。

慈善是不需要有回报的善举，因此，公益性是慈善的本质特征，广义地说，公益就是公共利益，而公共利益就是全民和大众的普遍利益，不是个人利益和群体利益，也不是个人之间和群体之间的相互利益。这就是说，慈善是为了公共利益的活动。但为了公共利益不只是慈善组织独此一家，政府的社会保障、优抚和救助都是为了公共利益，从而社会保障、优抚和救助都具有公益的性质，但慈善的公益性是不具有政府性质和职能的民间组织、社会团体对特殊弱势群体的帮助和服务。特殊弱势群体是指社会保障、政府的优抚和救助还不能根本解决他们的特殊困难和需要的人群，这样的特殊弱势群体只有通过慈善组织来一对一地解决他们的特殊困难和需要。因此，慈善的公益性又不同于政府的公益性，如果说政府的公益性是面向全社会的所有公民，那么慈善的公益性只面向特殊的弱势群体。

从慈善的公益性可以看出，慈善是非营利活动，它不是以盈利为目的，不求任何物质回报的公益活动。也就是说，慈善不是贷款，也不是投资，贷款是需要付利息的，也就是借方要按一定的比例付给贷方利息的，从而贷款是一种商业行为，而不是公益行为。而投资是追求回报和资本不断增值的商业行为，甚至是投机行为，而不是公益行为。慈善是通过第三方的基金会进行的善举活动，它不求物质回报，只求大爱精神的发扬和受助人特殊困难的解决。一般说来，捐助人的善款或善物是通过中间机构送到受助人手中的，捐助人不需也不会知道其受助人是谁，从而，受助人不可能回报具体的捐助人，最多只是笼统地通过中间机构对捐助人表示感谢。

慈善的公益性还表现为慈善活动是一种纯粹的义务和责任，具有义务和权利的不对等性。人的许多行为具有权利和义务的对等性，承担什么样的义务会相应地享受什么样的权利，但慈善活动不一样，它具有义务和责任的单边性，因为慈善是出于爱心的善举，其唯一的目的就是帮助有特殊困难和需要的弱势群体，解决特殊弱势群体的燃眉之急，把他们从生活的火海中解救出来是慈善的唯一动机和目的，慈善不是贷款和投资，它不贪图物质利益的回报，甚至也不奢求精神的回报即名誉等，客观上社会对慈善家和慈善组织的赞誉和美名也不是慈善的动机和初衷。慈善是一种纯粹的公益和志愿活动，是单纯地为责任而责任，为义务而义务，慈善就像康德思想中的绝对律令一样，它之上再没有目的了，慈善本身就是最高的目的，最高的善，它是唯义务论和唯责任论的。如果慈善之上还有更高的目的，那么，慈善就沦为了手段而不是目的。同时，慈善业就变成了需要回报，需要满足一定权利的活动，这样的"慈善"将不再成其为慈善活动了。

除了公益性特征外，慈善的另一个显著特征就是其民间性。民间性是同政府性相区别的，政府性是由政府主导、管理、操作和评估的活动所具有的特性，由政府主导的活动是法定的，并且是由政府拨款和埋单的，政府行为是法定的严密的组织管理行为，如社会保障就是政府行为，具有明显的政府性。而慈善不是由政府主导的，也不是由政府拨款和埋单，同时慈善不具有法定性，慈善的非法定性不是说慈善没有法律保障，各国的慈善法就是慈善的法律保障，而是说慈善是一种自愿、志愿和公益活动，是民间和社会自发组织起来的，它不是靠国家的权力意志和行政手段产生和运作的，而是依靠民间力量自发和志愿产生和运作的，善款是通过捐募而来的，不是政府下拨的，从而慈善具有民间性。更具体地说，慈善组织的成立，善款的捐募，慈善对象的确定等都不是依靠政府的力量，而是依靠民间和社会的力量完成的，这些都是慈善的民间性的表现。慈善的民间性，非法定性和政府性并不是说慈善活动不需要法律，也不需要政府的扶助和支持，相反，慈善本身有一套严格的规章制度和法律规程，也需要政府的大力扶持，这是慈善活动本身的内在要求和规律，这同法定行为和政府行为不是一回事。

有教科书把公益慈善事业的本质特征概括为"以爱心为动力，以行动为落脚点，以社会捐赠为主要资金来源，以公众志愿参与为人力资源，以公益慈善组织为运作主体"[①]。这基本概括了慈善事业的所有特征，但其本质特征应该是公益性、民间性和大爱精神。

[①] 邓国胜主编：《公益慈善概论》，山东人民出版社2015年版，第6—7页。

慈善是爱心和善举的并举，善举是行动，爱心是精神。慈善之爱心不是小爱，而是大爱、众爱和博爱。恋人的情爱，朋友的友爱，亲人的血缘爱等都是特定对象和特定条件的爱，这些爱是人类精神世界的珍稀内容，没有恋爱、友爱和血缘爱，人类社会将是无情的沙漠。这些爱虽然珍贵和深刻，但还是小范围和特定对象的爱，从而是小爱。人世间还有比恋爱、友爱和血缘爱更广阔和博大的爱，这就是大爱，大爱无私，大爱无疆就是对这种爱的最好注脚。而慈善之爱就属于这种大爱，慈善之爱是宽广的，没有等级边界和区分的，慈善之爱是不求回报甚至是情感回报的爱，慈善之爱是一种纯粹的爱，从而慈善之爱是一种大爱和博爱。

当然，作为大爱和博爱的慈善之爱是不排斥小爱的，并把小爱汇入在自己的大爱中，可以说，没有小爱的人不可能有大爱，有大爱的人肯定有小爱。

慈善之大爱和博爱还说明一个问题，要做一个慈善家，资金的多少不是衡量一个人可否做慈善的决定因素，最多只能决定一个人做多大的慈善家。这就是说，巨款的捐赠是慈善，微薄的捐赠也是慈善，不管是巨款还是微薄的捐赠都要出于大爱之心。如果没有大爱之心，不把慈善当作最高的目的和善，而把慈善当作捞取个人功名的手段，把慈善当作秀，即使捐赠亿万资产，也不能算是大慈善家，只能算是投机者。

慈善是随人类文明的产生而产生，随人类文明的发展而发展的，特别是进入当代社会，社会结构更为复杂，社会风险更为突出，社会分层的替换在不断加快和加深，因此，社会弱势群体也呈现出多种多样，与此同时，人类的慈善事业也随之不断变化和发展。直接和短近看，社会慈善事业能直接救济和帮助弱势群体，解决他们急需而重大的生存和生活问题，从整个社会和长远看，慈善事业对于社会的进步发展，对社会的长治久安也起到了重要作用。正如有教科书所说的：公益慈善事业具有社会保障的功能，具有弘扬爱心的功能，具有解决社会问题、促进社会和谐的功能，具有培育公民意识、创新社会治理的功能[①]。

从社会分配和社会正义的维度说，慈善事业是通过社会的第三次分配，进一步实现社会的公平正义。

---

① 邓国胜主编：《公益慈善概论》，山东人民出版社2015年版，第11—14页。

慈善事业表现的是钱财的捐助，其实质是爱心和仁慈之心。因此，慈善的道德意义远大于钱财本身的意义。那么，慈善所体现的社会正义除了分配正义外，还体现了道德正义和良知正义。分配正义是社会的基本正义，它保障了国民的基本的需求和权利，但社会正义的灵魂也在于其道德和良知，一个社会如果缺失了道义和良知，是不可能做到资源分配正义的，即使有，也只是暂时的和表面的。因此，一个社会的慈善事业更全面地体现了社会正义，更深刻地表现出社会正义已深入国民的内心和灵魂，因为慈善不是政府强力推行的，而是社会和民间自发、自觉和自愿，更反映出社会的道义和良知，从而在道德意识和道德情感上表现出社会正义。

问题在于，社会已实行了市场分配的社会第一次分配和通过建立社会保障体系实行的社会第二次分配，为什么还要通过慈善、捐赠等实行社会的第三次分配呢？这就涉及第二次社会分配的不足和缺陷，也就是西方公共选择理论和公共政策理论所说的政府失灵问题。如果说，市场失灵和市场失灵理论是社会第二次分配的现实基础和理论基础的话，那么，政府失灵和政府失灵理论则是社会第三次分配的现实基础和理论基础[1]。

当代西方的政府失灵理论主要是由公共选择和公共政策学者提出的，其主要代表人物有美国学者保罗·萨缪尔森、查尔斯·沃尔夫、詹姆斯·M. 布卡南、丹尼尔·C. 缪勒勒、戴维·L. 韦默、艾丹维宁以及英国经济学家罗纳德·哈里·科斯等。20世纪30年代，资本主义世界的经济危机打破了"市场万能"的神话，也就意味着出现了严重的"政府失灵"，在这样的社会和经济背景下，产生了政府干预市场的凯恩斯主义经济学新政，然而随着政府干预的加强，政府干预的局限性和缺陷也日益显露出来，政府财政赤字与日俱增，政府的社会福利计划相继失败，经济停滞膨胀，导致巨额政府赤字，凯恩斯主义经济学无法完美地解决这些经济和社会问题，从而出现了"政府失灵"的严重问题。这为公共选择理论创造出了客观的经济环境，加之布坎南的开创性工作，最终使公共选择理论展现在世人面前。公共选择理论产生于20世纪40年代末，并于五六十年代形成了公共选择理论的基本原理和理论框架，60年代末以来，其学术影响迅速扩大。

---

[1] 邓国胜主编：《公益慈善概论》，山东人民出版社2015年版，第14—16页。

公共选择理论和公共政策学关于"政府失灵"的理论大概包括这样几个方面：1. 公共政策失误；2. 公共物品供给的低效率；3. 政府的扩张或膨胀；4. 政府的寻租活动①。这四个方面既可以被视为政府失灵的表现，也可被视为政府失灵的原因。具体地说，政府失灵就是由于政府干预行为本身存在局限性，市场解决不好的问题，政府也不必然解决得好。正如科斯所言，"没有任何理由认为，政府在政治压力影响下产生而不受任何竞争机制调节的有缺陷的限制性和区域性管制，必然会提高经济制度运行的效率，……直接的政府管制未必会带来比市场和企业更好地解决问题的结果。"②

政府失灵理论涉及政府政策的制定、政策的执行、政策的效果、政策制行中的管理和监督、政策执行效果的评估等，可以说，政府失灵理论涉及社会政府和管理的方方面面。政府失灵既有客观的难以避免的原因，也有可以避免的主观原因，从客观原因说，公共政策的特点和功能就内含着其失灵的因素，而政府的权力寻租是导致政府失灵的主观原因，公共产品供应的低效率和政府机构的扩张则是主客观因素共同作用的结果。

社会保障制度是社会公共政策的重要内容，同样，社会保障制度就客观地、不可避免地存在着政府失灵的因素。社会保障制度的设计是所有公民面向全社会所提供的公共产品是满足全体公民的共同的、基本的需求。因此，社会保障制度的设计是公共的、全体的和集体的设计，而不是个体的设计。也就是说，社会保障体系只能满足全体公民普遍的、基本的生活需求，而不能满足个体公民的全部需求，尤其是不能满足遭遇特殊重大困难的个体或群体公民的特殊需求。从这种意义上说，再完善和先进的社会保障制度和社会保障体系也是有欠缺的，包含有失灵因素的。社会保障制度和社会保障体系的这种欠缺和失灵是不可避免的客观存在，如果社会保障制度在执行上存在诸多问题，那么就更加剧了它的缺陷和失灵。

作为社会第二次分配的社会保障体系对于弥补市场分配的失灵起到了重要作用，对于促进社会的公平正义也起到了重要作用，但社会保障体系的失灵还必须依靠其他力量来克服和弥补，而社会慈善和捐赠正好是能克

---

① 张建东、高建奕：《西方政府失灵理论综述》，《云南行政学院学报》2006年第3期。

② 同上。

服和补救社会保障体系失灵的力量。因为社会慈善和捐赠是为特殊困难个体设计的，社会保障体系不能完全满足特殊困难个体需求之处，社会慈善和捐赠则能满足这些个体的需求，可以说，社会慈善和捐赠对特殊困难个体是量身打造的。在这种意义上，社会慈善和捐赠是社会保障体系的纵向延伸，即使社会慈善和捐赠是民间的和非法定的，丝毫也不影响它功能的力度。

但我们也应该看到，一个社会经过了第二次和第三次分配，虽然在多方面弥补了市场分配的不足和缺陷，但并不是社会分配就已经很合理了，我们且不说，社会保障制度和保障体系存在失灵之处，就是社会慈善和捐赠本身也不能满足所有特殊困难个体的需求，即使发达国家也不能做到这一点。这就是说，要达到社会分配的完全合理，绝对公平是不可能的，最多只能是社会分配的更加合理和公平。

广义地说，市场分配的效率正义是社会正义的组成部分，但市场正义本身具有缺陷和不足，其主要表现为会造成贫富分化，不能提供公共产品，而贫富分化是社会正义之大忌，而提供公共产品是消除贫富分化的重要手段。因此，市场正义是一种特殊涵义的正义，它同其他社会正义相比是有很大差异的，正是从这一意义上，应相对区分市场正义和社会正义，区分于市场正义的社会正义主要是要消除贫富分化，达到社会的公平正义等，而要实现这些只有通过不同于市场分配的社会分配来提供公共产品，满足全体公民特别是特殊弱势群体的基本生活需求，让全体公民平等地享受基本的权利。

社会正义是社会的平等、公平、正道的理念和原则，它又是通过各层次、各方面的平等、公平和正道的具体操作来达到和实现的。社会正义存在于社会的各个领域和方面，从而就有了社会的各种正义。从层次和梯度上说，社会正义又有一个由低到高，由基础到顶层的层次结构，经济或财富正义是社会正义的基础，政治正义是社会正义的顶层，文化正义是社会正义的中部。

社会正义同人的需求的满足是同根同生，同发同长，社会正义就是主张和提倡平等地满足人的需求和需要。从这一意义上说，社会正义也就是广义的分配正义，经济和财富正义就是平等、公正地分配社会财富；文化正义就是平等、公正地分配文化产品和文化服务；政治正义就是平等、公正地分配政治资源。

既然社会正义同人的需求、需要息息相关，同样，社会正义同人的权利也息息相关，因为人的需求、需要同人的权利息息相关，人的权利实质上就是有权享受经济、文化和政治的资源，享受各种资源实质又是人的各种需求和需要的满足。经济、财富正义既是人的经济需求的满足，又是人的经济权利的保障，同样，人的文化正义和政治正义既是人的文化和政治需求、需要的满足，又是其文化、政治权利的保障。

市场正义属于市场中的经济、财富正义，由于市场不能提供公共产品，所以，市场正义不属于公共文化正义和政治正义。即使是属于经济和财富的市场正义也不能完全带来社会的经济和财富正义，因为，市场正义往往造成社会的贫富分化，这是有悖于社会正义的。因此，就经济、财富正义而言，市场正义只是提供着社会财富，社会必须把市场提供的财富转变为公共财富和公共产品，然后，把公共财富和公共产品公平地分配给全体公民或特殊的弱势群体，以实现经济、财富正义。同样，文化正义和政治正义就是政府文化、政治的公共产品、公共资源和公共服务平等、公正地分配给全体公民，使全体公民满足其文化和政治的需要，并保障其文化和政治上的权利。

需要注意的是，国家公权力是实现社会正义的根本保障，国家公权力本身就是最高的政治公共产品，这不仅是针对行使公权力的职员而言的，而且也是针对全体公民而言的。因为作为公权力的公共产品一方面能直接满足全体公民的政治需求，另一方面，全体公民所需要的其他公共产品也要依靠公权力来进行分配。因此，如果监管不力，国家公权力会容易变为私有产品，从而就出现政府失灵的寻租现象，如果国家公权力出现寻租现象，它不可能公平地给全体公民分配经济、文化和政治公共产品，那么社会正义也就成为一句口号和一纸空文。

国家公权力要有相互监督和制约，要有广大民众的监督，行使公权力的国家工作人员或职员不是向往公权力而是敬畏公权力，公权力才能在阳光下运作，才不会出现寻租现象，这样，公权力才能真正发挥它的职能，才能真正公正地分配公共产品，才能真正维护、促进社会正义。

作为社会二次分配的社会保障实质就是通过国家公权力分配给广大民众特别是弱势群体的基本生活产品和条件，只有国家公权力公平合理地运行，社会保障制度和社会保障体系才能公平合理地满足广大民众特别是弱势群体的基本生活需求，并保障他们的基本生存权和生活权，也才体现出社会的基础正义即经济、财富分配正义。

不说社会保障中有可能出现分配不公情况，就是社会保障公平地分配基本的生活产品，也会出现社会保障的失灵情况，这是政府失灵在社会保障体系中的表现。社会保障失灵是指社会保障用同一化和均质化标准分配基本的生活产品，而人的需求是有质和量的差别的，尤其是弱势群体特别是面临生存困境的弱势群体，他们需要特别的关爱和照顾，同一化和均质化的社会保障不能根本上解决他们的生存困境问题，需要社会用特别的方式来解决。因此，作为第二次分配的社会保障虽然能解决市场失灵问题，但它本身也存在着失灵问题，它又需要社会的其他方式来解决它的失灵。从这一意义上说，社会保障所体现的社会正义也是相对的和不完整的。

作为社会第三次分配的慈善恰好能解决社会保障的失灵问题，因为社会慈善不是同一化和均质化地，而是特殊地和量体裁衣式地提供生存困境人群的帮助和救助，这正是社会保障难以做到的。因此，社会慈善对社会保障失灵的补救是通过延续社会保障而进行的，与此相适应，作为第三次分配的社会慈善也就延续了第二次分配的社会保障，其所体现的社会正义也延续和补充了第二次分配的社会保障的社会正义。这样，经过第二、三次社会分配所体现的社会正义结合在一起，更能弥补市场正义的缺陷和不足。市场的第一次分配、社会保障的第二次分配和社会慈善的第三次分配，就基本保障了整个社会分配的公平合理，也较完整地维护和体现出社会正义。

由于市场失灵和政府失灵现象的存在，又由于国家公权力有缺位、错位、越位和寻租的可能，社会慈善事业也可能存在诸多不规范、不合理之处。由于这些因素的存在，会导致市场分配和社会分配所体现的社会正义大打折扣。因此，在人类历史上，还没有出现最理想、最完善的社会公平正义，我们只是处在朝最理想的公平正义社会而不断奋斗的中途。

附录一 论作为经济手段的资本逻辑

随着中国市场经济体制改革的深入，以及融入全球化和市场化的提速，近些年来，资本逻辑一词频繁出现在学术文本中，赞成和肯定资本逻辑者有之，认为资本逻辑在推动社会生产力的发展，促进社会财富的积累等方面起到了积极的作用，初级阶段的社会主义，因其所处的社会存在基础尚未超越资本逻辑统治的全球化时代，据此，我国制定的发展战略，就不应是彻底否定资本逻辑的"纯粹社会主义"性质，而应是仍然利用资本的力量来发展自身①。反对和批判资本逻辑者有之，认为，资本逻辑造就了现代人"单向度"的生命存在样式，导致了现代人岌岌可危的生态基础，造成了现代人之间紧张的人际对峙，使得现代人遭遇了殖民化的生活世界②。既赞成又反对资本逻辑者也有之，认为，资本逻辑是市场经济条件下一只真正的"看不见的手"，它播撒着人间的幸运与苦难③。资本既是社会的范畴又是历史的范畴，在资本的概念中既包含着对人类血腥的负面效应，也包含着对人类所带来的"文明化趋势"，尽管随着历史的进程，它的正、负效应之间的比例正在日益发生变化，即正效应日益下降，负效应不断增加④。

如果完全赞成和肯定资本逻辑，就无法解释马克思为什么对资本和资本主义社会那样恨之入骨，并进行无情的揭露和批判。如果完全反对和批判资本逻辑，就无法解释马克思为什么不是全盘否定而是批判地继承古典政治经济学，无法解释马克思为什么肯定资本在推动社会生产力所发挥的

---

① 胡建：《立足于资本逻辑的社会主义》，《浙江社会科学》2010年第7期。
② 毛勒堂：《资本逻辑与经济正义》，《湖南师范大学社会科学学报》2010年第5期。
③ 鲁品越、王珊：《论资本逻辑的基本内涵》，《上海财经大学学报》2013年第5期。
④ 陈学明：《资本逻辑与生态危机》，《中国社会科学》2002年第12期。

作用，也无法解释资本逻辑大行其道的当代，社会发展仍这么迅速。如果资本逻辑是把双刃剑，那么，资本逻辑在什么情态下是积极的，值得赞成和提倡，在什么情态下又是消极的，应受到否定和反对。因此，弄清资本逻辑的合理限度以及不合理的僭越，对于澄清学术界就资本逻辑的不同甚至相反的看法具有理论意义，对于促进当代资本市场的健康发展，预防和抑制资本逻辑的无理、非法扩张又具有重大的现实意义。

一

对待资本逻辑的不同观点和态度相左的原因之一，就是对资本逻辑的理解不一致。因此，澄清资本及资本逻辑的涵义，对于消弭在资本逻辑问题上的分歧，以及推动资本逻辑问题的研究都是很有必要的。

在日常用语中，资本一词不仅频现于大众媒体中，而且也时常成为我们的口头语，如某某挺有资本的，这意味着资本就是财富和财产，资本就是权势，资本就是社会背景，资本就是拥有话语权，资本就是支配和驾驭别人的能力，甚至资本就是人的漂亮的外表和强壮的体魄等等，从而诸如政治资本、权力资本、社会资本、人力资本等被广泛使用。资本在社会上的泛化理解和使用，已远远超出了资本的原初即经济学的范围，已僭越到政治、文化和社会生活的广泛领域，资本已成为泛化的社会学术语。那么，资本一词为什么从经济学的专用词转化为宽泛的社会学用词，又为什么会有这种转化，转化后的社会后果又怎样，这是需要我们搞清楚的。

要回答什么是资本和资本逻辑这个问题，我们先得从产品、交换和市场说起。

交换和市场是社会生产力发展到一定阶段的产物，当产品有了一定的剩余，就有必要交换，用来满足人的不同需求，在原始社会晚期就出现了物物交换，那时的物物交换即使在市场中进行，其市场也是很原始的，甚至还称不上是市场。

随着人类进入文明社会，社会生产力有了一定的发展，剩余产品越来越多，也越来越丰富，这就需要扩大交换和市场，工商业和商人就是适应产品交换和市场需求而产生的。大约在封建社会早期就出现了商业和商人，有了商业和商人肯定就有商品交换的市场，有市场和货币肯定就有资本。不过，那时的市场还没有形成规模，商业从属于农业，商人也没有成为一个完整的社会阶层。因此，在整个封建社会，最多也只存在资本的最初形态。

值得注意的是，在漫长的封建社会，虽然出现了商业和商人，但商业不是主导产业，它从属于农业，在"重农轻商"政策的高压下，商人并没有多高的社会地位，反而遭遇了许多骂名，如"奸商"等，从而资本经济并没有在社会上确立为普遍的经济模式，资本关系也没有成为普遍的社会关系。虽然产生了货币，出现了钱庄和押店，但还没有出现专门以货币为经营业务的银行，因此货币主要执行的是单一的商品交换职能，称当商品交换的一般等价物。

只有到了资本主义社会，工商业取代农业成为占社会统治地位的产业，商人转变为资本家，商业利润变为了剩余价值，从而真正意义上的市场经济和资本市场才正式产生，相应地也产生了价值规律和资本逻辑的市场规则。

可见，个别的、偶然的商品交换不一定在市场中进行，可以随时随地进行。在市场中的商品交换则是经常性的和较为普遍的。市场包括资本市场和非资本市场，存在于原始社会晚期的物物交换和前资本主义社会的小商品市场，就不是严格意义上的资本市场，如果小商品市场的交换是为了商品的使用价值，而不是为了商品的价值，从而为了使用价值交换的商品也不是资本；如果小商品市场的交换是为了价值，那么小商品市场充其量只是准资本市场，而不是成熟和完善的资本市场。而资本市场的交换不是为了使用价值，而是为了价值，并且是为了价值的增值，为了价值增值而交换的商品就是资本，自从人类社会出现工商业和贸易业，就出现了资本或准资本。但直到资本主义社会的建立，资本才成为最为普遍和最为典型的经济现象，资产阶级古典政治经济学家创立了较为系统的资本理论，他们站在资产阶级的立场，大力歌颂资本，认为资本提高了生产力，解决了失业和贫困，推动了社会的发展。马克思站在无产阶级的立场，极力批判资本及资本主义社会，认为在资本主义社会，资本是工人贫困的根源，也是资本主义社会阶级对立的根源，同时资本是不平等的和不道德的，只有消灭资本，推翻资本主义制度，人类才能进入没有阶级和剥削的共产主义社会。

二

古典政治经济学所说的资本就是能够增加利润的生产资料,"资本品是为生产上的需要而生产的商品"①。马克思认为资本就是能够产生剩余价值的价值,"资本只有一种生活本能,这就是增值自身,创造剩余价值,用自己的不变部分即生产资料吮吸尽可能多的剩余劳动。"② 马克思虽然不同意古典经济学家把资本当作实体的生产要素的观点,认为资本只有在不停歇的运动中才能增值,才是资本。资本的不断增值,这恐怕是马克思和古典政治经济学家在资本问题上的共识,在市场交易中,能够使自身价值增值的价值物就是资本,当然,交易的结果可能增值,也可能贬值甚至破产。可见,资本首先是有价值的东西或叫价值物,没有价值(不管是使用价值还是交换价值)的东西不可能成为资本。任何资本不可能从无价值的东西中产生,只有从有价值中,并使其价值不断变化、不断增量才是资本,不投向市场的财富,或把财富用于消费或把财富封存起来,这财富便不是资本,如果把财富投入市场,并使之不断增值,这样的财富才转变为资本。价值物要成为资本必须把它投放在市场中,使其在不断的交易、买卖运动中,才使其价值发生变化,并在价值变化中实现价值的增量或增值。价值物在转变为资本的过程中,是存在风险的,利润与风险同在,破产和致富相伴。在市场交易中,买卖双方是根据供需矛盾和等价交换进行的,这就是看不见的手的价值规律决定市场的交易和运行,在资本市场中,只要是遵循价值规律的交换,交换的结果不管是其增值、贬值甚至血本无归,都是符合市场规律的,也是合理合法的,同时也是符合市场伦理和正义的。但马克思比古典经济学家高明之处在于,不仅从市场的层面揭示了资本是能够带来剩余价值的价值,而且从更高的层面即隐藏在资本背后的社会关系揭示资本的本质,马克思指出:"资本、土地、劳动!但资本不是物,而是一定的、社会的、属于一定历史社会形态的生产关

---

① 新帕尔格雷夫:《经济学大辞典》第1卷,经济科学出版社1996年版,第356页。
② 《马克思恩格斯文集》第5卷,人民出版社2009年版,第269页。

系，后者体现在一个物上，并赋予这个物以独特的社会性质。"① 马克思实质上在资本市场、资本逻辑和社会关系、生产关系两个层面给资本下定义，但这两个层面又是紧密联系在一起的。

资本逻辑就是资本增值和追求利润最大化的逻辑，资本的内涵实质上就包含或展现为资本逻辑，即在供需矛盾和价值规律的支配下，资本追求着无限的增值和利润，这就是资本永无止境的欲求和终极目的。资本不追问资本以外的东西，不追问资本增值的人生和社会意义，资本只追问在市场中的不断运动，并在市场交易中不断增值。

在资本市场中，价值规律同资本逻辑既有联系，也有区别，价值规律是基于供需矛盾的等价交换原则，它是市场中的看不见的手，但它却是支配市场运转的基本规律。当供大于求，就是买方市场，这时有利于买方；当求大于供，就是卖方市场，这时有利于卖方。等价交换并不意味着买卖价格的等同，也不意味着价格的不变，而是指买卖价格随供需矛盾的变化而变化，随市场的波动而波动。只不过在相同的供需矛盾和市场节奏中，买卖的价格是相等的，不能欺行霸市和强买强卖。价值规律就是基于供需矛盾之上的等价和公平交换的基本原则和基本规律，可见，价值规律更具有客观性。在资本市场中，买卖双方的交易都是为了赢利，并且是为了利润和增值的最大化，这就是资本逻辑，可见，资本逻辑更具有目的性和意向性，即买卖双方的目的就是为了利润和增值的最大化。价值规律是资本逻辑的基础，资本逻辑是价值规律的目标和结果，价值规律和资本逻辑的统一，就体现了资本市场的完整内容和规律。

资本市场、价值规律和资本逻辑是连体的，资本市场是价值规律和资本逻辑发挥作用的场所，价值规律和资本逻辑则是资本市场的真实内容。就社会发展而言，资本市场、价值规律和资本逻辑只是经济发展的手段，它们本身并不为特定社会所专有，也不为特定社会服务，正由于此，它们能被任何社会所利用并为其服务。这就是说，资本市场、价值规律和资本逻辑既能被资本主义所利用，为私有制服务，也能被社会主义所利用，为公有制服务，还能为混合所有制服务，邓小平指出："计划多一点还是市场多一点，不是社会主义和资本主义的本质区别。计划经济不等于社会主

---

① 《马克思恩格斯文集》第7卷，人民出版社2009年版，第922页。

义，资本主义也有计划；市场经济不等于资本主义，社会主义也有市场。计划和市场都是经济手段。"①

三

资本逻辑和价值规律是资本市场运转的轴心和运行规则，那么，资本逻辑同价值规律一样在资本市场中就有它存在的合法性和合理性，并且，资本逻辑在推动资本市场的快速而健康发展，乃至推动整个社会的发展上起到了重要作用。

资本市场和资本逻辑促进了社会生产力的加速发展，马克思恩格斯指出："资产阶级在它的不到一百年的阶级统治中所创造的生产力，比过去一切世代创造的全部生产力还要多，还要大。"②邓小平也指出："问题是用什么方法才能更有力地发展社会生产力。我们过去一直搞计划经济，但多年的实践证明，在某种意义上说，只搞计划经济会束缚生产力的发展。把计划经济和市场经济结合起来，就更能解放生产力，加速经济发展。"③

资本市场和资本逻辑推动了人类文明的进步。马克思指出："只有资本才创造出资产阶级社会，并创造出社会成员对自然界和社会联系本身的普遍占有。由此产生了资本的伟大的文明作用；它创造了这样一个社会阶段，与这个社会阶段相比，一切以前的社会阶段都只表现为人类的地方性发展和对自然的崇拜。"④

资本市场和资本逻辑不断拓展市场，形成了世界历史和世界公民。资本市场和资本逻辑促进世界各民族、各国家的往来和交流，民族历史真正进入世界史，公民也成为世界公民，从而各民族的生产真正具有世界意义。马克思恩格斯指出："不断扩大产品销路的需要，驱使资产阶级奔走于全球各地。它必须到处落户，到处开发，到处建立联系。"⑤"物质的生产是如此，精神的生产也是如此。各民族的精神产品成了公共的财产。民

---

① 《邓小平文选》第3卷，人民出版社1993年版，第373页。
② 《马克思恩格斯选集》第1卷，人民出版社1995年版，第277页。
③ 《邓小平文选》第3卷，人民出版社1993年版，第148—149页。
④ 《马克思恩格斯全集》第30卷，人民出版社1995年版，第390页。
⑤ 《马克思恩格斯选集》第1卷，人民出版社1995年，第276页。

族的片面性和局限性日益成为不可能，于是由许多种民族的和地方的文学形成了一种世界的文学。"①

资本逻辑是建立在等价交换的价值规律基础上的，而等价交换的价值原则是对封建等级制的否定和颠覆，秉承人人平等的理念和原则，因此，资本逻辑对于平等观念的形成和平等原则的产生也是起到了积极作用的。

资本逻辑是市场运行的基本规律，它不仅对市场的有序运行起到了关键作用，而且对整个社会也起到了积极的作用。但资本逻辑在市场中也有它的先天不足或缺陷，这就是资本逻辑的自私和贪欲，因为资本逻辑是追求资本利润和增值的最大化，这既淋漓尽致地表现了资本逻辑的自私和贪欲，也是资本的自私和贪欲推动着资本逻辑的运行。

总之，作为经济手段的资本逻辑的合理性、合法性和积极意义是就资本市场范围内说的，也就是说资本市场是资本逻辑合理性、合法性和积极意义的限度，如果资本逻辑超出了资本市场的限度，僭越到公权力等领域，资本逻辑就走向了它的反面。因此，我们一定要把资本逻辑关进市场的笼子里，严防它的僭越。

（原载于《学习与探索》2015年第1期，有删改）

---

① 《马克思恩格斯选集》第1卷，人民出版社1995年版，第276页。

附录二 马克思的资本逻辑批判及其启示

市场经济、资本市场和资本逻辑是联为一体的，当今社会是市场经济占主导地位的社会，可称之为市场社会，但市场的产生却有着悠久的历史。大约在封建社会早期就出现了商业和商人，有了商业和商人肯定就有商品交换的市场，有市场和货币肯定就有资本。不过，那时的市场还没有形成规模，商业从属于农业，商人也没有成为一个完整的社会阶层。因此，在整个封建社会，最多也只存在资本的最初形态。

值得注意的是，在漫长的封建社会，虽然出现了商业和商人，但商业不是主导产业，并在"重农抑商"政策的高压下，商人并没有多高的社会地位，反而遭遇了许多骂名，如"奸商"等，从而资本经济并没有在社会确立为普遍的经济模式，资本关系也没有成为普遍的社会关系。虽然产生了货币，出现了钱庄和押店，但还没有出现专门以货币为经营业务的银行，因此货币主要执行的是单一的商品交换职能，称当商品交换的一般等价物。

一

只有到了资本主义社会，工商业取代农业成为占社会统治地位的产业，商人转变为资本家，商业利润变为了剩余价值，从而真正意义上的市场经济和资本市场才正式产生，相应地也产生了价值规律和资本逻辑的市场规则。

资本逻辑就是资本增值和追求利润最大化的规则，资本的内涵实质上就包含或展现为资本逻辑，即在供需矛盾和价值规律的支配下，资本追求着无限的增值和利润，这就是资本永无止境的欲求和终极目的。资本不追问资本以外的东西，不追问资本增值的人生和社会意义，资本只追问在市场中的不断运动，并在市场交易中不断增值。

马克思生活在西方资本主义社会的鼎盛时期，目睹了资本主义的快速发展以及资本主义的种种罪恶，从而马克思的理论是以批判资本主义为本质特征的，其中就包括对资本主义私有制、资本市场和资本逻辑的批判。马克思是从资本本身以及资本背后所隐藏的社会关系两个维度来给资本下定义的，从资本本身来说，马克思认为资本就是能够带来剩余价值的价值，马克思指出："资本只有一种生活本能，这就是增值自身，创造剩余价值，用自己的不变部分即生产资料吮吸尽可能多的剩余劳动。"[①] 资本逻辑就是资本增值和追求利润最大化的逻辑，资本的内涵实质上就包含或展现为资本逻辑。

马克思又从更高的层面即隐藏在资本背后的社会关系来揭示资本的本质，马克思指出："资本、土地、劳动！但资本不是物，而是一定的、社会的、属于一定历史社会形态的生产关系，后者体现在一个物上，并赋予这个物以独特的社会性质。"[②] 马克思实质上在资本市场、资本逻辑和社会关系、生产关系两大层面给资本下定义，但这两个层面又是紧密联系在一起的。

与此相适应，马克思对资本、资本市场和资本逻辑的批判大致也是从这两大层面进行的。

资本市场、价值规律和资本逻辑成熟、完善于资本主义社会，从而首先被资产阶级所利用，并为资本主义社会和私有制服务。正由于此，马克思在批判资本主义私有制时，一同批判了资本主义社会的市场经济、价值规律和资本逻辑。在资本主义社会，资本是被资本家所掌控的，是资本家的物化和对象化，而资本家是资本主义社会的统治阶级即资产阶级。如果说，资本家只是资本的化身或资本的人格化，只在经济上掌控着资本主义的生产、交换、分配和消费，并从中不断使资本增值，那么，资产阶级不只是资本的化身，而且是整个资本主义社会的化身，资产阶级不仅掌控着资本主义社会的经济，而且也掌控着资本主义社会的政治、文化和社会生

[①] 《马克思恩格斯文集》第5卷，人民出版社2009年版，第269页。
[②] 《马克思恩格斯文集》第7卷，人民出版社2009年版，第922页。

活各个领域。没有资本家就没有资产阶级，资本家是资产阶级的根本和基础，但资本家又不满足于自身，必须上升为资产阶级，当资本家不仅掌控着经济和资本领域，而且掌控着政治和文化等领域时，资本家就完成了向资产阶级的转化和上升。

资本家转化和上升到资产阶级的过程，也就是资本由统治和控制经济转向统治和控制整个社会生活的过程，在这一过程中，资本实质上已突破了它存在的范围和限度即突破了其资本市场限度，僭越到了政治、文化等整个社会领域。资本一旦实现了这种突破和僭越，资本就不只是市场的资本，不只是支配和控制市场，并成为市场的本质规律，而且更是社会的资本，支配和控制整个资本主义社会，成为资本主义社会的本质规律，即资本主义社会，资本主义社会是资本化的社会，而资产阶级既是资本的阶级化，又是资本主义社会的阶级化。

按其本性来说，资本只有在经济领域特别是市场交换领域，完成其价值增值的，并最大限度地展现资本的本性和资本逻辑。但在资本主义社会，资本不是绝对独立的存在者，它总是同社会的政治、文化和社会生活紧密相关的，作为资本所有者的资产阶级一方面利用政治、文化和社会生活来加速和扩大资本的增值，另一方面又利用资本来控制政治、文化和社会生活领域，并以此统治整个资本主义社会。

资本突破其市场的限度，向社会其他领域的僭越，虽然是不合法不合理的，它造成了资本主义社会的不平等，阶级对立和贫富分化，但又有其现实的必要性，它不但能使资本迅速增值，而且也使资本家成为整个资本主义社会的统治阶级。

在资本主义社会，即使在经济领域，资本也不是孤立存在的，资本逻辑同政治逻辑，看不见的手同看得见的手是紧密联系在一起的。资本的原始积累不仅是财富、资本的聚集过程，也是工人流离失所、家破人亡、血和泪的聚集过程，其间，资本总是同强权、暴力结合在一起的。

资本主义的生产、交换、分配和消费也就是资本增值的过程，其间，资本借助政治等其他非资本的力量加速和扩大其资本增值是普遍现象，这实质上也是资本逻辑突破其限度的表现。

至于资本突破其经济领域，僭越到政治和文化等领域，虽然造成资本主义社会的不公和阶级对立，但资本获得了政治和文化的支持，加速了资本的增值，政治和文化也获得了资本的支撑，从而进一步巩固着资本主义政治和文化，巩固了资产阶级的统治地位。

古典政治经济学家虽然对资本的本质和在经济领域的作用有过系统的理论阐发，但对资本的限度及僭越却未曾提出过建设性理论。马克思与古典政治经济学家不同，在《资本论》中，马克思并未重复古典政治经济学对资本在经济领域中的积极作用做系统的理论阐发，而是对资本突破其经济的限度，僭越到政治、文化和社会生活的各个领域作了严厉的批判，也即马克思是站在政治及整个社会关系的角度批判资本的，这就是对资本的政治经济学批判。

二

马克思对资本主义的批判是全面的，因为资本已渗透到资本主义社会的各个方面。马克思指出："资本来到世间，从头到脚，每个毛孔都滴着血和肮脏的东西。"① 在资本主义社会，人与人的关系也是靠资本维系着，就连人的尊严也成为一种交换价值。马克思指出：资本"使人和人之间除了赤裸裸的利害关系，除了冷酷无情的'现金交易'，就再也没有任何别的联系了"②，"资产阶级抹去了一切向来受人尊崇和令人敬畏的职业的神圣光环。医生、律师、教士、诗人和学者变成了它出钱招雇的雇佣劳动者"③，资本"把人的尊严变成了交换价值"④。

资产阶级用强大的资本力量不仅控制着资本主义社会的生产和经济，而且也控制着政治意识形态，意识形态本来是社会存在的真实反映和表现，可在资本主义社会，意识形态却掩盖和粉饰着资本主义的剥削关系，成为一种"虚假"的意识形态，是为资本服务的。马克思恩格斯指出："如果在全部意识形态中，人们和他们的关系就像在照相机中一样是倒立成像的，那么这种现象也是从人们生活的历史过程中产生的。"⑤ 资产阶

---

① 《马克思恩格斯选集》第2卷，人民出版社1995年版，第266页。
② 《马克思恩格斯选集》第1卷，人民出版社1995年版，第275页。
③ 同上。
④ 同上。
⑤ 《马克思恩格斯文集》第1卷，人民出版社2009年版，第525页。

级故意制造虚假的观念和意识形态，其目的也是为了最大限度的利润和资本增值。

对工人阶级的同情和对资本家的憎恨一直伴随着马克思对资本主义批判的整个过程，资本主义社会的经济剥削和阶级对立，以及各种尖锐的社会矛盾，就足以表明资本主义社会是不平等、不公正的社会，也是不道德的社会。马克思指出："资本由于无限度地盲目追逐剩余劳动，像狼一般地贪求剩余劳动，不仅突破了工作日的道德极限，而且突破了工作日的纯粹身体的极限。它侵占人体的成长、发育和维持健康所需要的时间。它掠夺工人呼吸新鲜空气和接触阳光所需要的时间。"①

马克思对资本主义的批判不仅是全面的，而且是本质性的，即紧紧抓住资本主义生产关系和私有制来全面批判资本主义。

在《资本论》中，马克思运用黑格尔的辩证方法，从资本主义社会最为普遍的经济现象——商品入手，分析了商品的二重性，又从商品的二重进入到商品生产的劳动二重性，商品是工人的劳动创造的，资本家在市场中购买了一种特殊商品即劳动力，劳动力是一种活劳动，它不同于生产资料的死劳动，死劳动只能转移价值，而不能创造价值，而活劳动能创造价值，它不仅创造自身价值等量的价值，而且能创造远远超出自身价值的价值即剩余价值，这就是资本主义生产的秘密，也是整个资本主义社会的秘密。正由于劳动力能创造剩余价值，资本家就找到了资本增值的根源和途径，从而，资本家想尽一切办法多生产剩余价值，如延长剩余劳动时间多生产绝对剩余价值，缩短必要劳动时间多生产相对剩余价值。之后，马克思的分析由流通领域进入到分配和消费领域，马克思认为，资本主义社会的工资、利润和地租都是剩余价值的转化形式，都是由工人创造的。资本主义的消费也成为为实现剩余价值的生产服务的，当生产和消费发生严重的矛盾时，即生产的不断扩张和消费的不断萎缩，就爆发了资本主义的经济危机。

马克思对资本主义生产关系的批判，也就是对资本主义私有制和剥削关系的批判，在资本主义生产关系下，资本主义生产、交换、分配和消费就是围绕剩余价值的生产和分配而进行的，就是追求利润的最大化和资本

---

① 马克思：《资本论》第1卷，人民出版社2004年版，第306页。

增值的最大化。而在资本主义的生产条件下，工人是剩余价值和社会财富的创造者，但却是受剥削受压迫的阶级，他们的劳动是在肉体受到折磨、精神受到摧残中被动地进行的，因此，劳动产品对于工人来说，不是肯定自己，而是否定自己，不是对象性的存在，而是非对象性的异化的存在。

马克思通过对资本主义社会的批判，得出了剥夺者被剥夺的结论，资本主义不可调和的社会矛盾必然导致资本主义的灭亡和共产主义的胜利，共产主义社会取代资本主义社会的过程，也就是无产阶级的彻底解放和人的全面发展过程。

马克思对资本主义的批判，就包含着对资本主义资本逻辑的批判。

三

马克思对资本逻辑的批判应该明确一个前提和两个层面。批判资本逻辑的前提就是在资本主义私有制下进行的，马克思不是单独和孤立地，也不是抽象地批判资本逻辑的，而是在批判资本主义社会，特别是在批判资本主义私有制中一同批判资本逻辑的。因为，虽然在封建社会特别在封建社会晚期，商业和贸易的发展，交易市场已达到了一定的规模，价值的增值和利润增长也达到了相应的速度，这就可视为资本市场、资本逻辑和剩余价值的萌芽，资本主义把已经受孕于封建社会晚期的资本市场和资本逻辑推向成熟和典型的形态，产生了资本主义社会。在这个意义上说，资本逻辑同资本主义是一对孪生兄弟，是先天地结合在一起的，而资本逻辑又是资本主义剩余价值生产的基本规则，那么，要批判资本主义，就理所当然地要批判资本逻辑。

马克思又是在两大层面上批判资本逻辑的，一是在资本市场内部批判资本逻辑，资本市场遵循着资本逻辑，这是资本市场的客观规律和规则，马克思正是从资本市场内部，从作为经济发展的手段和方法的层面，既肯定了资本逻辑在推动资本主义经济发展中所起的巨大作用，马克思认为，资本市场和资本逻辑促进了资本主义社会生产力的加速发展；资本市场和资本逻辑推动了人类文明的进步；资本市场和资本逻辑不断拓展市场，形成了世界历史和世界公民。又批判了在资本主义生产关系下的资本逻辑，因为在资本主义社会，资本逻辑这一客观规律被资产阶级所利用，并为资本主义生产剩余价值,剥削工人服务,工人恶劣的工作环境和生活条件,工人的困苦和贫穷,工人的异化和非人生活,工人同资本家不可调和的矛盾等等,都是由资产阶级纯熟地利用资本市场和资本逻辑而造成的,从而遭受到马克思的无情批判。

二是从资本逻辑僭越到资本市场以外的其他领域批判资本逻辑的。在资本主义社会,资本逻辑不仅在资本市场内为资本主义剩余价值的生产服务,而且突破其资本市场,僭越到资本主义社会的其他领域,为资产阶级统治服务,就连日常生活中人与人的关系也变成了冷冰冰的金钱关系,人的亲情、友情甚至人的尊严和良知也被金钱和资本所替代。资产阶级能取得资本主义社会的统治地位,不但凭借其拥有经济上的资本优势,而且也凭借其拥有政治上的优势,而政治上的优势实质又是经济上资本逻辑僭越到政治领域而获取的,这样,更加深了资本主义社会的不合理性和对立性,马克思对此也进行了严厉的批判。

马克思对资本逻辑批判的这两个层面是交织在一起的,是在同一批判过程中完成的,是一体性批判的两个方面,我们只是从理论上作这样的分析,在实际批判中是很难作这样的区分的。

马克思既批判资本逻辑,又肯定资本逻辑的历史作用,这看似矛盾,实则不然。马克思是暂时撇开了资本主义政治、社会关系,仅从经济关系上把资本和资本逻辑当作社会经济发展的手段和方法,而肯定资本和资本逻辑的历史作用的。马克思又把资本和资本逻辑置于资本主义政治、社会关系下,是在资本主义政治、社会关系绑架了资本逻辑的情形下批判资本逻辑的。可以说,马克思对资本逻辑的批判是在批判整个资本主义社会中进行和完成的,批判资本逻辑和批判整个资本主义社会是同一过程和一体性的,马克思对市场中的资本逻辑的批判和对资本逻辑僭越到政治文化领域的批判都是这样做的。

四

资本市场是价值规律和资本逻辑发挥作用的场所,价值规律和资本逻辑则是资本市场的真实内容。就社会发展而言,资本市场、价值规律和资本逻辑只是经济发展的手段,它们本身并不为特定的政治社会所专有,也不为特定政治社会服务，它只为市场社会所利用并为其服务。这就是说，资本市场、价值规律和资本逻辑既能被资本主义所利用，为私有制服务，也能被社会主义所利用，为公有制服务，还能为混合所有制服务。邓小平指出："计划多一点还是市场多一点，不是社会主义和资本主义的本质区别。计划经济不等于社会主义，资本主义也有计划；市场经济不等于资本主义，社会主义也有市场。计划和市场都是经济手段。"①

典型、成熟的资本市场和资本逻辑虽然是同资本主义一同产生的，同资本主义有着天然的血亲关系，但资本市场和资本逻辑的源头却在前资本主义社会工商业的产生及其发展。因此，市场经济、资本市场和资本逻辑只是作为经济手段和技术途径同资本主义发生天然血亲关系的，从而在推动资本主义经济发展中起到了巨大的作用。既然这样，作为经济手段的资本市场和资本逻辑不是资本主义所独有和独占的，它可以服务于不同社会制度的市场社会，同样也会推动不同社会制度的市场社会经济的巨大发展。

马克思在批判资本主义社会时，对社会主义和共产主义社会的未来图景有大致的描绘，认为社会主义和共产主义社会是消灭了私有制，没有剥削和压迫，人人平等的社会，其经济模式是建立在公有制基础上的产品经济，其社会形式是"自由人的联合体"②。

社会主义的实践表明，要达到马克思所说的"自由人的联合体"的高级社会主义和共产主义，是一个相当长的历史发展过程，在这一发展过程中，发展经济是其工作的重心，多种所有制并存，市场经济仍是其经济发展模式，价值规律和资本逻辑仍然发挥着重要作用。作为经济发展手段的资本逻辑，具有发展经济的普遍性作用，即它可以为不同社会服务，只不过，服务的对象不同，从而其性质也会发生相应的改变。资本逻辑为资本主义社会服务，也就是为其生产剩余价值，为资本家剥削工人服务，资本逻辑为社会主义社会服务，相应地就变为为发展社会主义社会生产力和创造社会财富服务。邓小平指出："计划和市场都是方法嘛。只要对发展生产力有好处，就可以利用。它为社会主义服务，就是社会主义的；为资

---

① 《邓小平文选》第3卷，人民出版社1993年版，第373页。
② 《马克思恩格斯选集》第1卷，人民出版社1995年版，第294页。

本主义服务，就是资本主义的。"①

四十多年的改革开放和社会主义市场经济体制建设实践证明，中国之所以能取得让世人瞩目的经济建设成就，能收获丰厚的改革红利，其主要原因就在于及时地从计划经济体制转变为市场经济体制，并形成了中国发展模式和中国发展道路。

市场经济体制包含着资本市场、价值规律和资本逻辑等丰富的内容，市场经济体制在中国经济建设中所起到的巨大作用当然就包含着资本市场、价值规律和资本逻辑的巨大作用。产权主体的明晰、经营主体生产积极性的调动、社会生产力的快速发展、国家的富强和人民财富的提高，乃至人民价值观的变化等，都是同市场经济和资本逻辑分不开的，这就说明了在社会主义市场经济中，价值规律和资本逻辑仍然是市场有序运行的基本规律和法则，价值规律和资本逻辑在资源配置和财富创造上起到了巨大的作用。

市场在资源配置中起决定性作用的当代中国，不仅要利用资本逻辑这只看不见的手来推动中国经济的纵深发展，而且在资本全球化的当代，也要充分利用资本逻辑引进国际资本，让国内资本走出去，参与资本市场的国际化和全球化，为实现中华民族伟大复兴的中国梦发挥重大作用。

但我们也应认识到，在社会主义社会，资本逻辑只是改变了服务的对象，并没有改变它的本性，追求利润和价值增值的最大化仍然是资本逻辑的目标和动力，自私和贪欲仍然是资本逻辑的先天弱点和本性。资本逻辑的自私和贪欲弱点，实质上来源于人性的自私和贪欲的弱点，是人性弱点的投射和物化。在市场经济条件下，由于多种所有制并存，多种产权并存，资本逻辑实质表现为各种产权主体对财富、利润和价值的追求，也就是对自身利益的追求，在追求自身价值和利益最大化中，当然会表现出人的欲求甚至贪婪的本性，不过，在价值规律和法规的约束下，人的这种自私自利本性会限定在一定范围内，不会变为破坏性的恶。同时，我们可以利用资本逻辑的贪欲为社会创造更多的财富，充分发挥其经济发展手段的作用。

因此，在社会主义社会，资本逻辑在市场中表现出其优势的同时，它

---

① 《邓小平文选》第3卷，人民出版社1993年版，第203页。

仍有突破其赖以生存的市场限度的可能性，而僭越到社会的政治、文化等其他领域，一旦具备了某种条件，这种可能性就会成为现实。

在当代市场社会，一概地肯定赞扬资本逻辑和一概地否定、拒斥资本逻辑都是以偏概全，是不妥当的，只有把资本逻辑限定在资本市场，严加看管，不要让它僭越到社会的其他领域特别是公共权力领域肆虐，我们应该肯定资本逻辑的积极作用，否则，就应该批判、抵制和消除资本逻辑。

（原载于《马克思主义与现实》2016年第1期，有删改）

附录三　需求逻辑、消费逻辑与资本逻辑

人的需求与消费是人的存在和发展的基本条件，也是社会发展的动力和目标之一，从而人的需求与消费随人类社会的产生而产生，随人类社会的发展而不断提高。马克思站在历史唯物主义的高度，从社会历史和社会关系出发，把人的需求分为三个层次："必要或自然需要"[1]、"社会需要"[2] 和全面发展个性需要[3]。马斯洛从存在主义心理学出发，把个人需求分为生理需要、安全需要、爱和归属的需要、尊重的需要和自我实现的需要五种[4]。综合社会与个人的维度或标准，人的需求大致可分为三大部分，即基本需求、高级需求和特殊需求，基本需求就是人为了生存和生活对必要的、基本的物质和文化产品的渴望；高级需求是人对于发展自身的各种潜能和个性特征的梦想和向往；特殊需求是特殊人群和人在不同的发展阶段对特殊产品和服务的要求。人的这三大需求就展现为人的真实、本真的需求发展规则即需求逻辑，满足人的真实需求的产品提供和消费就展现为人的消费逻辑即消费规则，消费是人们对生活资料或生活用品的使用，至于生产中原材料的投放和设备的磨损，最好叫消耗而不应叫消费。

一

人的客观、真实的需求总会被人认知、体验和表达，才能进入消费领域，这就是人的欲求，欲求是人意识到，并力求满足的需求，因此，欲求

---

[1] 《马克思恩格斯全集》第46卷（下册），人民出版社1980年版，第20页。
[2] 同上书，第19页。
[3] 《马克思恩格斯全集》第46卷（上册），人民出版社1979年版，第287页。
[4] ［美］马斯洛：《动机与人格》，华夏出版社1987年版。

打上了主观的色彩,这样,人的欲求往往把客观真实的需求加以放大、蒸馏、偏离和走样,从而欲求逻辑和消费逻辑同需求逻辑会发生一定的背离,中国是个爱讲面子的国度,中国人是十分爱面子的,在需求和消费中往往会出现这种现象,社会上流行一种产品,这产品自己不需要或不喜欢,但为了面子,为了不落伍,违心地购买这产品进行消费,这样的需求就不是本真的需求,而是虚假的需求,这样的消费不是主动自愿的消费,而是被动的和虚伪的消费。中国也是个重人情、讲关系的国度,中国人在人情和关系网中游刃有余,特别富有人生智慧,有些购买行为不是为了自己消费,当然也不是满足自己的需求,而是作为礼品馈赠朋友,以维护或加深同朋友的人情关系。至于为了拉关系而购买礼品馈赠有权势的人,或直接的行贿和权钱交易,这完全是出于利益交换的需要,这种交换需求完全是错位和赤裸的,就连面子和人情的虚伪因素也荡然无存。面子消费、人情消费和关系消费虽然也是人的需求的表现和满足,但这种表现与满足是虚假、虚伪和错位的,也是不正常的、不健康的和有害的,正如马克思指出的:不正当的、不合理的、野蛮的、病态的、消极的需求,则成为阻碍社会前进的因素,也成为人自身发展的障碍①。从而虚假、虚伪和错位的需求是不符合真实、本真的需求逻辑和消费逻辑的。

  生产和需求都同消费构成了重要的关系,马克思对这两种关系都作了论述,马克思持总体生产论观点即从整体的社会历史和生产—交换—分配—消费的整个过程来论说生产和消费的关系的②,马克思指出:"生产是实际的起点,因而也是起支配作用的要素。消费,作为必需,作为需要,本身就是生产活动的一个内在要素。"③ 在马克思看来,生产决定消费,因为生产提供了消费品,没有生产就没有消费。同时,马克思站在历史唯物主义的高度论说了人的需要,从历史活动和社会关系来说明人的需要的,认为人的需要和社会关系是相互生成和相互促进的,不仅人的需要是人类社会关系的基础,④ 而且人的需要产生了真正的社会关系⑤,同时

---

① 《马克思恩格斯全集》第42卷,人民出版社1979年版,第133—135页。
② 覃志红、李妍:《生产?消费?抑或符号?》,《北方论丛》2009年第6期。
③ 《马克思恩格斯全集》第46卷(上册),人民出版社1979年版,第31页。
④ 《马克思恩格斯全集》第46卷(上册),人民出版社1979年版,第195页。
⑤ 《马克思恩格斯选集》第1卷,人民出版社1995年版,第80页。

"他们的需要即他们的本性"①。从需求和消费的关系而言,马克思是从整体生产中看待需求和消费的,认为从生产到消费中的每一个环节都是由需求引起的,但马克思更强调生产对需求和消费的决定作用。

根据马克思的观点,人的需求和消费都是具体的、历史的,因为人的需求和消费只有在具体的社会历史条件中才能产生,也只有在具体的社会历史条件下才会得到满足,这是需求和消费所依赖的宏大的社会历史背景。但依托这宏大的社会历史背景来微观地考察具体的需求和消费,就会发现从需求和需求欲望的产生到满足需求的消费的出现,就展现为一个从模糊、抽象到明晰、具体的过程,当需求处于极度状态,只有一个要求就是满足其需求,只要是消费品就行,不会对消费品的品种和质量提出任何要求,人的这种对需求和消费的渴望就具有单纯性、唯一性和抽象性,但这种单纯性、唯一性和抽象性又是建立在宏大的具体社会历史条件基础上的。

生产和需求都决定消费,没有生产提供消费品就不可能有消费,因而,生产对消费具有基本的决定作用,但即使有消费品,如果没有需求或不是需求的消费品,也不可能有消费,有了需求就产生消费欲望,有了消费品就能满足消费需求和消费欲望,所以,需求是消费的内在的、直接的动因,而生产是消费的条件和保障。

在市场和资本出现前,人的需求和消费并非都展现为本真的需求逻辑和消费逻辑,上面说的为了面子、人情和关系的需求与消费就不完全符合人本真的需求逻辑和消费逻辑,对本真需求和消费多少有些放大和变相。但在市场和资本出现前,由于产品的不充足甚至有些匮乏,人本真的需求和消费都难以得到充分满足,就没有更多的高档、奢侈剩余产品来满足人的奇异和虚假的需求与消费了。

市场经济出现后,便产生了资本逻辑,资本逻辑是追求利益最大化和资本增值最大化的规则。在当代市场经济和消费社会,人的需求和消费在很大程度上是在市场中产生、满足和完成的,因此,需求逻辑、消费逻辑和资本逻辑在当代就形成了错综复杂的关系。

在当代消费社会,消费概念已分离出宏观和微观两大层面,宏观层面

---

① 《马克思恩格斯全集》第 3 卷,人民出版社 1960 年版,第 514 页。

的消费即是指整个社会呈现出消费的特征，如消费拉动经济增长、消费引导甚至主导生产、消费范围的扩大、消费方式的变化、消费品的堆积、媒体对消费的诱导等，都体现了当代社会的消费特征，从而把当代社会称之为消费社会。另外，当代消费社会的各个方面和环节都是围绕资本逻辑而运转的，是资本逻辑主宰着当代消费社会的运转。微观层面的消费也即传统的消费涵义仍指人们对生活资料或生活用品的使用，只不过在消费社会的大背景下，人们的消费观念、消费行为和消费方式都发生了重大变化，资本逻辑既然支配着整个消费社会的运转，理所当然地对人们的消费行为也产生重大影响，人们的消费行为是受消费逻辑支配的，但又无不受到资本逻辑的影响，有时甚至是决定性的影响，从而，在人们的消费行为中，存在着消费逻辑和资本逻辑的双重作用和影响，并且这两种逻辑在人们的消费行为中相互比肩和博弈。

二

消费逻辑是消费活动的产生、过程及效果的规则，它是人们需求逻辑的消费表征，具体说就是消费者希望购买物美价廉的商品用来消费，满足消费者的需求、使消费者过上幸福美好的生活，提升消费者的生活质量和品位，促进消费者身心素质的全面提高，消费逻辑实质就是消费者的生活逻辑[①]。而资本逻辑则是利润和价值最大化的逻辑，即生产和销售商品的最终目的就是利润的最大化和价值增值的最大化，满足消费者的需求只是实现利润最大化和价值增值的途径和手段。显然，在消费市场中，消费者和销售商追求的目标不是完全一致的，为了达到各自的目的，消费者要购买性价比高的商品，而销售商要销售性价比低的商品，两相相反，从而会发生摩擦和冲突，消费者的维权活动，旅游中游客和导游的对骂和动粗等，都是消费逻辑和资本逻辑冲突的表现。要维持消费市场的正常秩序，又必须使消费逻辑和资本逻辑的摩擦和冲突控制在一定范围内，使之处于波动的动态平衡。

消费市场首要的环节或阶段就是消费者（顾客）从销售商那里购买

---

① 张艳涛：《资本逻辑与生活逻辑》，《重庆社会科学》2006年第6期。

商品，也就是消费者和销售商在消费市场中的交换和买卖关系，消费市场中的交换和买卖关系遵循的是等价交换原则，这样的交换才是买卖公平，也即是交换正义。但在具体现实的交换和买卖关系中，由于消费者的消费逻辑和销售商的资本逻辑所运行方式和目标不同，即消费者总是要贱买，而销售商总是要贵卖，这种买卖定价的不一致，致使买卖双方要经过定价上的博弈和讨价还价后才可能达到交易。一般说来，由于信息的不对称性，即买方对商品信息的了解远远少于卖方，甚至对商品根本不了解，即使经过定价的博弈达成的交易，受损的往往是买方，而获利的是卖方。

另外，消费者虽然是个庞大的群体，但又是一个弱势群体，因为消费者是分散在各地，没有统一的组织和领导，更没有统一的规程，而消费者的消费愿望、消费需求和消费行为又是千差万别的，即使个别或小群体消费者的利益受到销售商的侵害，最多能博得广大消费者的同情，而不可能得到广大消费者一致为自己的维权行动，消费者的维权主要依靠政府和民间的维权组织。而销售商或商家则不一样，它除了对商品的信息了如指掌外，还在于有一套严密的组织规章和营销策略，同消费者相比，销售商是一个小群体，但由于它对信息掌握的充分性，组织和管理的严密性，它却是一个强势的小群体，正由于此，在旅游消费中，一个导游小姐就能忽悠甚至掌控一个几十甚至上百人的旅游团队，无怪乎国家制定的消费法规一般都倾向于消费者，这是符合消费正义原则的。

消费市场的中心环节是消费者的消费过程，也是消费者对商品的使用过程，消费过程或消费行为是对消费者需求的满足及满足后的满意度即对商品的评价，这种评价往往是消费者对比商品的价格和商品的质地，看商品是否物有所值，如果是，消费者对商品的评价是满意的。如果物超所值，消费者的评价是非常满意的。如果物不所值，消费者的评价则是不满意的，甚至会找销售商对质，这就会产生消费逻辑和资本逻辑的冲突。这就是说，消费逻辑和资本逻辑的冲突不仅在消费市场的交换环节中存在，也存在于单一的消费过程中。一般说来，在消费中，物超所值的情况是罕见的，大多是物有所值，物不所值也不多见。但由于消费者对商品了解信息的多少不同，消费者个人的偏好和评价标准不一，因此，消费者很难准确地判断商品是否物有所值。如果在消费市场的买卖关系中，买方往往处于输家的不利地位，而卖方处于赢家的有利地位，那么，在消费过程和之后，这种输赢地位最终得到了确认并成为不可改变的事实。

在消费中，为什么消费者往往处于被动、输家和弱势地位，而销售商处于主动、赢家和优势地位呢？这除了消费者和销售者对商品信息了解的不对称，以及消费者和销售者在聚集性、统一性和规程性完全不同外，最根本的原因还在于消费者是遵循着消费逻辑进行购买和消费的，而销售商是遵循着资本逻辑进行批发和销售的。由于受消费逻辑的指引和支配，消费者的意愿就是购买到物美价廉的商品，满足自己的消费需求，进而提高自己的生活质量和品位，购买和消费是一种生活行为。而销售商是在资本逻辑的驱使下销售商品的，是一种商业行为，商业行为就是为了利润和赢利。当然这种商业行为要受到市场规则、国家法律和道德的制约，即使这样，销售商也会想方设法去尽量多赢利，于是往往会出现缺斤少两、以次充好、以假充真、强买强卖、坑蒙拐骗等行为。从而消费者和销售商的冲突和矛盾就时有出现，这一冲突和矛盾也就表现为消费逻辑和资本逻辑的冲突和矛盾，进而就出现了消费者的各种维权活动。

一般而言，在消费逻辑和资本逻辑的博弈中，资本逻辑往往占有优势和上风，消费逻辑往往被资本逻辑所打压和挤占，也即在消费者和销售商的交易和博弈中，消费者往往处于被动和劣势，而销售商处于主动和优势。在当今消费社会，销售商的主动和优势地位更为突出，而消费者的被动和不利地位也更为明显，也即消费逻辑和资本逻辑的分离和疏远在不断拉大。

三

在经济短缺和产品匮乏时代，人们的消费需求得不到完整（充分）的满足，人们到处寻找商品，这样也只能有限地满足消费需求，从而，其消费逻辑是不充分地展开的，消费逻辑的不充分性是由社会生产的乏力和人们的需求与消费的不充分性决定的。在那时，即使人们的消费水平不高，消费也不充分，但那时的消费逻辑并不受资本逻辑的支配，因为那时的消费品主要是政府计划分配供应，还没有形成具有资本性质的消费市场，从而各种消费纠纷和维权活动也很少发生。没有资本逻辑支配下的消费逻辑是不充足、不全面地反映和体现着人们的消费意愿，匮乏地满足着人们的消费需求,同时也是在不理想和不完全满意的状况下,达到了物质消费和文化消费,消费内容和消费形式,感官满足和心灵宁静,眼前消费和长远谋划的初级的、简单的、不充分的统一。

与经济短缺和产品匮乏时代不同,当今消费社会的经济特征就是生产过剩,商品堆积,正如波德里亚和波德所说的是"丰盛社会"①和"景观社会"②。在"丰盛社会"和"景观社会",人们的消费是充足、丰盛、过度、过剩甚至是异化的。

在经济短缺和产品匮乏时代,只能勉强维持人们的基本消费,对于绝大多数人来说,高档消费简直是天方夜谭,就是物质消费也基本是满足人的生理需求即解决温饱问题,生产厂家无暇也无力在物质产品中意蕴和负载较多的文化内涵,从而人们的物质消费就是比较单一的,没有附加多少文化因素。在物质产品匮乏的年代,文化产品的匮乏更为严重,奢侈品就更是难觅踪影,而奢侈品同必需品相比,意蕴和负载着更多的文化元素,或者其本身就是某种文化、人的社会地位和社会身份的象征。因此,在经济短缺和产品匮乏的年代,人们的物质消费不充分,不能完全满足人们的温饱需求,又加之消费结构即物质消费和文化消费的失衡,使得那个时代的消费和消费逻辑不仅是初级和简单的,而且也是片面的。在这样的消费状况和消费逻辑下,即使消费水平不高,消费内容简单,消费结构失衡,但人们也总感觉到消费是基本满意的,人们的各种需求即物质和文化需求、感官和心理需求、眼前和长远需求都得到了基本的满足,人们的这种基本满足感源于他们需求本身的低品位、不充分和片面状况。

而在经济充分和产品过剩的消费社会,情况就大不相同了,人们的需求本身发生了变化,变得丰富多彩且品位高,文化消费提到了同物质消费同样的高度,在一定程度上甚至还要高于物质消费,人们不再满足于必需的基本消费,正在涉足高档消费,所有这一切都要归结于市场经济和资本逻辑的功劳。

在市场经济和资本逻辑的驱动下,当今社会的消费产品堆积如山,琳

---

① [法]让·波德里亚:《消费社会》,刘成富、全志钢译,南京大学出版社2006年版,第140页。
② [法]居依·波德:《景观社会》,王昭风译,南京大学出版社2007年版。

琳满目，应接不暇，在经济短缺时代，人们要去寻觅消费品，而现如今，大量的消费品主动找上门来，供你挑选，加之各种媒体尤其是网络的宣传和推销，使人置身于无边无际的商品世界中，以至于难以脱身。物质产品是这样，文化产品也是这样，各种大众读物集声色光电于一体，融阅读、欣赏、休闲和娱乐于一身，消费文化产品激活着人的各种感官，是感官的盛宴和大餐。就是以往难以启齿的性爱、生育、女性保健和隐私也成为当今的消费对象，当事人为了博得更多的粉丝，为了一夜成名，没有隐私可言，什么东西都可以公开，什么东西都可以成为消费对象。当人们必需的基本消费解决后，向往的是高高档消费和奢侈消费，在当今消费社会，奢侈品和高档消费已不再是权贵和富豪的专利，正在走入寻常百姓家，入住豪华酒店，出入高档会所，身穿名牌时装，披戴珠光宝气，居住豪华别墅，乘坐高级车船，游览世界名胜等也不再是老百姓的奢望。但高档消费只是它有形的物象外观，其文化象征、精神享受和精神满足则是它的实质，社会身份和社会地位的象征，财富资本、权力资本和舆论资本的掌控等，则是高档消费的本质。

在资本逻辑驱动的消费社会，一改经济短缺和产品匮乏时代人们消费不足，生活清贫和身心发展不健全状况，而一跃成为经济富足，产品丰裕，人们消费充足。当今的消费逻辑得到了本真和充分的体现，人们对消费品的质地、外观和文化内涵都有新的要求，以前不敢想甚至是奢望的东西成为当今现实的需求，所有这些都能在消费市场中找到，并能得到充分的满足。当今的消费逻辑指引着人们的消费观念，消费方式，消费行为，消费层次，消费范围的新变化，人们的消费需求得到了极大的满足，身心也得到了极大的释放和发展。

四

当今的消费社会，消费逻辑和资本逻辑的联手是极为成功的，资本逻辑借消费逻辑而获取了丰厚的利润，消费逻辑借资本逻辑也得到了淋漓尽致的表现。但消费逻辑和资本逻辑的成功联手却存在着深深的忧虑和隐患。

在当今，人们虽不再为衣食住行游而发愁，但却为日常生活品的安全而担忧；不再为消费品的短缺而牵挂，但却为消费精品而揪心；不再稀罕感官盛宴，但向往心灵鸡汤；不再推崇眼前的丰富，却操心未来的筹划。从而，当今消费社会的消费逻辑与资本逻辑的联手又凸显出许多新问题。

在经济短缺和产品匮乏时代，消费由需求决定，消费什么，怎样消费，都是根据人自己的意愿和需求而定，这种自主和自愿的消费，同人的真实需求是一致的。消费社会则不同，由于生产过剩、经济充裕和产品堆积，生产的发展依靠消费的拉动，因此，在需求与消费关系上，在很大程度上是消费决定需求，即消费不是完全出于本人的真实意愿，而在很大程度上是出于政府的倡导、媒体的鼓动和商家的推销，这样的消费具有一定的被动性，甚至具有虚假性和异化性。

在经济短缺和产品匮乏时代，文化消费是很贫乏的，在温饱难保的地区，其文化消费充其量只是乡土人情的教化和传承，这种文化消费既是感官的原始愉悦，又是初级的心灵满足。而消费社会的文化产品像物质商品一样的丰盛、过剩和爆满，但当今的文化消费大多注重感官的愉悦，是一种大众的和时髦的消费，这种文化消费在很大程度上不是为了提高自己的文化水平和文明素质，也不是为了提高自己的道德情操和心灵境界，而是为了炫耀自己，甚至是露富，使自己跟上社会潮流，步入所谓的上流社会，以便满足自己的虚荣心理。因此，消费社会的文化消费很大程度上是一种媚俗的、从众的、流行和时尚的消费，缺乏高雅的文化品位，缺乏个性特征和气质，更缺乏理性的深度。这种大众文化消费只吸引人的眼球，而缺乏想象空间，更缺乏催人向上和打动人心的艺术感染力和震撼力。因此，消费社会的文化消费往往是表层的、无根和无深度的。

在经济短缺和产品匮乏时代，人们总希望商品使用的时间长些，处处精打细算，衣服遵循新三年，旧三年，缝缝补补又三年的原则，对日常用品也特别爱惜和呵护，总希望延长它们的使用时间。而当今的消费是大众的、流行的、时尚的和媚俗的消费，追求的是短平快。那么，它肯定也是短暂和快捷的消费，从而也是一种短命的消费。因为缺乏深度的流行、无根的时尚总是来去匆匆的。时装是这样，快餐是这样。一次性餐具、一次性纸杯、一次性碳水笔等，用完就扔；时装的流行、影视剧的卖座率以及书籍的畅销等都是快速和短暂的；透支消费、月光族以及行色匆匆的人群等都是在进行着短暂的快餐消费；就连人生大事的婚姻和家庭也受到了快餐文化的冲击，闪婚族的出现和离婚率的急剧上升便是明证。

当今社会的消费，资本逻辑主宰和支配着消费逻辑，而消费逻辑又引导甚至误导着人们的消费需求和消费现实。人们的消费需求本真诉求在于，首先满足人们的衣食住行及安全的基本需求，生活必需品的消费和基本需求的满足是人的生存的基本条件与保障。在满足人的生存、生活的基本需求后，会产生娱乐和休闲的需求，这主要是人的精神文化需求，人的基本精神文化需求相对其基本的物质生活需求来说是高一级的需求，即如果人的基本的精神文化需求得到不满足，也不会危及人的生存，但作为人的需求的全体和整体，又必需有基本的精神文化需求及其满足，否则人就是片面的，因此，一般的精神文化需求也属于人的基本生活需求。

另外，人的需求除了基本的物质生活和文化生活的基本需求外，还存在高级的需求，就是人的潜能的开发和个人爱好兴趣的发展。人的高级需求不同于人的基本的或初级需求就是这种需求是否得到满足不会危及人的生存，只影响人的发展特别是创造性的发展，二是人的高级需求的产生和满足不具有普遍性，即并不是人人都意识到，并有意激发其高级需求的产生及其满足，而只是部分或少数特殊人群产生着高级需求，并激发其潜能，充分发挥其爱好兴趣，促进其创造性的全面发展。

人的需求不管是基本的还是高级的都会随人的发展过程的变化而变化，除基本的物质生活需求和精神文化需求贯穿人生的各个阶段外，人生的各个阶段又有其特殊的需求，求知、开发其潜能、发挥其个性特长是青少年的特殊需求，开创进取和追求成功是中年的特殊需求，身体健康、生活安逸是老年人的特殊需求。

人的基本需求、高级需求和特殊需求就展现为人的真实、本真的需求逻辑，满足人的这些真实需求的产品提供和消费就展现为真实的消费逻辑。本真的消费逻辑展现为商品既不匮乏，也不过剩，出于人的真实需求，消费安全、健康的物质产品，促进人的身体健康发展和延年益寿。文化消费则在于在感官愉悦中陶冶情操，净化心灵，提升境界。既有满足感官的感快餐文化消费，也有打动心灵的细嚼慢咽和回味无穷的文化消费，既有付费的营利性文化消费，也有免费的公益性文化消费。而在资本逻辑的驱动下，人们的消费是片面的，不健全的，有的甚至是危害的。而消费逻辑本应是人们真实需求的再现和消费方式的积极引导者，而在资本逻辑的裹持下,消费逻辑似乎背离和疏远着人们的真实消费需求,而日益亲近资本逻辑,有时甚至向资本逻辑缴械投降。

要破解人们的需求逻辑、消费逻辑和资本逻辑的不一致甚至冲突的迷局,关键在于要以人们的需求逻辑为基础和轴心,消费逻辑和资本逻辑服从、服务于需求逻辑,使人得到身心健康发展和愉悦的体验,促进人的素质的全面发展与提高。

具体说来,资本逻辑在提供丰富的产品和繁荣消费市场的同时,一定要有社会责任的担当,要遵守国家的有关生产和销售法规,要确保商品的质量、安全、无公害。要按照价值规律公平地销售商品,资本逻辑为了利润的最大化,这本身没有错,错就错在违背等价交换原则,坑蒙拐骗消费者,赚黑心钱。要让资本逻辑回归和复位,既不能改变资本逻辑追求利润最大化的本性,又要使它承担起社会责任,把消费者的权益放在首位,使这两者和谐相处。

至于消费逻辑不应充当资本逻辑的工具和助手,而应既呈现和表征人们的需求逻辑,又应引导、纠偏和促进需求逻辑的合理、健康发展,以达到社会和人的全面发展。

人的需求逻辑是本位的存在,但在消费社会强大的资本逻辑的包围和裹挟下,也会发生乖离,不健康的需求与消费,片面消费和异化消费就是其具体表现。所以,人们要复位和培育积极、健康的消费观、消费行为和消费方式,在合理的消费逻辑和资本逻辑的助推下,力图在消费市场和消费领域达到需求逻辑、消费逻辑和资本逻辑的均衡与和谐发展。

(原载于《学术研究》2016年第5期,有删改)

主要参考书目

1. [德] 马克思：《资本论》第 1 卷，北京：人民出版社 2004 年版。
2. 《马克思恩格斯文集》第 5 卷，北京：人民出版社 2009 年版。
3. 《马克思恩格斯文集》第 7 卷，北京：人民出版社 2009 年版。
4. 《邓小平文选》第 3 卷，北京：人民出版社 1993 年版。
5. 《马克思恩格斯选集》第 1 卷，北京：人民出版社 1995 年版。
6. 《邓小平文选》第 3 卷，北京：人民出版社 1993 年版。
7. 《马克思恩格斯全集》第 30 卷，北京：人民出版社 1995 年版。
8. 邓国胜主编：《公益慈善概论》，济南：山东人民出版社 2015 年版。
9. 周秋光、曾桂林：《中国慈善简史》，北京：人民出版社 2006 年版。
10. 沈晓阳：《正义论经纬》，北京：人民出版社 2007 年版。
11. 白永秀、王军旗主编：《市场经济教程》（第三版），北京：中国人民大学出版社 2011 年版。
12. 胡代光、周安军：《当代国外学者论市场经济》，北京：商务印书馆 1996 年版。
13. 马斌主编：《社会保障学》，北京：科学出版社 2015 年版。
14. [美] 罗尔斯：《正义论》，何怀宏、何包钢、廖申白译，北京：中国社会科学出版社 1988 年版。
15. [美] 罗尔斯：《政治自由主义》，万俊人译，南京：译林出版社 2011 年版。
16. [英] 哈耶克：《自由秩序原理》（下），北京：生活·读书·新知三联书店 1997 年版。

17. ［英］哈耶克：《法律·立法与自由》，北京：中国大百科全书出版社 2000 年版。

18. ［美］罗纳德·德沃金（Ronald Dworkin）：《认真对待权利》，北京：中国大百科全书出版社 2000 年版。

19. ［美］阿瑟·奥肯（Arthur M. Okun）：《平等与效率》，王奔洲译，北京：华夏出版社 1999 年版。

20. ［日］山口重克主编：《市场经济：历史·思想·现在》，张季风等译，北京：社会科学文献出版社 2007 年版。

21. ［秘鲁］赫尔南多·德·索托：《资本的秘密》，余海生译，南京：江苏人民出版社 2005 年版。

22. ［英］休谟：《道德原理探究》，王淑芹译，北京：中国社会科学出版社 1999 年版。

23. ［英］亚当·斯密：《国富论》（上），郭大力、王亚南译，南京：凤凰出版传媒集团、译林出版社 2011 年版。

24. ［法］让·波德里亚：《消费社会》，刘成富、全志钢译，南京：南京大学出版社 2006 年版。

25. ［德］维尔纳·桑巴特：《奢侈与资本主义》，王燕平、侯小河译，刘北成校，上海：世纪出版集团、上海人民出版社 2005 年版。

26. ［英］约翰·米德克罗夫特：《市场的伦理》，王首贞、王巧贞译，上海：复旦大学出版社 2012 年版。

27. ［美］墨菲、兰兹尼柯等：《市场伦理学》，江才、叶小兰译，北京：北京大学出版社 2009 年版。

28. ［德］沃夫冈·拉茨勒：《奢侈带来富足》，刘风译，北京：中信出版社 2003 年版。

29. Henri Lefebvre. The Production of Space, Translated by Donald Nicholson-Smith. Oxford Blackwell Publishing Ltd. 1991.

后　记

经过三年多的阅读、思考和写作，终于完成了"市场正义与社会正义研究"的研究。对于市场正义的提法，可能有许多人不认同，因为我们习惯于经济正义、分配正义的说法。其实，经济正义主要是指分配正义，而市场正义主要是指交换正义，同时包括生产、交换、分配和消费四大领域，因此，市场正义应该有它相对独立的涵义，不同于经济正义和分配正义。本研究所说的社会正义不是泛泛的，而是指对市场正义局限的补充的社会正义即社会的再分配。如果有创新的话，本研究提出的市场的内生性正义和溢出性正义的不成熟看法，市场的内生性正义主要是指市场内部的经济正义，而溢出性正义主要是指能溢出市场内部的经济和财富范围，对市场主体的思想文化产生重要影响，进而对社会的思想文化产生有益的重要影响。

感谢北京师范大学价值与文化研究中心对本研究的立项和支持（项目编号为15JJD720004），说实在的，如果没有本研究的立项和资助，我不会从事这方面的研究，即使有对这方面的思考和打算，也不会在三年多时间里完成这样一个相对完整的研究成果。感谢北京师范大学哲学学院对本研究成果出版的资助，感谢内江师范学院教育科学学院对本研究成果的关注和关爱。同时，也要感谢我的家人、亲人、老师、同事、朋友，本研究是在他们的支持和关心下完成的。

胡敏中
2016—2019年初稿和修改于北京师范大学
2020年定稿于内江师范学院